科学でわかるパンの「なぜ?」

Q&Aで理解する
パンづくりのコツと技術

柴田書店

まえがき

　今から10年ほど前、家庭でパン作りをされる方々向けの本を執筆する機会を得ました。初心者の方々を対象とした本で、「なかなか上手にならない。」「パンを作っている途中でつまずいて、なぜかうまくいかない。」「失敗した原因がわからない。」などの声に応えるべく、パンのレシピに加えて、それらを作る過程で生じやすい疑問への回答、ちょっとした気づきになるようなQ&Aで構成しました。

　本書はさらに一歩進み、パン作りに少し慣れてきた方々から、本校の学生のようにプロを目指す製パンの初学者を対象とした製パン科学の入門書として制作しました。
　『科学でわかるパンの「なぜ?」』というタイトルから、みなさんは何を思い浮かべますか。「科学? なんだか難しそう。」「パンを作るのに必要なのかな?」「パンと科学の関係? そんなもの今まで気にしたこともない……。」などといった声が聞こえてきそうです。

　「パンは科学でできている!」とまでは言いませんが、パン作りにまつわるほとんどのことは科学で説明できるのです。「科学」を広辞苑で引いてみると、「観察や実験など経験的手続きによって実証された法則的・体系的知識。また、個別の専門分野に分かれた学問の総称。(抜粋)」と定義されています。まさに本書は、「パンのなぜ?」に焦点を当て、パン作りの科学を読者の皆さんに、なるべくわかりやすく伝えることで、パン作りについての理解を深め、日頃のパン作りに活かしていただくことを最大の目的としています。

　「わかりやすく」とはいえ、皆さんが今までに見たことも聞いたこともない言葉や図表などが出てくるかもしれません。そこで、共著者の木村万紀子さんには調理科学の目線で、パン作りのメカニズムから材料の特徴まで多岐にわたって、科学的でありつつわかりやすいよう、工夫を凝らして解説してもらいました。

　本書は7つの章からなるQ&Aで構成されています。パン作りで疑問に思うことがあったら、この本を開いてみ

てください。どこから読んでも、一部だけ読むのでも構いません。最初の「Chapter1 もっと知りたいパンのこと｜パンの豆知識」から読み始めるのはもちろん、最終章となる「Chapter7 テストベーキング」や、その他の章の気になったQ&Aをまず読んでみるのもよいでしょう。目には見えないパンの内部で一体何が起こっているのかを知ることで、今までよりもパン作りの奥深さや魅力に気づくはずです。そして科学を勉強した上で作るパンは、今までと一味も二味も違ってくることでしょう。

　ただし、理屈通りに、科学的に正しくパンを作ってみても、必ずしもおいしいパンが焼き上がるとは限りません。パン作りにおいて何よりも大切なことは、食べた人に「美味しい！」と思ってもらえるものを作ることであり、それこそが目指すところであることを忘れてはなりません。それがパン作りの難しくも面白いところです。皆さんには、繰り返し作ることで得られる経験を何よりも大事にし、そこに製パン科学の知識を加えたパン作りをぜひとも行っていただければと思います。

　本書が少しでも皆さんのパン作りの手助けになれば幸いです。

　最後にこの場をお借りして、写真では本来は伝わりづらいパンや生地の状態をわかりやすく、素晴らしい写真で表現してくださったエレファント・タカさん、本書執筆の機会を与えてくださった柴田書店と書籍編集部の佐藤順子さん、井上美希さんに心よりお礼申し上げます。そして、とりわけテストベーキングの章において事前の検証から撮影時での様々な生地の管理を担ってくれた本校製パンスタッフ、彼らの協力なしには本書の撮影を進めることはできませんでした。また、すべての原稿の校正と写真の整理を手がけてくれた辻静雄料理教育研究所の近藤乃里子さんに深く感謝いたします。

2022年1月

梶原慶春

Contents

Chapter **3**
パン作りの基本材料

小麦粉

イースト（パン酵母）

Chapter **5**
パンの製法

Chapter **6**

パンの工程

プロセスで追う構造の変化

下準備

Chapter 7
テストベーキング

Chapter **1**

もっと知りたいパンのこと

パンの豆知識

Q 01 パンのクラストやクラムとは、どの部分を指すのですか？
＝クラストとクラム

 A クラストは焼き色がついた表面部分、クラムはパンの内側の気泡が入った柔らかい部分です。

　クラストとはパンの外側の皮の部分で、例えば、食パンでは耳とよばれる部分がそれにあたります。
　クラムとはパンの中身で、白くて柔らかい部分のことです。

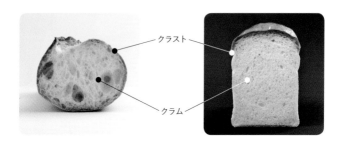

クラスト

クラム

 Q 02 リーンやリッチ、ハードやソフトという表現がありますが、どういったパンを表しているのですか？
＝パンのタイプ（リーン、リッチ、ハード、ソフト）

 A 主に、基本材料のみで作るものをリーン、副材料を多く使うものをリッチとよび、ハードかソフトかはクラストのかたさで決まります。

　リーンは「簡素な、脂肪のない」という意味で、生地の配合が基本材料（小麦、イースト〈パン酵母〉、塩、水）のみ、またはそれに近いものを指します。対してリッチは「豊富な、コクのある」という意味で、基本材料に副材料（砂糖、油脂、卵、乳製品など）を多く配合したものです。
　パンにおいてハードとは、クラストが硬いパンを指します。リーンな配合のパンに多く、ハード系ともよびます。反対にソフトとは、クラストもクラムも柔らかいパンを指します。リッチな配合のパンに多く、ソフト系ともよびます。
　例えば、フランスパンはリーンでハードなパンの代表、ブリオッシュはリッチでソフトなパンの代表といえます。

パンを切る時、波刃のパン用ナイフを使った方がうまく切れますか？
=パンを切るナイフ

 よく切れるものならば、ナイフの種類は問いません。

クラストの硬いハード系のパンの場合は、クラスト部分は波刃のナイフの方が切りやすいといえますが、クラム部分は波刃である必要は特にありません。よく切れるナイフであれば、波刃でなくても、どのパンもきれいに切れます。

通常、パンを切る時にはナイフを大きく動かして切りますが、柔らかいパンの時は少し細かく動かして切る方がうまく切れる場合もあります。パンの種類や硬さによってナイフの動かし方や力加減をかえるとよいでしょう。

 最初に生まれたパンはどんな形をしていたのですか？
=発酵パンの始まり

 膨らみのない、平たくて硬いものだったようです。

人間が初めて口にしたパンは、膨らんでいなくて平たい形をした硬いパンであったといわれています。

やがて偶然にも時間がたって生地が膨らんでしまい、それを焼いてみたところ、今までの硬いパンとは違う、柔らかくておいしい、消化もよいものになりました。そしてその膨らんだパンを安定して作る方法が考えられるようになっていきました。その方法が「パン種」を使用したパン作りであり、現在のパン作りにつながっています。

はじめはたまたま膨らんだと考えられるパン生地ですが、その膨らみのもとになるのが、イースト（パン酵母）とよばれる自然界に存在する微生物です。現在、世界中で作られている膨らんだパンにとって、なくてはならない材料がイーストです。

今でも世界各地のパンの中にはイーストを利用せずに作るものもありますが、それらは小麦以外の穀物や、グルテンをあまり含まない小麦で作ることが多く、昔ながらの薄く平たい形をしたものが多いです。

参考 ⇒ Q57, 58

日本にパンが伝わったのはいつ頃ですか？
=発酵パンの伝来

 1500年代で、南蛮貿易がきっかけといわれています。

　いろいろな説がありますが、日本に発酵パンが伝わったのは、1500年代にポルトガル人が日本に漂着したことがきっかけとなって南蛮貿易が始まった頃だといわれています。

　ポルトガル人の貿易商やキリスト教の宣教師により、西洋のパン食文化が日本に伝わり、ポルトガル語のパン（pão）が、日本語として定着したようです。

　江戸時代後期にはすでに長崎にパン屋が存在し、滞在していたオランダ人に販売していたことが、当時のオランダ通詞（通訳）の覚書に残っています。

 フランスパンにはどんな種類があるのですか？
=フランスパンの種類

 大小様々あり、それぞれの形状を示す名前がついています。

　日本ではフランスパンとひとくくりによぶことも多いのですが、本来はいくつもの種類があります。フランスでは、日本でもおなじみのバゲット、バタールなどのように、それぞれ固有の名前で区別して売られていることがほとんどです。これらは同じ生地で作られていても、形や大きさによって名前が異なります。

名前	意味	形状
パリジャン	パリっ子、パリの	バゲットよりも生地量が多く、太め
バゲット	棒、杖	フランスで最もポピュラー
バタール	中間の	バゲットよりも太くて短い
フィセル	紐	バゲットよりも細くて短い
エピ	（麦の）穂	（麦の）穂の形を模している
ブール	ボール	丸い形で大小ある
シャンピニョン	きのこ	きのこの形を模している

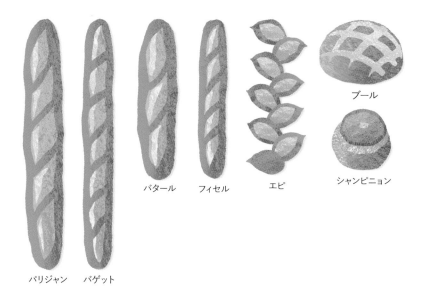

ブール

シャンピニヨン

バタール　　フィセル　　　エピ

パリジャン　　バゲット

 白いパンを見かけることがありますが、どうやったら真っ白なパンが焼けるのですか？
=焼き色をつけずに焼く方法

 焼成温度を低くして焼きます。

　焼成温度を低くし（140℃以下）、アミノ-カルボニル（メイラード）反応やカラメル化反応によってクラストが色づくのを防げば、白いパンが焼けます。

　例えば、蒸しパンの表面が白いのは、アミノ-カルボニル反応が起こらない100℃以下で加熱されているからです。焼成するパンの場合、オーブンの温度が140℃程度までなら、焼き色はつきません。しかし、通常のパンよりも温度が低い分、焼成時間は長くなるので、パン生地の水分蒸発量が多くなり、パンが硬くなりやすいです。

　また、生地の配合にも注意が必要です。パンに色がつきやすくなる材料（砂糖、乳製品など）の使用量を控えることもひとつの方法です。　参考 ⇒ Q98,132

Q 08 ブリオッシュにはどんな種類があるのですか？
=ブリオッシュの種類

 A 形状によってよび名がかわり、同じ配合の生地でも食感に違いが出ます。

　フランスのノルマンディー地方で生まれたとされるブリオッシュ。卵とバターをたっぷりと練り込んで作るリッチなパンで、形によっていろいろな名称がついています。

ブリオッシュ・ド・ナンテール

ブリオッシュ・ア・テット

ブリオッシュ・ムスリーヌ

名前	特徴
ブリオッシュ・ア・テット （頭つきブリオッシュ）	だるまのような形をしたブリオッシュ。本体部分は柔らかくしっとりとし、頭の部分がよく焼けているのでこうばしく、さっくりしている
ブリオッシュ・ド・ナンテール （ナンテールのブリオッシュ）	パリ近郊の都市、ナンテールの名前がついたブリオッシュ。ナンテール型（上部の広がった背の低いパウンド型）に入れて作る山食パンのような形のパン。クラムはしっとりと柔らかく、上面はよく焼けているのでこうばしく、さっくりしている
ブリオッシュ・ムスリーヌ （モスリンのようなブリオッシュ）	ムスリーヌ型（上部がやや広がった円筒形の型）に入れて作る、縦に長くのびた円柱状のパン。クラムはしっかりと縦にのびた気泡があり、歯切れがよい。上面はよく焼けているのでこうばしく、さっくりしている

 Q 09 パンやデニッシュの上にのったフルーツは表面に何か塗られていることが多いですが、それは何ですか？
=ジャム、ナパージュ、フォンダン

 A 透明なものはジャムやナパージュで、白っぽいものはフォンダンです。

　透明なものはジャムやナパージュ（つや出し用の製菓材料）です。これらを塗る主な目的は、つや出しと乾燥防止です。
　白っぽいものはフォンダンで、シロップを煮詰めてから攪拌し、砂糖を再結晶化

させた製菓材料です。

● ナパージュ

　ナパージュはフランス語で「覆う」という意味です。アプリコットやラズベリーなどのフルーツを原料にしたものや、糖類とゲル化剤などで作られるものがあり、水を加えて加熱して使用するタイプのものと、加水も加熱もなしでそのまま使えるタイプのものがあります。

● ジャム

　ジャムは、ナパージュに比べて高価であり、製品のつや出しや乾燥防止の意味でも使用しますが、どちらかといえば味のアクセントとして使われます。どんな果物のものを使っても構いませんが、アプリコットジャムを用いるのが一般的です。使用時には加熱し、流動性のある熱いうちに刷毛で塗ります。ジャムの硬さ（粘度）によっては加熱時に適量の水を加え、硬さを調節して使用します。

● フォンダン

　フォンダンはジャムやナパージュとは異なり、乾燥防止のためではなく、甘味を添加し、見た目をよくするために用いられます。最初から流動性があって、そのまま使用できる製品もありますが、固形のものはシロップを加えて湯煎で人肌程度に温め、流動性をよくしてから使用します。

ナパージュ（加熱するタイプ）、ジャム

ジャムやナパージュは必要であれば水を加えて硬さを調節し、加熱して熱いうちに刷毛で表面に塗る

フォンダン（加熱するタイプ）

固形のフォンダンはシロップを加え、湯煎で温めてから使う

空洞が少ないあんパンやカレーパンを作りたいのですが、どうしたらよいですか？
=パンの空洞を防ぐ方法

 フィリングの水分をなるべく少なくします。

　あんパンに空洞ができるのは、焼成時に餡の水分が熱によって蒸発し、餡の上部のパン生地を持ち上げて、パン生地と餡の間に空間ができた状態で焼成されるからです。あんパンに限らず、中に具を包み込む包餡タイプの菓子パンやカレーパンなどは、フィリングの水分が多いものほど空洞ができやすくなります。

　それを防ぐ方法としては、なるべくフィリングの水分を少なくするしかありません。ちなみに、扱いやすさの面からも、フィリングには比較的水分の少ないものや、ばらけずにまとまりやすいものが向いているといえるでしょう。

　また、あんパンは餡を包んだあとで生地を上から押さえて平らにしますが、その際に中心部を指で押さえる（いわゆる「へそ」を作る）と空洞ができにくくなります。

 カレーパンを揚げていたら、生地からカレーが出てきてしまいました。どうしたら防げますか？
=揚げパンの注意点

 生地の閉じ目を完全に閉じ合わせてください。

　カレーパンなどフィリングを包んだパンを揚げる場合、揚げている途中でフィリングが出てきて油がはねて危険なことがあります。これは、生地が膨らんで閉じ目が開いてしまうことが原因です。

　それを避けるためには、包餡後に閉じ目をしっかりと閉じ合わせることが大切です。フィリングのカレーがパン生地の縁に付着すると、閉じ目が完全にくっつかないので閉じる時は注意しましょう。また、閉じ合わせる部分の生地同士はしっかりとつまんだり押さえたりしてくっつけます。

　包餡時に無理にフィリングを押し込むと、生地の一部が薄くなったり、穴があいたりして、揚げている途中にそこからフィリングが出てきてしまうこともあります。

Q 12 フライ用のパン粉に向くもの、向かないものはありますか？
＝パン粉に向くパン

 A 甘いパンでパン粉を作ると、揚げ色が濃くついて焦げやすくなります。

　パンからパン粉を作る場合、糖分の多いパンは揚げる際に色がつきやすいので避けた方がよいでしょう。パン粉には、フランスパンやシンプルな配合の食パンなどが向いています。

　市販のパン粉には生パン粉と乾燥パン粉があり、細かさも様々です。生パン粉は原料のパンをそのまま粉砕したもので、乾燥パン粉に比べて水分量が多く、揚げるとサクサクとしてソフトな口当たりになります。

　乾燥パン粉は粉砕したパン粉の水分が少なくなるように乾燥させたもので（水分14％以下）、カリッとした歯触りになります。粗いパン粉をつけるとザクッとした歯触りになり、細かいパン粉は粗いものに比べて歯触りがソフトになります。

 Q 13 イタリアパンのロゼッタはどうやって作るのですか？
＝ロゼッタの作り方

 A 生地を折りたたんで作り、専用の型で押すことで、大きな空洞のある特徴的な形のパンに焼き上がります。

　ロゼッタは「小さなバラ」を意味するイタリアのパンで、名前の通りバラの形をしており、中心に空洞があるのも特徴的です。

　製法は独特で、タンパク質量の少ない小麦粉を使用してミキシングを弱めに行い、さらにローラーでのばしては折りたたむ作業を、グルテンのつながりが破壊される（もろくなる）直前まで繰り返して、生地を作ります。それを発酵後に麺棒でのばし、六角形に抜いて、専用の押し型で押してから、最終発酵させます。この製法により、**p.10**「空洞を作るには」**⑤** の後半で説明したように、大きな気泡同士がつながる現象が起こり、ロゼッタ特有の中心部分に大きな空洞のあるパンが焼き上がるといわれています。

ロゼッタ

ロゼッタ用の押し型と抜き型

ピタパンはなぜ空洞ができるのですか？
=ピタパンの空洞

 グルテンのつながりが弱めの生地を薄くのばして焼くと、空洞のあるパンができます。

　ピタとは主に中東で食べられている薄く焼いたパンの一種で、数千年の歴史をもつといわれています。中に空洞ができることから、英語でポケットブレッドともよばれます。主に小麦粉、水、イースト（パン酵母）、塩、液状油脂で作ります。

　生地は軽くこねたあとに発酵させ、丸く薄くのばしてから高温のオーブンに入れて短時間で焼き上げます。すると風船のように大きく膨らみ、内部に空洞のあるパンができ上がります。

　手でちぎり、ペースト状のソース類をすくって食べたり、半分に切ってポケット状の部分に野菜や肉、豆類などの具材を入れて、サンドウィッチのようにして食べたりします。

空洞を作るには

①やや硬めの生地を あまりこねずに作る

グルテンを十分には作らずに、そのつながりを強めないことで、イーストの出す炭酸ガスを包み込む膜が弱めになります。

②発酵時間を短めにする

グルテンのつながりが強化されないように発酵時間は短めに。しかし、イーストによる炭酸ガスの産出は必要なので、発酵は必ずさせます。

③成形は麺棒で薄くのばす

薄くのばすことで、焼成時にパンの表面（上面、底）が早くかたまり、中心温度が一気に高温になって、パンの中に空洞ができます。

④最終発酵は行わない、 もしくは短時間で終える

最終発酵を長時間とると、グルテンのつながりが強くなってしまい、空洞ができにくくなります。

⑤高温のオーブンで焼く

薄い生地なので、焼成時に内部に素早く熱が伝わり、気泡内の気体がすぐに膨張を始め、水分が蒸発します。さらに高温で焼くことによって生地の表面が早くかたまり、気体の膨張による内部の圧力が高まると、大きな気泡が小さな気泡を圧力差により吸収し、より大きな気泡となります。さらに加熱を続けると大きな気泡同士がつながり、最終的に内部に大きな空洞ができるのです。

食パンには山食パンと角食パンがありますが、どんな違いがあるのですか？

＝山食パンと角食パンの違い

山食パンはふんわりと膨らんで歯切れがよく、角食パンはしっとりとしてやや噛みごたえがあるのが特徴です。

食パンには型に蓋をしないで焼いた山食パンと、蓋をして焼いた角食パンがあります。仮に同じ生地を使い、同じ重量に分割して同じ成形をしても、最終発酵の程度と焼成時の蓋の有無で違った特徴をもつパンに焼き上がります。

パンは発酵時だけでなく、焼成時にも膨らみます（窯のび〈オーブンスプリング〉）。山食パンは最終発酵で型一杯まで十分に膨らませてから焼成すると、押さえる蓋がないためにパン生地は上方に膨張して焼き上がります。そのため、クラムの気泡は縦長になり、食べるとふんわりとして、歯切れのよいパンになります。

一方、角食パンは最終発酵では型の8割程度までの膨らみにとどめ、蓋をして焼きます。そのため、焼成中にクラムの気泡は十分に上にのびることができず丸形になります（⇒**Q**210, 215）。また、蓋をして焼くと蒸発する水分が減るので、山食パンに比べ、焼き上がったパンに多くの水分が残ります。そのため、しっとりとした少し噛みごたえのあるパンになります。

これらの特徴はパンをトーストすると、よりはっきりします。山食パンはさっくりと歯切れのよい軽い食感になり、角食パンはトーストした面はカリッとし、中はしっとりふんわりと焼き上がります。

パン・ド・カンパーニュの表面には粉がついていますが、なぜですか？

＝カンパーニュの打ち粉

もともとは発酵かごに生地がくっつかないように使用した粉です。

パン・ド・カンパーニュは生地が柔らかく、成形後そのままでは生地がだれてしまい、形を保つことができないので、発酵時にかご（発酵かご）を使用します（⇒**Q**180）。その際、柔らかい生地が発酵かごにくっつくのを防ぐために粉をふります。この粉は焼成時にパン生地の表面に残っており、そのまま焼き上がったパンにも残ります。

パン・ド・カンパーニュを焼成する際、多くの場合は生地表面に切り込み（クープ）を入れますが、残った粉によってクープがはっきりと見え、焼き上がったパンの飾りの役目にもなっています。

Q 17 クロワッサンの生地と、お菓子のパイ生地はどちらも層になりますが、どのような違いがありますか？
＝折り込み生地の発酵の有無

A 折り込み生地は発酵の有無でまったく異なった食感になります。

クロワッサンもお菓子のパイ生地も、どちらもバターなどの油脂を折り込んで生地を作るので、油脂の層と生地の層が交互に重なった状態は同じですが、発酵の有無が大きな違いです。

クロワッサンは発酵させたパン生地なので、発酵生地の特徴であるふんわりと膨らみのある層状に焼き上がります。一方、パイ生地は発酵させないので、生地はパリパリとした薄い層状になります。

このことは、実際にクロワッサンの生地とお菓子のパイ生地を比較するとよくわかります。本来、クロワッサンとパイ生地では折り込み回数が異なりますが、ここでは層の状態をわかりやすくするため、どちらも三つ折りを3回したもので比較しています。なお、クロワッサンは折り込む前の生地の段階（発酵）と焼成前の段階（最終発酵）で適正な発酵を行っています。

外観

断面

クロワッサン生地（左）は生地がふんわりと膨らんでいる。パイ生地（右）は薄くパリパリとした生地が重なっているのが1層ずつはっきりと見える

Chapter 2

パンを作り始めるまえに

製パン工程の流れ

　パン作りの流れを簡単に追うと、次のようになります。この流れは多くのパンにあてはまりますが、中にはより複雑な工程を経るパンもあり、実に様々なパンが作られています。

| 1.ミキシング | 材料を「こねて」生地を作る |

| 2. 発酵 | 生地を「膨らませる（発酵させる）」 |
| パンチ | 生地を押さえて「ガス抜きをする」※行わないものもある |

| 3. 分割 | 生地を目的に合った重さ（大きさ）に「切り分ける」 |

| 4. 丸め | 生地を「丸める」 |

| 5. ベンチタイム | 丸めた生地を「休ませる」 |

| 6. 成形 | 目的に合った「形にする」 |

| 7. 最終発酵 | 形作った生地を「膨らませる（発酵させる）」 |

| 8. 焼成 | 膨らんだ生地を「焼く」 |

製パンの道具

　パン作りの道具には、家庭向けからプロ向けまで、様々なものがあります。プロ用ともなると大型機器が多くなるため、家庭でパン作りを楽しみたい場合には向かないものが多くなります。

　ここでは、パン作りを始めたばかりの方が最低限揃えておくと便利なものを中心に紹介します。

●オーブンは必須!

　家庭でパンを作る場合に、必ず必要なものはオーブンです。生地が「パン」という食べ物になるためには、生地を焼くという工程が欠かせないからです。生地をこねたり、発酵させたりするのに使う道具については工夫次第で不要になるものもありますが、オーブンだけは必要不可欠。もちろん、トースターやフライパンなどで焼けるパンもありますが、いろいろなパンを幅広く作ることは難しいでしょう。

　ちなみに、家庭用オーブンは発酵機能つきのものも多く、あれば便利な機能ではありますが、なくてもパンを作ることはできます。

家庭用オーブン

●下準備に必要なもの

　下準備で使う道具といえば、まずは材料を計量する秤(はかり)です。パン作りの材料の中で最も使用量が多いものは小麦粉、少ないものは塩やイースト(パン酵母)です。そのどちらも計量できるものが必要なので、最大計量が1〜2kg程度で、0.1g単位で微量の材料も計量できるデジタルタイプの秤がおすすめです(⇒**Q**170)。

　もちろん、材料を計量したり、生地を発酵させたりする時に使うボウルや容器も必要ですし、材料を混ぜるための泡立て器やへらなども用意してください。

　次に必要なのは、水温や生地温を測るための温度計です。パン作りを失敗しないためには、水温や発酵器内の温度を調節したり、生地温を計測して記録していくことが大切です。

秤 (デジタルタイプ)

ボウル

発酵容器

泡立て器、へら

温度計

● 生地作り、最初は手ごねで

生地を手ごねで作る場合は、自分の手が道具となるわけですから、特に道具は必要ありません。ただし、手ごねでの生地作りが難しいパンもあるので、パン作りに慣れてきていろいろなパンに挑戦したい場合には、生地をこねるための道具を用意するとよいでしょう。

卓上ミキサー

卓上ミキサーやホームベーカリー（ミキシング終了時に生地を取り出すことのできるタイプ）がおすすめですが、生地の量が多くなければフードプロセッサー（パン生地作りに対応するタイプ）などでもよいでしょう。なお、用途に応じてアタッチメントを付けかえられるものもあります。

● 発酵に大切なのは温度と湿度

発酵機能つきのオーブンや小型の発酵器（折りたたみ式など）があれば便利ですが、こういった専用の機器がない場合にも、身近にあるもので生地をうまく発酵させることは可能です。

発酵において大切なのは、適度な温度と湿度です。この2つを保てるものを工夫してみてください。例えば、蓋つきの水切りかごに湯を浅く張って使ったり、湯を入れた容器を発泡スチロールのボックスや衣装ケースなどに入れたりして、発酵器のかわりにすることもできます（⇒**Q195**）。

もしも室温が発酵に適した温度であれば、そのまま発酵させることが可能です。ただし、どの方法でも、生地が乾燥しないように注意し、温度計で温度管理をする必要があります。

家庭用発酵器
（日本ニーダー株式会社）

蓋つきの水切りかご

●分割に必要な道具

　発酵した生地はカードやスケッパーを使って押し切るのが基本です。また、分割した生地を計量するためには秤（はかり）が必要です。

　分割した生地は、ベンチタイムをとる際に移動させる必要があるならば、板（プラスチックやアクリルでできたものでも可）の上にのせます。オーブンプレートやクーラー（⇒p.18）などで代用することも可能です。

　板に生地をのせる際は、くっつかないように打ち粉をするか、布（キャンバス〈帆布〉、毛羽立ちの少ない麻や綿など）を敷きます。

カード、スケッパー　　　板、布

●成形に必要な道具

　パンの成形に必要な道具は、作るパンによってそれぞれ異なります。主なものを挙げると、バターロールや食パンを成形するのに欠かせないのは麺棒です。生地中の炭酸ガスを麺棒でしっかり抜く必要があるからです。

　食パンなどの型を使って焼き上げるパンは、それに応じた型が必要になります。

　切り込み（クープ）を入れる場合には、はさみやナイフを使用します。成形したパンは、例外もありますが、基本的にはオーブンプレートにのせて最終発酵させます。

麺棒　　　　　　　食パン型　　　　　はさみ、ナイフ

●焼成前の作業で使うもの

　焼き上がったパンの表面に筋や切り込みが入っていることがありますが、これはオーブンに入れる直前に生地の表面にナイフやかみそりで切り込み（クープ）を入れることでできる模様です。フランスパンなどのハード系のパンに多く見られます。クープを入れるとデザインとして美しく、膨らみもよくなります（⇒Q225~227）。

　また、オーブンに入れる前に生地に水を吹きかけたり、溶き卵を塗ったりすることがあります。こうして生地の表面をぬらすと、焼きかたまるのが遅くなります。結果として生地が膨らむ時間を長くとれて、パンにボリュームを出せます（⇒Q220）。このために霧吹きや刷毛なども用意する必要があります。

ナイフ、かみそり　　　霧吹き　　　　刷毛

●焼き上がったパンはクーラーの上に

　焼き上がった直後のパンからは、パンに含まれる水分が水蒸気となって放出されています。そのため、台などに直接置いてしまうとその水分によって湿ってしまうので、冷めるまではクーラー（冷却用の網）の上にのせておきます。

クーラー

製パンの材料

　おいしいパンを作るためには、様々な材料が使われます。基本とされる材料は下記の4つです。これらをパン作りに必要な「4つの基本材料」とよびます。

　本来は「小麦粉」ではなく「穀物の粉」というのが正しいのですが、世界的にみても穀物の中で最もパンの材料として使われているのは「小麦」なので、本書では「小麦の粉」つまり「小麦粉」としています。もちろん、小麦以外の穀物で作られたパンもたくさんあります。

　基本材料以外の、パンに様々な個性を与える材料を「副材料」とよびます。副材料には多くの種類がありますが、本書ではよく使われる下記の4つに絞り、これらを「4つの副材料」とよぶことにします。

　副材料の主な役割は「パンに甘味やコク、風味を与える」、「ボリュームを大きくする」、「色づきをよくする」、「栄養価を高める」の4つです。

4つの基本材料
- ・小麦粉
- ・イースト（パン酵母）
- ・塩
- ・水

4つの副材料
- ・砂糖
- ・油脂
- ・卵
- ・乳製品

Chapter 3

パン作りの基本材料

小麦粉

 Q 18 小麦以外の麦の仲間にはどんな種類がありますか？
=麦の種類

 A **大麦、ライ麦、燕麦などが主な種類です。**

　麦はイネ科に属する植物の小麦、大麦、ライ麦、燕麦などの総称です。

　その中でパン作りに最も重要な麦といえるのが小麦で、世界中の多くのパンの原料となっています。食物としての小麦の歴史は古く、パンが誕生する以前から、煮たり焼いたりして主食として食べられてきました。現在でも、トウモロコシ、米とともに世界で最も広く栽培されている穀物のひとつです。

　小麦は低温では育ちにくいため、北ヨーロッパを中心とした寒冷な地域では、ライ麦が重要な地位を占め、パンは小麦だけではなく、多くの場合、ライ麦混合もしくはライ麦のみで作られています。ライ麦を多く使用したパンは、小麦で作ったパンに比べると黒っぽい色みになるため、黒パンとよばれることもあり、独特の香りと酸味が特徴です。

　また、大麦は小麦と同様に、古い歴史をもち、かつては主食とされたこともありましたが、現在ではそのまま食べることは少なく、ビールや麦芽飲料、麦茶の原料になることでよく知られています。

　燕麦はカラス麦ともよばれ、日本ではあまりなじみがありませんが、世界ではオートミールに加工し、ポリッジ（粥）などにして食べられています。

大麦　　　小麦　　　ライ麦　　燕麦

Q 19 小麦はいつ頃、どこから日本に伝わったのですか？
＝小麦のルーツと伝播

 A **弥生時代に、中国大陸や朝鮮半島から伝わりました。**

　小麦の歴史は非常に古く、考古学や遺伝学などの研究によるとルーツは中央アジアから中東のあたりだといわれています。それからどのように世界中に広まったかについては諸説ありますが、紀元前1万年頃には、すでに自生していた小麦が世界各地で食べられていたようです。

　農耕文化の発祥地は、「肥沃な三日月地帯」（現在のイラク、シリア、レバノンあたり）とよばれる地域で、チグリス川とユーフラテス川に挟まれたメソポタミアを中心に三日月形に広がっています。この地域では、紀元前8,000年頃には小麦の栽培が始まっていたとされています。

　紀元前6,000～5,000年頃には、小麦はメソポタミアの地からエジプトを含む地中海沿岸へ伝播しました。紀元前4,000年頃にはヨーロッパを北上してトルコからドナウ川流域、ライン渓谷へと広がり、紀元前3,000～2,000年頃にはその他のヨーロッパ全域、イラン高地にも伝わったようです。

　そして、紀元前2,000年頃には中国、インドにも伝わり、日本へは弥生時代に中国大陸や朝鮮半島経由で伝わり、米とともに栽培されていたといわれています。

　現在の日本の主な小麦輸入先であるアメリカ、カナダ、オーストラリアでの小麦栽培の歴史は意外に新しく、17～18世紀にかけてヨーロッパから伝わりました。

パンに使われる小麦粉は、小麦粒のどの部分を挽いたものですか？
=小麦粒の構造と成分

 小麦の胚乳部分を挽いたものです。

　収穫した小麦を脱穀して殻を取り除くと、粒は卵形や楕円形をしており、上部から下部にかけて深い溝があります。「外皮」に囲まれた内部は、その大部分を「胚乳」が占めています。下部には全体の2%しかない「胚芽」があります。

　小麦粉は、胚乳を粉にしたものです。胚乳は糖質（主にデンプン）とタンパク質が主成分で、粒の中心と外皮近くではそれらの成分比や性質が異なります。外皮には灰分（ミネラル⇒**Q29**）が多いので、胚乳も外皮に近いほど灰分が多く、中心部は灰分が少なくなります。胚芽には、発芽に必要なビタミン、ミネラル、脂質などの栄養が詰まっており、栄養効果を期待して健康食品に利用したり、パンに配合することもあります。

　小麦粉には、外皮や胚芽を取り除かず、小麦粒全部を粉にした「全粒粉」とよばれるものもあります（⇒**Q44**）。

小麦粒の断面図

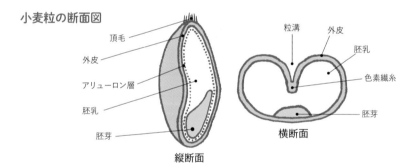

縦断面

横断面

頂毛　外皮　アリューロン層　胚乳　胚芽

粒溝　外皮　胚乳　色素繊糸　胚芽

小麦粒の構成

胚乳	小麦粒の約83% この部分が小麦粉になる。主成分は、糖質（主にデンプン）、タンパク質
外皮	小麦粒の約15% ミネラル、繊維質が多く、製粉工程で胚乳部分と分けられて「ふすま」となる。主に飼料や肥料として利用されるが、一部は食品原料となる。アリューロン層は胚乳の一部だが、製粉時には外皮とともに取り除かれる
胚芽	小麦粒の約2% 糖質、タンパク質、脂質、各種ビタミン、ミネラルをバランスよく含んでいる。製粉工程で分離される。胚芽をローストしたものはパンに配合されたり、健康食品などにされたりする

●小麦粒の成分

品種や育成条件などによっても異なりますが、一般的な成分値を紹介します。

小麦粒の主な成分値

(可食部100gあたりのg)

	炭水化物	タンパク質	灰分	水分
軟質小麦(輸入)	75.2	10.1	1.4	10.0
硬質小麦(輸入)	69.4	13.0	1.6	13.0
普通小麦(国産)	72.1	10.8	1.6	12.5

(『日本食品標準成分表(八訂)』文部科学省科学技術・学術審議会 より抜粋)

 米は粒のまま食べるのに、なぜ小麦は粉にして食べるようになったのですか？

=小麦を粉食する理由

 米のように外皮がきれいに削れないから粉にしたのです。

米は籾殻(もみがら)をむくと、玄米になります。玄米がかぶっている薄い皮(果皮や種皮)は爪で引っかくと容易にむけるほど剥離しやすく、一方で、胚乳は硬いという特徴があるため、米同士をすり合わせてぬか層(果皮や種皮と、その下にあるアリューロン層)を削るという方法で精米します。

一方、殻を除いた小麦粒には縦方向の深い溝があり、外皮が溝に入り込んでいます(⇒**Q20**)。そのため、たとえ外側から削って外皮を取り除こうとしても、きれいにむくことが難しいのです。

それで、米のように外側の皮を除いて(精米)、粒のまま食べるという方法はとられず、粉にしてから皮を除いて使う食べ方が広まったと考えられています。

製パン性を向上させる製粉方法

昔の小麦粉は、小麦粒を石臼で挽いて粉にして、ふるいにかけて外皮をある程度除くという方法で作られていました。しかし、石臼で挽くと、外皮も粉状になってふるいの目を通ってしまうので、どうしても小麦粉に外皮が多く混入してしまいます。そうした小麦粉は、製パン性が悪くなります。

製粉方法が発達した現在では、外皮が混入しない真っ白な小麦粉を得るために、次のように製粉されています。

まず、小麦粒に水を少ししみ込ませてしばらくねかせます。すると、小麦粒の中心部は柔らかくなって粉状になりやすくなり、皮に近い部分ほど硬く引き締まります。そのため、粒を割った時に皮と皮に近い部分は大まかに割れ、混入しにくくなるのです。こ

れを調質といいます。

その粒をロール機で挽砕（ばんさい）してふるいにかけ、風力で外皮を除くと、外皮が多い粉から、中心部が多い粉まで、何種類かに分けることができます。砕く⇒ふるいにかける⇒風力で外皮除去、という工程を何度も繰り返すことで、外皮が多い粉から外皮が少なくて純度の高い粉まで様々な粉ができていきます。

このようにして何十種類もの粉に分けたあと、それらをブレンドして用途に応じた製品にしているのです。

中心部により近い粉を集めて製品化した小麦粉は、灰分（かいぶん）（ミネラル）が少ないため、色が白く、外皮に近い部分が多く含まれる小麦粉ほど灰分が多く、色は茶色っぽくなります。

---

1. 調質（ちょうしつ） ｜ 小麦に少量の水を加えてねかせ、挽砕しやすくする

▼

2. 挽砕（ばんさい） ｜ ロール機で小麦粒を破砕し（大きく割り）、粉砕（粉状に細かく）する

▼

3. ふるい分け・外皮除去 ｜ 粉砕した小麦をふるい（数種類の目の細かさの違うふるいにかける）、さらに風力で外皮を除く

▼

4. 粉砕・外皮除去 ｜ ふるった小麦を再度ロール機にかけてからふるい、外皮を極力取り除く。これを何度も繰り返す

Q 22 小麦は春小麦と冬小麦にわけられるそうですが、何が違うのですか？
=春小麦と冬小麦

 A 種をまく時期、栽培時期、収穫量などが違います。

　春に種をまいて秋に収穫する品種を春小麦、秋に種をまいて冬を越し、翌夏に収穫する品種を冬小麦とよんでいます。春まき小麦、秋まき小麦とよぶこともあります。

　世界で栽培されている小麦の多くは冬小麦です。冬小麦は春小麦よりも育成期間が長いため、より多く収穫できるからです。春小麦の収穫量は冬小麦の2/3程度になってしまいます。

　収穫量は冬小麦よりも春小麦の方が少ないのですが、製パン性に優れていてよく膨らむパンができるのは、春小麦といわれています。これは、春小麦に含まれるタンパク質（特にグリアジン）が、粘りや弾力が強くてパンに適した性質や状態のグルテン（⇒**Q34**）を作り出しやすいからです。しかし、近年では品種改良や研究などが進み、製パン性に優れる冬小麦も出てきており、どちらもパン作りに使われています。

　日本のように、春小麦と冬小麦の両方を栽培している国もありますが、製パン用小麦粉の主な輸入先であるカナダやアメリカ北部は冷涼で冬の寒さが厳しいため、春小麦のみが栽培されています。その他、ヨーロッパや中国北部、ロシアの一部にも冬小麦を栽培できない地域があります。

 Q 23 小麦粒の色の違いは何から生じているのですか？
=小麦粒の色による分類

 A 品種の違いで外皮の色が違います。

　小麦は外皮の色でも分類されており、外皮が赤や褐色のものは「赤小麦」、淡い黄色や白っぽいものは「白小麦」とよばれます。外皮の色は品種によって決まっています。一般的に硬質小麦には赤小麦が多く、軟質小麦には白小麦が多い傾向にあります。

　しかし、赤小麦の同じ品種でも、産地や生育条件によって、濃い褐色から黄色みがかった淡い褐色まで様々な色合いに育ちます。アメリカでは濃いものを「ダーク」、薄いものを「イエロー」とよんでいます。ダークはイエローよりもタンパク質の量が多い傾向にあり、そのためグルテンができやすいという特徴があります。

輸入小麦は名前で生まれや性質がわかる？

外国から輸入している原料小麦の名前には、その小麦の産地や性質が盛り込まれているものが多くあります。

これらを組み合わせて名前になったものの一例を下に挙げます。

すべての小麦がこのように命名されているわけではありませんし、市販されている多くの小麦粉には原料小麦の名前はほとんど明記されていませんが、製菓・製パンの材料専門店などで売られている小麦粉には、原料小麦の名前が表記されたものもあり、商品を選ぶ指標となります。

小麦の名前に盛り込まれることの多い産地や性質

産地	アメリカ（またはアメリカン）、カナダ（またはカナディアン）など
色	レッド（赤小麦）、ホワイト（白小麦）、アンバー（白小麦の中でもタンパク質量が多く琥珀色に見えるもの）など
硬さ	ハード（硬質小麦）、ソフト（軟質小麦）
栽培時期	ウィンター（冬小麦）、スプリング（春小麦）

小麦の名前

カナダ・ウェスタン・レッド・スプリング

カナダ西部産、赤小麦、春小麦。タンパク質量が多く、製パン性に優れた小麦のひとつで、日本では強力粉の原料となる

ウェスタン・ホワイト

（アメリカ）西部産、白小麦。タンパク質量が少なく、日本では薄力粉の原料となる

 薄力粉と強力粉の違いは何ですか？
＝タンパク質含有量による小麦粉の分類

 日本では小麦粉に含まれるタンパク質の量によって分類されます。

　薄力粉と強力粉では、デンプンやタンパク質などの成分の量が違います。市販の小麦粉の主な成分は、デンプンを主体とする炭水化物（糖質と食物繊維の合計）が70〜78％、水分が14〜15％、タンパク質が6.5〜13％、脂質が約2％、灰分（ミネラル）が0.3〜0.6％です。

　日本において、小麦粉は主にタンパク質の含有量によって分類されています。小麦粉に含まれるタンパク質の量が多いものから順に、強力粉、準強力粉、中力粉、

薄力粉に分類されています。それぞれのタンパク質の量は栄養成分表示のひとつとして、小麦粉のパッケージに記載されています。

　小麦粉の成分中、タンパク質の量はそれほど多いわけではありません。それなのに小麦粉がタンパク質の量によって分けられているのは、小麦粉を水とともに混ぜたりこねたりすると、小麦粉のタンパク質から粘りと弾力をもつ「グルテン」ができ、この性質がパン、麺、菓子などの小麦粉製品に大きな影響を与えるからです（⇒**Q34**）。

小麦粉の種類とタンパク質含有量の目安

小麦粉の種類	タンパク質の含有量
強力粉	11.5〜13.0%
準強力粉	10.5〜12.0%
中力粉	8.0〜10.5%
薄力粉	6.5〜8.5%

薄力粉と強力粉でタンパク質の量が違うのはなぜですか？
=軟質小麦と硬質小麦

原料となる小麦のタンパク質の量が違うからです。

　小麦は粒の硬さによって、軟質小麦、硬質小麦、中間質小麦に分類されます。国によって分類の仕方は異なりますが、日本ではこの3つに分けられることがほとんどです。

　薄力粉は軟質小麦、強力粉は硬質小麦から作られます。

　軟質小麦のタンパク質は量が少なく、その上、グルテンができにくいという性質があります。そのため、軟質小麦を原料にしている薄力粉は、そうした特徴をもった粉になります。

　一方、硬質小麦のタンパク質は、軟質小麦よりも量が多く、粘りと弾力が強いグルテンができるという性質があるため、強力粉はそうした性質を示します。

　また、軟質小麦の中でもタンパク質の量が多いものは、中間質小麦とよばれ、主に中力粉の原料となります。

　さらに細かく分類すると、硬質小麦の中でもややタンパク質の量が少なく、グルテンの形成度合いがやや劣る性質をもつものは、準硬質小麦に分類され、主に準強力粉に相当する粉の原料になります。

どのような小麦粉がパン作りに適していますか？
=パン作りに適した小麦粉の種類

 タンパク質の量が多く、粘りと弾力の強いグルテンを形成できるため、強力粉が向いています。

　パンといってみなさんがまず思い浮かべるものは、食パンのような、ふんわりと膨らんできめの細かいパンではないでしょうか。パンのきめは、クラム（パンの中身）の断面に見える、たくさんの細かい空洞が作り出しています。これは「すだち」といって、生地が発酵と焼成によって膨らんでパンになる過程でできた気泡の跡です。

　これらの気泡は、イースト（パン酵母）がアルコール発酵によって炭酸ガスを発生させてできたガス泡が主で、そのほかにアルコール発酵で炭酸ガスと同時に発生させたアルコール、こねた時に混入した空気、生地中の水分などが、焼成の時に気化して空洞として残ったものです。

　イーストが生地中に炭酸ガスの微小な気泡を数多く作り、それらが合体しないように膨張させていくことで、きめの細かいすだちができていきます。気泡の周りは、タンパク質からできたグルテンが張りめぐらされた生地が取り囲んでおり、それが気泡の膜となっています。発酵で気泡が膨らんだ時に、膜がしなやかに薄くのびて、しかも炭酸ガスで膨らむ圧力に耐えられるような強さ（破れにくさ）を兼ね備えていると、気泡が壊れずによく膨らむことができます。

　パン作りの第一歩は、こうした性質をもつグルテンを形成しうる小麦粉を選ぶこと。よって、薄力粉や中力粉よりもタンパク質の量が多く、粘りと弾力の強いグルテンを形成することのできる強力粉が向いています。

 ケーキのスポンジ生地を強力粉ではなく薄力粉で作るのはなぜですか？
=スポンジ生地に適した小麦粉

 スポンジ生地は泡立てた卵の気泡によって膨らむので、強いグルテンは必要ないからです。

　スポンジ生地は薄力粉で作ります。これを強力粉で作るとどうなるでしょう？

　次ページの写真のように、生地にボリュームが出ないばかりか、ふんわり感がなく、硬く仕上がってしまいます。

　これは、スポンジ生地の膨らむメカニズムが、パンとは異なるためです。

　スポンジ生地が膨らむのは、泡立てた卵の気泡の中にある空気が、焼成によって熱膨張することや、材料に含まれている水分の一部が焼成によって水蒸気になり、生地を内側から押し広げるからです。

スポンジ生地の場合、粘りと弾力の弱いグルテンが柔らかい骨組みとなって膨らみを適度に支え、糊化(α化)したデンプンのボディがくずれないように適度につなぎ、食べた時の心地よいソフトな弾力を作り出す役割を果たしています。

一方、パンの場合で特徴的なのは、発酵の工程でイースト(パン酵母)が発生させた炭酸ガスで生地が膨らむことです。生地中に広がったグルテンの膜は、ガスの発生にともなって、スポンジ生地の膨張よりも強い圧力で内側から押し広げられます。グルテンに粘りと弾力があってこそ、膜が破れずにしなやかにのび、ガスを保持しながら膨らんだ形を保つことができます。よって、パンには強いグルテンが必要なのです。つまり、薄力粉のグルテンではガスを保持することも、膨らんだ形を保つこともできないのです。

強力粉は、薄力粉よりもグルテンができる量が多く、できたグルテンの粘りと弾力が強いので、スポンジ生地に強力粉を使うと、強いグルテンによって、膨らもうとする卵の気泡が押さえつけられ、膨らみにくくなってしまうのです。

薄力粉と強力粉で作ったスポンジ生地の比較

左は薄力粉、右は強力粉を使用して作ったスポンジ生地

※配合は小麦粉(薄力粉または強力粉を使用)90g、グラニュー糖90g、卵150g、バター30g。直径18cmの丸型を用い、180℃のオーブンで30分焼成したものを比較

Q 28 小麦粉の「等級」は何によって区分されているのですか?
＝灰分含有量による小麦粉の分類

A 灰分が少ないものが1等粉で、増えるにしたがって2等粉、3等粉、末粉に分類されます。

小麦粉はタンパク質の量によって強力粉や薄力粉に分類されたあと、さらに灰分(⇒Q29)の含有量によって分けられます。灰分は、小麦の中心に比べて外皮に近い部分に、より多く含まれます。

灰分が少ない、中心に近い部分を多く含む粉ほど等級が高く、順に1等粉、2等粉、3等粉、末粉とよびます。また、等級は灰分の量だけでなく、その小麦粉の総合的な品質などによっても決められています。

一般に市販されている小麦粉は、1等粉と2等粉です。等級での分類は主に流通上で用いられることが多く、「強力1等」(強力粉の1等粉)などとよばれますが、この等級がパッケージに表示されることはなく、私たちが普段目にすることはあまりありません。

3等粉は小麦デンプンの原料となったり、かまぼこなどの魚介の練り製品の粘着を高めるために使われたり、工場製菓子や加工食品の原料に用いられます。また、食用としてだけではなく、紙や段ボールの接着に使われることもあります。

食用にはならない末粉は、小麦デンプンを取り出さずに、そのまま樹脂と混ぜて糊にして、ベニヤ板の製造時に板と板を接着させるのに使われたりもします。

小麦粉の等級と灰分含有率

1等粉	0.3〜0.4%
2等粉	0.5%前後
3等粉	1.0%前後
末粉	2.0〜3.0%前後

（『小麦・小麦粉の科学と商品知識』一般財団法人製粉振興会（編）より抜粋）

Q29 小麦粉に含まれる灰分とは何ですか？
=小麦粉の灰分

A 灰分はほぼミネラルです。

製菓材料店で売られている小麦粉では、パッケージの表示にタンパク質量に加えて灰分量が併記されることが増えてきました。

灰分という言葉は耳慣れないと思いますが、栄養学でいえば、食品に含まれる不燃性の鉱物質のことです。食品を高温で燃やした時にタンパク質、炭水化物、脂質などは燃えてなくなりますが、一部は燃えずに残ります。この燃え残りの灰が灰分にあたります。

灰分には、ミネラルであるカルシウム、マグネシウム、ナトリウム、カリウム、鉄、リンなどが含まれており、灰分の量はほぼミネラルの量と考えてよいのです。

灰分が多い小麦粉は少ないものに比べ、小麦の風味を強く感じることができます。また、灰分を多く含む小麦粒の外皮に近いあたりには酵素が多く、製パン時に生地がだれやすくなるなどの影響が考えられます。**Q31**で詳しく説明しますが、灰分が多い小麦粉は、でき上がったパンのクラムの色にも影響を与えます。

Q 30 小麦粉には白っぽいものと生成り色がかったものがありますが、色の違いは何の影響によるのですか？
=小麦粉の色の違い

 A 含まれる灰分量の違いの他、原料小麦の外皮の色などが影響しています。

　同じように白く見える小麦粉も、いくつかの製品を並べて比較してみると実際には微妙に色合いが異なります。

　この色合いの差を生み出している要因のひとつには、小麦粉に含まれる灰分(かいぶん)の含有量の違いが挙げられます。灰分はパンの色だけでなく、風味にも影響するので、好みの味わいを追求する際には判断要素のひとつになります。

　小麦粉は小麦の胚乳部分を粉にしたものですが、胚乳は外皮に近い部分は灰分が多く、中心部に近くなるほど、灰分が少なくなります。そのため、胚乳の中心に近い部分を集めて作られた小麦粉は灰分の量が少なくて白い色になり、外皮近くからとれる小麦粉は灰分の量が多くて少し茶色っぽいくすんだ白色になります。

　では、小麦粉の栄養成分表示に記載されている灰分量の数値で粉の色を判断できるかといえば、そうではありません。小麦の種類も色にかかわるからです。

　小麦は外皮の色によって赤小麦、白小麦とよび分けられていますが(⇒**Q23**)、実は、外皮の内側にある胚乳の色も赤小麦の方が濃い色をしています。

　一般に硬質小麦は赤小麦、軟質小麦は白小麦であることが多く、主に硬質小麦からできている強力粉と、主に軟質小麦からできている薄力粉を比較すると、同じ灰分量の粉であれば、薄力粉は強力粉よりも色が白くなります。また、強力粉の中でも、小麦が濃い褐色のダークか、淡い褐色のイエローかの分類によって、わずかながらダークを原料とする粉の方が色が濃いという違いがあります。

小麦胚乳の断面

胚乳の中心部は白く、外側にいくほど灰分が多く含まれるため色が濃くなる

小麦粒の色の比較

白小麦(左)
赤小麦(右)

Q
31
同じ配合で焼いたパンなのに、クラムの白さに違いがあるのは何が影響しているのですか？

＝小麦粉の色がクラムに与える影響

A パンの材料となる小麦粉の色が影響しているのです。

　小麦粉に含まれる灰分量や小麦粒の外皮の色によって小麦粉の色は異なりますが、これは焼き上がったパンのクラム（パンの内側の白くて柔らかい部分）の色にも影響します。

　しかし、小麦粉は見ただけでは色の判断がつきにくいことがあります。それは、小麦粉の粒子が小さいほど、光が乱反射して白っぽく見えるからです。そこで、小麦粉そのものの色を判断したい場合には、粉を水に浸けて色を比較する、ペッカーテストという方法が用いられています。

　ペッカーテストでは、小麦粉の表面に適度な水が浸透して光が乱反射しなくなり、小麦粉そのものの色がよくわかります。

　ただし、パンが焼き上がった時の最終的な色は、小麦粉以外の材料の色からも影響を受けますので、ペッカーテストは、粉選びの目安のひとつとしてください。

ペッカーテストによる2種類の小麦粉の色の比較

小麦粉 **a**
（灰分含有量 0.41%）

小麦粉 **b**
（0.60%）

水に浸けたあと引き上げ、しばらくおいたもの

クラムの色の比較

小麦粉 **a**（左）、小麦粉 **b**（右）

小麦粉 **a**
（灰分含有量 0.41%）

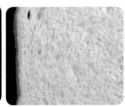

小麦粉 **b**
（0.60%）

　上記の比較実験では、灰分含有量の差による小麦粉の色の違いを比べるため、タンパク質含有量は同じで、灰分含有量が違う小麦粉を使用しています。

　ペッカーテストの結果を見ると、水に浸ける前はほとんど見分けがつかなかっ

た2種類の小麦粉ですが、水に浸けてから時間をおくと、灰分量の多い小麦粉**b**の方が**a**に比べて色が暗く、薄茶色になっています。また、細かい黒い粒（小麦の外皮に近い部分）も確認できました。

　小麦粉の種類のみをかえて同配合で焼いた2つのパンの断面を比べてみると、ペッカーテストによる小麦粉の色の差ほどははっきりとしていませんが、灰分量の多い小麦粉**b**を使用したパンの方が、クラムの色がやや暗く茶色がかっています。

参考 ⇒p.294・295「テストベーキング**3・4** 小麦粉の灰分含有量①・②」

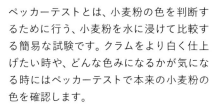

ペッカーテストってどうやるの？

ペッカーテストとは、小麦粉の色を判断するために行う、小麦粉を水に浸けて比較する簡易な試験です。クラムをより白く仕上げたい時や、どんな色みになるかが気になる時にはペッカーテストで本来の小麦粉の色を確認します。

ペッカーテストの手順

① 小麦粉をガラスやプラスチックの板の上に適量のせます。隣に比較したい小麦粉を同量並べてのせ、その上から専用のへらを使って粉をぎゅっと押しつけます。

② 板ごと静かに水に沈めて10～20秒間おいてから、そっと板を引き上げます。

③ 水に浸けた直後は粉に水分が均等に行き渡っていないため、しばらく時間をおいてから粉の色を確認、比較します。

 収穫された小麦の品質の良し悪しが、小麦粉に影響を与えることはあるのですか？
Q32 ＝小麦の品質が製品に与える影響

 製品としての小麦粉は特徴がいつも同じになるように調整されています。

　製粉会社が製造している小麦粉は、数種類の小麦をその製品の特徴に合わせてブレンドして作られるので、年ごとにその製品で定められたタンパク質量や灰分量などの成分、グルテンやデンプンの性質や特徴などが大きくかわるということはありません。

　しかし近年、特に国産小麦の中には、「ゆめちから」、「キタノカオリ」、「春よ恋」、「ミナミノカオリ」など、1品種のみを製粉して袋詰めした小麦粉が増えてきました。

　小麦は農作物なので、毎年まったく同じものが収穫できるとは限りませんし、収穫地によっては、できの良、不良があります。しかし、基本的にその品種がもつ特徴そのものが大きくかわるわけではないので、収穫年の違う粉を使ったからといって、パンの膨らみや味わいが大きくかわることはありません。

ただし、よりよい小麦になるように品種改良が行われている場合もあるので、実際にパンを作ってみて見極めるしかありません。

小麦を小麦粉にするには、「熟成」が必要？

小麦が製粉されて小麦粉になるには、2段階の「熟成（エージング）」が必要です。まずは、粉にする前の小麦粒の段階での熟成。そして、熟成を終えた小麦粒を粉に挽いて、小麦粉の状態になってからの熟成です。

小麦粒の熟成

米は新米がおいしいものですが、小麦は収穫直後に製粉してパンにすると、生地がベたついたり、膨らみが悪かったりします。

収穫したての小麦は、細胞組織がまだ生きていて、細胞内で活発に呼吸が行われており、酵素類の活性も高く、熟成中に小麦の脂質、タンパク質、糖質などの成分に作用して、これらを変化させます。また、生地を軟化させる物質（還元性物質）も多く含まれているのです。時間の経過にともなって、酵素の活性は落ち着き、還元性物質は減っていきます。酵素類には様々なものがありますが、小麦粉にしてパン作りを行うのにかかわる酵素反応としては、熟成中にグルテンのもととなるタンパク質が変化して、製パン性がよくなるということがあります。また、アミラーゼという酵素がデンプンを分解して、デキストリンと麦芽糖が増え、イースト（パン酵母）の発酵がスムーズに行われる、といったことが挙げられます（⇒**Q65**）。

しかしながら、各種の酵素が必ずしも小麦粉製品になる上での好ましい働きをするわけではありません。そのため、収穫からある程度時間をおいた方が、総合的にみて製パン性を含む二次加工特性がよくなるという考え方のもとで熟成されています。

なお、日本で製粉される小麦のほとんどが輸入されたものなので、生産国で収穫されてから日本に運ばれてくるまでの間に数か月かかることもあります。その間に、酸化が進み、安定した状態になっていることが多いようです。国内産の小麦については、サイロ（小麦粒を保管する倉庫）で保管され、製粉されるのを待つ間に熟成されます。

小麦粒を粉にしてからの熟成

小麦粒の状態で熟成を行ったとしても、製粉してから何日間かは熟成させないと、グルテンの構造を変化させる物質が働いて、パンの生地がだれやすくなります。

また、小麦粉の製粉では、ふるいで取りきれなかった外皮を吸い上げて取り除いたり（純化）、空気を送り込んでその流れに小麦粉をのせて運搬する工程（空気搬送）などがあり、これらによって小麦粉の粒子が空気によく触れて酸化が進み、状態の安定した小麦粉になります。

どちらの熟成も製粉会社等が管理して行うもので、市販されている小麦粉を熟成させて使う必要はありません。なお、一般的に製粉会社では製粉された粉の賞味期限は6〜12か月と設定しています。

小麦粉の品質を保つためには、どのように保存したらよいですか？
=小麦粉の保存方法

 密封容器に入れて、低温、低湿の場所で保存します。

　小麦粉は微細な粉末状であるがゆえに、湿気、においを吸いやすいといった性質があります。湿気が多くなると虫がつきやすくなり、カビにも注意が必要となります。

　購入後は虫の侵入を防ぐために密封容器に入れたり、粉袋ごとポリ袋などに入れるなどし、熱がこもらないように低温・低湿度の場所で保存します。開封後は、短期間で使いきれるようであれば涼しくて湿度の低いところに保存すればよいのですが、できれば冷蔵または冷凍保存すると、よりよいでしょう。

　いずれにしても、なるべく早く使いきるのもおいしいパンを作るためには大切です。

 小麦粉に水を加えてこねると、なぜ粘りが出てくるのですか？
=グルテンができるメカニズム

 小麦粉に含まれるタンパク質が、グルテンに変化するからです。

　小麦粉に水を加えてこねると、粘りのある生地ができます。さらにこねると押し戻すような弾力が生まれ、しなやかになってきて、生地を引きのばすと薄くのびるようになります。これは小麦粉に含まれるタンパク質が、粘りと弾力がある（粘弾性のある）グルテンという物質に変化して、その特性が生地の性質や状態に大きく影響を与えるからです。

　さて、それではそのグルテンとはいったいどんな物質なのでしょうか？

　もとになっているのはグリアジンとグルテニンという2種類のタンパク質で、小麦粉に水を加えてよくこねることで、これらのタンパク質がグルテンに変化します。グルテンは、繊維が網目状にからまったような構造をしていて、生地をよくこねるほど網目構造が密になります。すると、粘りと弾力が強まり、ゴムのようにのびる性質をもつようになるのです。

　グルテンは小麦特有のもので、米や大豆など、他の穀物では、タンパク質が含まれていてもグルテンはできません。

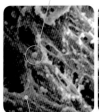 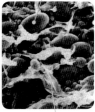

デンプン粒　　　　デンプン粒

グルテン　　　　　グルテン

左：小麦粉生地中の繊維状になった小麦グルテン（走査型電子顕微鏡による）（長尾、1998）。白い球状のものは分離されずに残ったデンプン

右：小麦粉生地中のグルテンとデンプン（走査型電子顕微鏡による）（長尾、1989）

～さらに詳しく！～ グルテンの構造

グルテンを作り出すのに関与するグリアジン、グルテニンの2種類のタンパク質から、どのようにグルテンができていくのか、もう少し掘り下げてみましょう。グルテンは、イオン結合、疎水結合、水素結合、S-S結合（ジスルフィド結合）など、様々な結合が互いに作用してできています。中でも、ミキシング中にS-S結合が形成され、橋かけ状（架橋）の構造をとることで、グルテンの網目構造が密になっていきます。

グルテンの一次構造は、数種類のアミノ酸が規則的に二次元で（平面的に）配列されています。二次構造では、それが部分的に結合して、らせん状やシート状の構造になります。三次構造では、グリアジンに由来する、アミノ酸のひとつであるL-システインがかかわって、らせん状やシート状になった構造が重なり合い、からみ合って、三次

元に複雑化されます。

さらに詳しく解説しましょう。L-システインは、分子中にSH基という部分をもっています。生地をミキシングすることによって、空気中の酸素と触れるとSH基は約半分に減少しますが、残ったSH基が働きます。SH基がグルテン内のSS基に接触すると、SS基の一方のSと、新たにSS基を形成し、これが橋かけ（架橋）となります。グルテンの一部と一部が架橋でつながっていくことで、平面だったグルテンが、より複雑にねじ曲げられていきます（残ったSはSH基になります）。

ミキシングでは、生地が断ち切られたり、つながってこねられたりを繰り返します。生地が断ち切られた時にはグルテン構造は一時的に崩壊しますが、生地がつながりを取り戻した後にさらにこねられると回復し、その繰り返しの中で、グルテンが強化されます。

Q35 なぜパン作りに小麦粉のグルテンが必要なのですか？
＝製パンにおけるグルテンの役割

A グルテンは膨らんだパン生地を支える骨組みのもとになるからです。

　製パンの工程で、グルテンは以下の2つの大きな仕事をします。それはグルテンなしには膨らんだパンを作ることはできないといっていいほどに大切な働きです。

●生地が膨らむカギとなる

　パン生地をよくこねると、グルテンは生地中に広がり、次第に層になって薄い膜を形成し、膜の内側にデンプン粒を引き入れます。このグルテンの膜は弾力がありながらものびがよく、まるでゴム風船のようにしなやかに膨らむことができます。このように生地が薄くのびることで、大きく膨らんだパンができるのです。

　パン作りの工程で、パンが大きく膨らむタイミングは発酵時と焼成時です。

　発酵では、イースト（パン酵母）が炭酸ガス（二酸化炭素）を発生させて気泡ができ、生地全体が膨らみます。グルテンの膜は炭酸ガスでできた気泡を取り囲みながら交差するように広がり、炭酸ガスが外に逃げないように生地の中に保持します。炭酸ガスの発生量が増えるにつれてグルテンの膜は内側から押し広げられ、しなやかにのびていきます（⇒**p.214・215**「発酵 ～生地の中ではどんなことが起こっているの？～」）。

　焼成の後半では、発酵や焼成の前半で発生した気泡の中の炭酸ガスやアルコール、こねる時に混入した空気の気泡や生地中の水の一部がオーブンの熱によって気化、膨張するにつれて、グルテン膜がのびて広がります。そして最終的に温度が75℃前後になるとグルテンのタンパク質がかたまります。

●生地の骨組みになる

　グルテンは熱によってかたまることでパンを支える骨組みの役割を果たし、炭酸ガスが抜けても生地がしぼまなくなります。

　ちなみに、グルテンがパンの骨格となるのに対して、小麦粉の成分の大半を占めるデンプンは、ふっくらとしたパンのボディの部分となり、これらの相互作用でパンの組織が形作られていくのです。　　　　　　　　参考 ⇒**p.253~257**「焼成とは？」

薄力粉と強力粉のグルテン量を比べてみると？

薄力粉（タンパク質含有量7.7％）と強力粉（タンパク質含有量11.8％）、それぞれの生地からグルテンを抽出する簡易な実験をしました。

①小麦粉100gに水55gを加え、しっかりとこねて生地を作ります。

②水をためたボウルの中で生地をもみながらデンプンを洗い流します。

※グルテンは網目構造のつながりができているので、水の中で生地をもんでも残りますが、デンプンは水の中に流れ出てしまいます。しかし水には溶けずに拡散します。生地をもむと水が白くにごるのは、デンプンが浮遊しているからです

③何回か水をかえて、水が白くにごらなくなった時に残ったものがグルテンです。

※麩はこのグルテンを主原料にして作ったものです

実験によって抽出されたグルテンの量は強力粉の方が多く、グルテンを引っ張ってのばすと、強力粉のグルテンの方が弾力があって切れにくいという結果になりました。

また、抽出したグルテンをオーブンで加熱乾燥させると、強力粉のグルテンの方が、上によくのびて膨らんでいます。これにより、強力粉のグルテンは、粘りや弾力が強く、パンにすると生地を膨張させるのに役立つことがわかります。

ウェットグルテン量の比較

薄力粉のウェットグルテン29g（左）、
強力粉のウェットグルテン37g（右）

強力粉の生地とグルテン

強力粉の生地（左）と、同量の生地から抽出されたグルテン（右）

加熱乾燥させたグルテン量の比較

加熱乾燥させた薄力粉のグルテン9g（左）、
加熱乾燥させた強力粉のグルテン12g（右）

※上写真のウェットグルテンをそれぞれ
オーブン（上火220℃、下火180℃）で30分
焼成したものを比較

参考 ⇒p.290・291「テストベーキング1 小麦粉のグルテン量と性質」

Q 36 なぜパンはふんわりとした食感になるのですか？
＝デンプンの糊化

A 小麦粉に含まれるデンプンが糊化し、ふんわりしたパンの組織を作り出すからです。

デンプンは小麦粉の70〜78％を占める主要な成分です。デンプンは、水と熱によって「糊化（α化）」して、パンのふんわりとした組織を作る役目を担っています。では、糊化という現象は、一体何がどのように変化して起こるのでしょうか？

小麦デンプンは、「浮き粉」という名前で市販されています。これを使った実験で、小麦粉に含まれるデンプンの加熱変化を観察してみましょう。実際のパンの配合よりも水が多い状態での小麦デンプンの変化ではありますが、デンプンが加熱によって水を吸収し、糊化するというイメージがしやすいと思います。

デンプンは、粒の状態で小麦粉の中に含まれています。デンプンの粒の中にはアミロースとアミロペクチンという2種類の分子が存在し、結合してそれぞれ束の状態になっています。この構造は規則的、かつとても緻密で、水が入り込めません。

よって、水に小麦デンプンを入れて混ぜても、デンプンは水に溶けずに拡散するだけです（実験写真**A**、**B**および顕微鏡写真**a**）。

　消化の面でも味の面でも食用に適した状態にするには、デンプンが水を吸った状態で加熱されて糊化しなければなりません。糊化していない状態のデンプンは、消化酵素（アミラーゼ）で分解することができず、人間は消化することができないのです。

　糊化するにはデンプンを水とともに加熱することが必要です。60℃を超えると、熱エネルギーが緻密な構造の結合を部分的に切り、構造がゆるんで水が入り込めるようになります。つまり小麦粉のアミロースやアミロペクチンの束の間に水分子が入り込むのです。そして、加熱が進むと、それらが束を広げた状態で水に分散し、水分子の流動性が小さくなって、徐々に粘りが出てきます（実験写真**C**および顕微鏡写真**b**）。温度が上がっていくと、デンプン粒は水をどんどん吸収して膨らみ、85℃に達すると、透明感のある糊のような粘りのある物質に変化します（実験写真**D**および顕微鏡写真**c**）。この現象を「糊化」といいます。

小麦デンプンの糊化の様子

ビーカー内での実験

小麦デンプン10gを、水90gに混合して行った

	加熱前	60℃〜	85℃〜

水に小麦デンプンを入れてよく混ぜると、水の中に拡散する（写真**A**）。デンプンは水には溶けないので、時間が経つと沈殿する（写真**B**）

加熱して60℃を超えると、粘りが出始める

85℃に達すると透明になり、糊のような粘りが出る。これがデンプンの糊化

顕微鏡で見たデンプンの状態

小麦粉：水＝100：70の割合で混合した生地を加熱して、その生地から分離したデンプン粒（走査型電子顕微鏡による）（長尾、1989）

デンプン

生デンプン

デンプン

75℃に加熱した生地から取ったデンプン

デンプン

85℃に加熱した生地から取ったデンプン

実験のように、たっぷりの水に小麦デンプンを加えて加熱した場合、糊化するのに十分な水分があるため、水を吸収したデンプン粒が膨らんで崩壊し、アミロースやアミロペクチンが液全体に広がって、粘りを与えます。

しかし、パン生地内ではグルテンも水を必要とするため、生地を作るのに適切な水の量では、デンプンが完全に糊化するには不十分です。よって、水分が不足した状態のまま糊化していきます。そうなると、粒子が崩壊するほどには膨潤せず、顕微鏡写真a〜cと同じように、粒の形を保ち続けます。そして、変性してかたまったグルテンとともに、パンの組織を支える役目を担います。

損傷デンプンとはどういうものですか？
=損傷デンプンの性質

製粉時に生じる壊れた構造のデンプンのことです。損傷デンプンは吸水性が高いので、多いと生地がだれやすくなります。

損傷デンプンとは、小麦粒をロール機で製粉する際に圧力や摩擦熱でデンプン粒が傷つき、不完全な構造になってしまったデンプンのことです。小麦粉のデンプンのほとんどは無傷なデンプン（健全デンプン）ですが、デンプン全体の4％程度は損傷デンプンだといわれます。

この損傷デンプンがどのくらい含まれているかで、小麦粉で作ったパン生地の性質が左右されます。健全なデンプンは水を吸収しませんが、損傷デンプンは緻密な構造が壊れているので、常温であっても水を吸収します。

また、酵素反応を受けやすいのも特徴です。ミキシングで水を加えるとすぐに、損傷デンプンがアミラーゼという酵素によって麦芽糖に分解されます。イースト（パン酵母）はこの糖を利用して、発酵初期からスムーズにアルコール発酵を進めることができます（⇒**Q**65）。

しかし、損傷デンプンが多すぎると、パン生地の粘りや弾力が低下して、生地がだれたり、焼き上がったパンのクラムがクチャついたりすることがあるなど、製パン性が損なわれます。

乾燥しないように密封していても、翌日パンが硬くなってしまうのはなぜですか？
=小麦デンプンの老化

デンプンが水分子を排出し、老化するからです。

パンは乾燥しないように密封していても、翌日には硬くなってしまいます。

焼きたてのクラムがふっくらとしているのは、生地中の小麦粉のデンプンが、水

とともに加熱されて「糊化（α化）」（⇒**Q36**）したためです。

　小麦粉のデンプンを水とともに加熱して60℃を超えると、熱エネルギーがデンプンの緻密な構造の結合を部分的に切り、構造がゆるんで水が入り込めるようになります。そのため、デンプンの粒の中のアミロースやアミロペクチンの束の間に水分子が入り込みます。そして、加熱が進むと、デンプンが束を広げてその間に水分子を閉じ込めた状態になって糊化し、水が十分にある状態では粘りが出ます。パンにおいては糊化によってふっくらとした食感が作り出されます。

　そのふっくらしていたパンが時間の経過とともに硬くなるのは、デンプンが時間の経過にともなって「老化（β化）」してしまったからです。これは、ご飯でいうと、炊きたてのご飯が翌日にはパサパサと硬くなっているという現象と同じです。

　それではデンプンの老化について、詳しく説明しましょう。

● デンプンの老化

　糊化して柔らかくなり、粘りが出たデンプンは、時間の経過にともなって硬くなり、粘りがなくなります。

　その原因は、糊化したデンプンのアミロースとアミロペクチンが、生デンプンの時のような規則正しい配列に戻ろうとして、これらのゆるんだ構造の隙間に入り込んでいた水分子を排出するからです。そして、デンプン粒同士が会合してきます。

　ただし、焼けたパンが生の生地に戻れないように、糊化したデンプンはもとの生デンプンの構造に完全に戻ることはできず、下図のように部分的に緻密な状態に移行するにとどまります。これがデンプンの「老化」です。

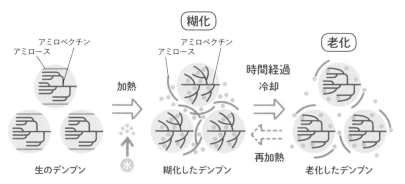

※再加熱の矢印が点線なのは、老化したデンプンを再加熱しても、もとの糊化に完全には戻らないことを表している（⇒**Q39**）

● デンプンの老化が進む条件

　デンプンの老化は、温度0～5℃、水分量30～60％という条件にあてはまる場合には、特に進行しやすくなります。

　パンの水分量は、バゲットで約30％、食パンで約35％ですから、パンはそもそも

老化が進みやすい類のものなのです。それを0〜5℃の冷蔵庫内で保存すると、さらに老化が進んで硬くなります。

 Q39 硬くなったパンを焼き直すと、ふんわり感が戻るのはなぜですか？
＝老化したデンプンの加熱による変化

 A 老化したデンプンは、加熱によって糊化の状態に戻ろうとするからです。

パンが焼き上がってから時間が経つと、デンプンが老化（β化）して硬くなりますが、それをトースターなどで焼き直すと、焼きたてにはかなわないとはいえ、再びふんわりと柔らかくなります。

Q38で解説したように、パンが焼き上がった時には、デンプンは、アミロースとアミロペクチンの束の間に水分子を閉じ込めた状態で糊化（α化）しています。その後、時間が経つにつれてパンが硬くなるのは、デンプンが老化し、アミロースとアミロペクチンのゆるんだ構造の隙間に入り込んでいた水分子を排出するからです。

その老化したデンプンは、加熱すると糊化の状態に戻ることができます。なぜなら、アミロースとアミロペクチンの束の間が加熱によって再びゆるみ、間に水分子が入り込んだ状態になるからです。老化前の糊化の状態のように水分子がすべてもとに戻るわけではないので、デンプンが老化する前のふんわりとしたパンとまったく同じにはなりませんが、再び柔らかさを取り戻すことができます。

 Q40 パンの種類によって小麦粉をかえた方がよいですか？ 小麦粉選びで大切なことを教えてください。
＝小麦粉のタンパク質含有量

 A タンパク質の量が多い小麦粉はふんわりとしたソフトなパンに向き、少なめの小麦粉はハード系のパンに向きます。

小麦粉はパンのでき上がりを想定して選ぶのが基本です。どのような食べ口（味、食感、口溶けなど）のパンにしたいか、どの程度のボリューム（よく膨らんでいる、やや膨らみを抑えているなど）のパンにしたいかをイメージして選ぶことが大切です。

日本において小麦粉は、タンパク質の含有量が多いものから強力粉、準強力粉、中力粉、薄力粉に分類されています。通常はタンパク質量の多い強力粉は、大きくボリュームを出したい食パンや菓子パンなどのソフト系のパンに向き、タンパク質量が少なめの準強力粉や中力粉などは、ボリュームを抑え気味にしたいパン・ド・カンパーニュやバゲットなどのハード系のパンに向きます。

また、クロワッサンやデニッシュ系の折り込み生地で作られるパンは、主に準強

力粉や中力粉が使われます。その他、フランスパン専用粉（⇒**Q42**）を使うこともあります。折り込み生地は、強力粉で作ると生地が硬くなりすぎてしまい、もろい、サクサクとした食感が期待できません。

　このように、作りたい生地に適したタンパク質の量と性質を持つ小麦粉を選ぶことはとても大切です。

　例えば、山食パンは強力粉を使用して十分にミキシングを行い、のびのよい生地を作り、ボリュームのある軽い食べ口のパンに仕上げます。しかし、強力粉のかわりに薄力粉や中力粉を使用すると、形成されるグルテン量が少ないために生地ののびが悪くなり、発酵によって生じた炭酸ガスを保持できず、ボリュームがあまり出ず、重い食べ口のパンになってしまうのです。

　タンパク質の含有量だけでなく、どのような性質のグルテンができるかもパンのできあがりを左右します。小麦粉を選ぶ際には、いろいろな小麦粉で実際にパンを焼き、できあがりの状態をみて、どの小麦粉を使用するかを決めるとよいでしょう。

強力粉と中力粉と薄力粉で作ったパンの比較

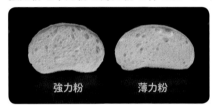
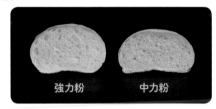

強力粉（左）：パンのボリュームが大きく、腰高。クラムの気泡は全体的に大きく、勢いよく上にのびている
薄力粉（右）：ボリュームが小さく、だれ気味。クラムの気泡は部分的に大きいが、全体として詰まり気味で小さい

強力粉（左）：同左
中力粉（右）：ボリュームは控えめで、ややだれ気味。クラムの気泡は全体的に小さく揃っている

※基本の配合（⇒p.289）のうち、小麦粉の種類を強力粉、中力粉、薄力粉にして作製したものを比較

参考 ⇒**p.292・293**「テストベーキング**2** 小麦粉のタンパク質含有量」

**Q
41**

もっちりしたパンに適した小麦粉、歯切れのよい軽いパンに適した小麦粉はありますか？
＝小麦粉の特性と食感

A

もっちりしたパンには強力粉、歯切れのよいパンには準強力粉が向いています。

　パンの食感の差を生み出す最も大きな要素は、小麦粉に含まれるタンパク質の量と性質です（⇒**Q26,40**）。もっちりとしたパンを作りたい場合は、タンパク質を多く含む強力粉が向きます。一方、歯切れのよいパンの場合は、強力粉よりもややタ

ンパク質の量が少なめの準強力粉がよいでしょう。

しかし、実際にパンを作ってみると、小麦粉そのものの性質だけでなく、他の材料との組み合わせや製法、ミキシングなどによっても食べ口がかわるので、総合的に考えることが必要です。

例えば、もっちりとした食感にしたい場合には、タンパク質の量が多い強力粉に液状油脂を配合し、ストレート法（パンチあり、⇒**Q**147）で作るといった方法が、歯切れをよくしたい場合には、準強力粉に油脂としてショートニングを配合し、ストレート法（パンチなし）で作るといった方法が考えられます（⇒**Q**111, 114, 115）。

 フランスパン専用粉にはどんな特徴がありますか？
=フランスパン専用粉

 強力粉に比べてタンパク質の量が少なく、主にフランスパン作りに適しています。

フランスパン専用粉とは日本の製粉会社がフランスパンをおいしく作るために研究開発した小麦粉です。原料となる小麦の種類、挽き方やブレンドなどを工夫して、歯切れよく口溶けもよい、おいしいフランスパンができるように作られています。

フランスパンを作るのに、タンパク質含有量が多い強力粉を使うと、クラムが縦にのびすぎて味わいが淡泊に感じたり、クラストの歯切れが悪いものになったりしてしまいます。

フランスパン専用粉のタンパク質含有量は、準強力粉と同程度である製品が多いのですが、中には強力粉に相当するものや、薄力粉程度のものもあります。各製粉会社から様々なフランスパン専用粉が販売されているため、どの粉を選べば目指すフランスパンが作れるのかを考えながら、適した粉を選ぶことが大切になってきます。

なお、フランスパン専用粉以外にも、製粉会社が小麦の特徴を考慮してどのようなパンに向くかを研究し、「〜パン用」「〜に向いた小麦粉」として販売しているものがあります。

 生地の打ち粉に強力粉が使われるのはなぜですか？
=小麦粉の粒子

 強力粉はダマになりにくく、均一に分散するからです。

打ち粉とは、作業時にパン生地が台にくっつかないように、あらかじめ台や生

地にふっておく小麦粉のことです。

　打ち粉に強力粉を使うのは、パンの材料が強力粉だからではありません。お菓子作りで、薄力粉の生地をのばす時にも、打ち粉は強力粉を使います。なぜならば、強力粉は薄力粉に比べてダマにならずに均一に分散するからです。

　この違いは、小麦粉の粒子の大きさによるものです。強力粉と薄力粉の粒子を比較すると強力粉の方が大きく、薄力粉のように小さいものほど付着性が高いため、薄力粉の方が互いにくっついてダマになりやすいのです。

　強力粉の方が薄力粉よりも粒子が大きいのは、原料小麦の性質の影響によります。強力粉の原料は硬質小麦で文字通り粒が硬く、一方、薄力粉は粒が柔らかい軟質小麦から作られています（⇒**Q25**）。軟質小麦は柔らかいため指先でつまんで力を加えるとつぶれて粉状になりますが、硬質小麦は同じ力をかけてもつぶれません。

　そのため、製粉の過程でロール機に通して砕いて粉末にした時、つぶれにくい硬質小麦は粒子の大きい粗めの粉末になりますが、つぶれやすい軟質小麦は細かい粉になり、結果として付着しやすくてダマになりやすいのです。

台の上にふった強力粉と薄力粉の比較

強力粉は広い範囲に薄く均一に広がるが、薄力粉はところどころダマになる

 全粒粉とはどのようなものですか？
＝全粒粉の特徴

 穀物の粒を丸ごと製粉したものです。

　穀物の粒を丸ごと挽いた粉が全粒粉で、外皮や胚芽部分もすべて含まれています（⇒**Q20**）。小麦の他にライ麦などの全粒粉もありますが、パン作りにおいて単に全粒粉という場合は、小麦の全粒粉を指すのが一般的です。

　小麦全粒粉のことをグラハム粉（graham flour）ともよびますが、これは19世紀にアメリカのシルベスター・グラハム博士が全粒粉の栄養に注目し、その利用を推奨したことに由来します。当時のグラハム粉は小麦粒を丸ごと挽いたものではなく、まず外皮と胚芽、胚乳に分け、胚乳を普通の小麦粉と同じように挽き、それとは別に外皮や胚芽を粗挽きにしてから混ぜ合わせていたようです。

　製粉技術の向上によって外皮や胚芽を除いた白い小麦粉が作られるようになり

ましたが、かつて小麦粉は全粒粉しかなかったので、フランスのパン・コンプレやエジプトのアイシなど、伝統的に全粒粉で作られているパンは世界中に数多くあります。人々は、伝統の食として文化や習慣の中でそれらを食べ継いできましたが、現在では、全粒粉の独特な風味を楽しむ人も増えています。

　普通の小麦粉は製粉の工程で小麦粒の外皮や胚芽を取り除いた胚乳のみからできていますが、全粒粉ではそれらがすべて含まれています。小麦の外皮や胚芽には、食物繊維、ビタミン、ミネラルが多いので、全粒粉を使うことでこれらの栄養が摂れるのは魅力です。そのため健康志向の高まりにともなって、全粒粉のパンを選択する人も増えてきています。

　市販されている全粒粉には、粗く挽いて粒がはっきりと残っているものや、細かく挽いた粉末状のものがあります。求めるパンの風味や口当たりによって粒度を選ぶとよいでしょう。

小麦粒（左）を丸ごと挽いたものが小麦全粒粉（右）

小麦全粒粉（左）と一般的な小麦粉（右）。小麦粉は胚乳部分のみを製粉したもの

粗さの異なる小麦全粒粉。細挽き（左）と粗挽き（右）

小麦全粒粉（左）とライ麦全粒粉（右）。小麦に比べて、ライ麦の粒は灰色がかっているので、粉の色も同様に異なる

Q
45

全粒粉や雑穀を混ぜるときにはどのような点に注意すればよいですか？
＝全粒粉や雑穀類を配合する際の注意点

A 全粒粉を配合する際はタンパク質量の多い強力粉を組み合わせ、雑穀を配合する際はナッツ類と同様に副材料と考えて配合量を決めます。

　小麦全粒粉のみでパンを作ることも可能です。しかし、全粒粉の外皮部分がグ

ルテンのつながりを阻害するので、ボリュームが出にくく、ボソボソした食感になりがちです。

　配合は、全粒粉の特徴をどの程度出したいかによって調整することになります。例えば、全粒粉を使いつつパン全体のボリュームを出したい場合は、合わせる小麦粉をタンパク質の量が多い強力粉にするなどの工夫が必要です。また、外皮は水分を多く吸収するので、配合する水分を増やす必要があります。

　雑穀類の場合は、小麦全粒粉とは異なり、小麦粉の一部をおきかえて配合するのではなく、ドライフルーツやナッツ類を配合する場合と同様に、副材料として考えます。配合量を増やすと、パンの膨らみは悪くなり、食べ口も重くなります。求める食感やその雑穀の風味をどの程度出したいかによっても配合量はかわります。

デュラム小麦とは何ですか？ この粉でパンは作れますか？
＝デュラム小麦の特徴

タンパク質量が非常に多く、主にパスタの原料となります。パンも作られています。

　薄力粉や強力粉の原料となる小麦は普通系小麦に分類されますが、デュラム小麦は二粒系小麦という別の種類で、粒が大きく、非常に硬いのが特徴です。そのため、一般の小麦粉とは違う製粉の方法を用いて、デンプンやタンパク質の組織を破壊しないように胚乳部を粗い粒の粉にし、外皮を除いて作られます。このようにして採取されたものを「セモリナ」といい、デュラム小麦のセモリナは、「デュラムセモリナ」とよばれます。

　デュラムセモリナの見た目の特徴は、粗い粒であることと、一般的な小麦粉が淡いクリーム色や白色であるのに対して、黄色みがかったクリーム色をしていることです。この色は、胚乳にキサントフィルというカロテノイド系色素が多く含まれていることによるものです。

　成分の特徴としては、タンパク質の量が非常に多く、強くてのびがよいグルテンを形成しやすいことが挙げられます。イタリアではこの特徴を活かしてパスタが多く生産されています。北アフリカや中東ではクスクス（couscous）という粟粒状のパスタのようなものが伝統的に作られ、食べられています。

　デュラムセモリナで作るパンは一般的ではありませんが、この粉の消費が多い国では小麦粉と混ぜたパンも作られています。イタリアやアフガニスタン、中近東などがそうで、イタリアのパーネ・シチリアーノやアフガニスタンのチャパティは、デュラムセモリナ粉のみかデュラムセモリナ粉と小麦粉でつくられています。

一粒系、二粒系、普通系という小麦の分類とは？

小麦はイネ科のコムギ属の1年草です。小麦の穂軸には約20の節があり、各節に小穂がついています。その小穂に実る粒数によって、一粒系小麦（小穂に1粒）、二粒系小麦（小穂に2粒）、普通系小麦（小穂に3粒以上）に分けられます。一粒系小麦が交雑して二粒系小麦が生まれ、その二粒系小麦が交雑して普通系小麦が誕生しました。

現在、広く栽培されているのは、最も進化した普通系小麦の一種であるパン小麦（普通小麦）です。その名の通り、パン作りによく使われる小麦で、私たちが普段、小麦粉とよんでいるものは、このパン小麦を粉にしたものです。本書でも単に小麦とよぶ場合、このパン小麦のことを指しています。

パン小麦はタンパク質の含有量が多く、生地にした時にできるグルテンは粘弾性（粘りと弾力）に富むため、二次加工性に優れています。収穫量は多く、様々な環境に適応するよう、多くの品種が作られています。

それに対して、一粒系小麦は小穂に実る粒が少なく、収穫量が少ない上に、栽培が難しく、世界的にも限られた地域でしか栽培されていません。タンパク質の含有量が少なく、二次加工性が悪いので、パンには適しません。デュラム小麦は、二粒系小麦です。タンパク質の含有量が非常に多く、伸展性（のび広がりやすさ）のある強いグルテンを形成する性質があるため、パスタなどへの二次加工に向いています。

デュラム小麦の粒

 スペルト小麦とは何ですか？ どんな特徴がありますか？
=スペルト小麦の特徴

 パン小麦の原種にあたる古代穀物です。弾力の出にくいグルテンができるので、生地がだれやすくなります。

スペルト小麦は普通系小麦の一種で、パン小麦（普通小麦）の原種にあたる古代穀物です。

収穫率が低く、硬い殻に包まれていて外皮が離れにくいため製粉歩留まりが悪いという理由から品種改良され、収穫率が高く歩留まりのよい現在の小麦に取ってかわられました。

しかし、スペルト小麦のもつ独特な風味や栄養価の高さ、また、殻が硬いため、

病気や害虫に強く、農薬をあまり使わずに栽培できるといった点が現在の健康志向にマッチし、近年再び注目されています。

　タンパク質含有量は強力粉並みですが、できるグルテンは弾力が出にくい性質であるため、生地がだれやすいという一面があります。

スペルト小麦の粒

石臼挽き粉とは何ですか？ どんな特徴がありますか？
＝石臼挽き粉の特徴

石臼で挽いた小麦粉のことです。ロール機に比べて圧力や摩擦熱が少ないため、風味や成分の変化が少ないのが特徴です。

　文字通り、石臼で挽いた粉です。通常、収穫した穀物を製粉する際には、高速回転する金属製のローラーの間を何度も通して粉にします。その際、圧力や摩擦熱でデンプンが損傷したり（⇒**Q37**）、小麦がもつ風味や成分が多少変化したりします。

　それに比べて、石臼でゆっくりと挽いた粉は、摩擦熱の影響を受けにくいため、風味や成分の変化が少なくなります。

国内で小麦粉を生産している地域はどこですか？ また、国産小麦にはどんな特徴がありますか？
＝国内産小麦の産地と特徴

主に北海道や九州などで栽培されています。

　日本で使われる小麦のほとんどは外国からの輸入に頼っていますが、自給率の向上も視野に入れ、近年では国内でも輸入小麦に負けない高品質な品種が育成されています。

　国内産小麦はうどんや素麺などの日本麺用としての需要が大半なのですが、少しずつパン用としても使用されるようになってきました。現在はパン用の小麦として需要の多いタンパク質含有量の多い、製パン性に優れた品種の開発も進んでいます。生産量の最も多い都道府県は北海道で、以下、福岡県、佐賀県と続きます。

　現在、国内産のパン用小麦の中で評判がよいのは「春よ恋」という北海道産の春小麦です。タンパク質の含有量が多くて製パン性もよく、おいしいパンを作ることができます。

　また、北海道初の超強力小麦品種の「ゆめちから」も注目されています。ゆめちからもタンパク質の多い小麦で、これだけでパンを作るとかなり強い食感のパンになりますが、ブレンド性に優れており、タンパク質量の少ない他の小麦粉とブレンドすることで、好みの食感のパンを作ることができます。

　その他、温暖な気候の西日本での栽培に適した品種に「ミナミノカオリ」があり、福岡県、熊本県、大分県などで生産されています。

北海道産小麦の代表的品種

ハルユタカ	国内初のパン向け小麦。現在はほとんど作られていない
春よ恋	ハルユタカの後継品種。ハルユタカに比べ多収
キタノカオリ	製パン性に優れる
はるきらり	春よ恋の後継品種
ゆめちから	超強力粉として、近年よく目にする

 Q 50 国内産小麦の強力粉は、タンパク質量が少なめなのはなぜですか？
＝国産小麦のタンパク質量

 A 日本の土壌に合った小麦の大半は、タンパク質量が少ない軟質小麦だからです。

　農作物は、その土地の気候、土壌に合った品種が栽培され続けます。昔から日本で作られる小麦の大半は、タンパク質の含有量が少ない軟質小麦や、それよりもややタンパク質量が多い中間質小麦でした。

　中間質小麦は、麺を作るのに最適なタンパク質の量と質を持ち合わせています。日本各地で様々な麺が作られるようになった食文化の背景には、そこで収穫できる小麦粉の性質が関係していたのです。

　世界的に見て、タンパク質が多く製パン性に優れる小麦を生産しているのは、カナダやアメリカ北部です。小麦に含まれるタンパク質の量や質は、もともと品種に由来するものですが、気候や土壌といった産地の環境や、肥料のやり方によっても差が生じます。例えば、カナダで作られるタンパク質量が多い小麦を、同じように冷涼な気候の北海道で栽培しても、できた小麦のタンパク質量は少なくなるなど、同じものにはならないのです。

　日本でもパンに適する小麦の品種改良が進み、タンパク質量が多くて製パン性

に優れる小麦粉が生産できるようになりました。中でも「ゆめちから」「ミナミノカオリ」などは、外国産小麦と比べても劣らぬタンパク質含有量をもつ品種です。

　一般的には国産小麦のタンパク質量はカナダやアメリカ産よりも少なく、そのため、パンのボリュームが出にくいといった問題があります。しかし、味わい深い風味やもちもちした食感を出せるなどの特徴があり、「春よ恋」や「キタノカオリ」など、人気が高い品種も多いです。

 小麦胚芽パンに配合されている小麦胚芽とは何ですか？
＝小麦胚芽とその栄養効果

 小麦の発芽時に必要な栄養をたっぷり含んだ部分です。

　小麦粒は胚乳が約83％、外皮が約15％を占め、胚芽は約2％含まれているにすぎません（⇒**Q20**）。小麦の製粉では、胚芽は外皮とともに除かれて、胚乳だけが粉になります。

　しかし、胚芽は小麦が発芽する際、根や葉が成長していく時に生命の源になる部分で、栄養に富んでおり、食物繊維、脂質の他、カルシウム、ビタミンE、ビタミンB群などのビタミンやミネラルが含まれています。そのため、小麦粒を砕く工程でふるい分けて、胚芽だけを取り出したものが製品化されています。

　この小麦胚芽は、栄養価が高いことに加え、独特の風味が好まれ、パンに加えられることがあります。小麦胚芽パンを作る際には、全粒粉と同様に、生地に小麦胚芽を加えるほどパンが膨らみにくくなるのを考慮して、配合を調整します。

 市販されている小麦胚芽は、ローストしたものが多いのはなぜですか？
＝小麦胚芽の酸化

 小麦胚芽に含まれる脂質の酸化を止めるために、ローストして製品化されています。

　小麦が発芽する部分にあたる小麦胚芽には、タンパク質を分解してグルテンの形成をさまたげるプロテアーゼや、デンプンを分解するアミラーゼなどの酵素が多く含まれています。また、胚芽には脂質が多く含まれているため、酸化しやすく、含まれる酸化酵素がさらに酸化を促進させます。そのため生のままでは変質が早いのです。

　小麦胚芽をローストすると、加熱によって酵素の働きを止めることができますし、こうばしい風味も加わるので、ローストしたものが多く売られているのです。

ライ麦粉は、小麦粉にどれくらい配合できますか？
=ライ麦粉と小麦粉のブレンド比率

小麦粉の20%程度が適量です。

ライ麦には小麦のようにグルテンを形成する性質がないため、イースト（パン酵母）が発生させる炭酸ガスを保持して生地を膨らませることができません。そのため、ライ麦だけでパンを作ると、ボリュームの少ない、クラムの目が詰まった重たいパンになります。食べてみるとクラムの歯切れは悪く、口の中で粘りつくような食感とライ麦特有のくせのあるにおいを感じます。

ライ麦を使用してパンを作る場合、多くは小麦粉と混ぜます。その場合、ライ麦粉が小麦粉の量を超えることは少なく、小麦のもつグルテンの力でパンを膨らませ、ライ麦で独特な風味をつけることがほとんどです。2つの麦の特性をうまく利用したパンづくりだといえるでしょう。

ライ麦粉は、配合比が20%程度でイーストを使うのであれば、そのまま小麦粉に混ぜて問題ありません。生地は多少べたつきますが、小麦粉だけで作るパンと同様に作業できます。

世界各地にはライ麦をかなり多く配合したパンもあります。これらのパンはサワー種（⇒**Q**159）を利用して膨らませ、独特の風味を持つパンにしています。

ライ麦100%のパンはなぜ膨らむのですか？
=サワー種による発酵

サワー種を使用するからです。

ライ麦パンといえば、ドイツのサワー種を使用して作られるライサワーブレッドが挙げられます。日本でもライ麦パンといわれて多くの人がイメージするのがこのタイプのパンでしょう。クラムの目の詰まった重たいパンで、ライ麦の風味と、サワー種を添加することによってもたらされる穏やかな酸味が特徴といえます。

この酸味は、ライ麦に付着している乳酸菌が乳酸発酵を行うことなどが影響して、生地のpHが下がることにより生じます。pHが4.5〜5.0に低下すると、ライ麦のタンパク質のグリアジンの粘性が抑えられて、炭酸ガスの保持性がわずかに出てきます。それによって、グルテンを作らないライ麦のみで作るにもかかわらず、弾力をもった口当たりのよいクラムが形成され、パンのボリュームも改善されます（⇒**Q**161）。

小麦粉のかわりに米粉を使うと、どのような特徴のパンになりますか？
=米粉パンの配合

 小麦粉のパンよりも、もちもちとした食感で噛みごたえのあるパンになります。

米粉パンは、米粉のみで作る場合と、小麦粉と米粉を併用して作る場合があります。

米粉のみで作ると、当然でき上がったパンの風味に小麦独特の風味、香りはなく、餅や団子に近い香りがしますし、食感はもちもちとし、歯切れも小麦パンとは異なる、噛みごたえの強いものになります。

しかし、ただ単純に小麦粉を米粉におきかえただけでは、パンはうまく膨らみません。なぜなら、小麦にはグルテンを形成するタンパク質が含まれていますが、米には含まれていないため、米粉ではパンの骨組みとなるグルテンを作り出すことができないからです。

そのため、米粉を使ってふっくらと膨らんだパンを作るには、イースト（パン酵母）が発生する炭酸ガスを保持できるように、グルテンを補う必要があります。そこで加えるのが、粉末状のグルテン（バイタルグルテン）です。

粉末状のグルテンは、原料の小麦粉に水を加えて練って生のグルテンを取り出し、それを加熱せずに乾燥させたものです。水を加えることで、粘りと弾力をもったグルテンが復元されます。

なお、小麦パンにないもっちり感やしっとり感、米の風味をつけることを目的とするのであれば、すべてを米粉にかえるのではなく、小麦粉の20〜30％を米粉におきかえた配合にするとよいでしょう。

 ココアパウダー入りの食パンを作りたいのですが、小麦粉に混ぜる割合はどの程度が適量ですか？
=ココアパウダーの影響

 多くても10％程度までを目安にしてください。

どの程度ココアの風味を出したいかによってもかわってきますが、いずれにしてもココアパウダーの分量は粉に対して10％程度までを目安にしてください。

パンに風味をつけるために何かを加えると、生地のつながりが弱くなったり、反対に強くなったりすることがあります。ココアパウダーには脂質が多く含まれるので、小麦粉に加えてミキシングをした場合、生地のグルテン形成を遅らせることになり、生地がだれやすくなります。

　もちろん添加する量にもよるので、必ずしも影響が大きいとはいえませんが、ココアパウダーに限らず、加える材料の成分に製パン性に影響を与えるものが含まれているかどうかについては注意が必要です。

　なお、ココアパウダーを加える際は、あらかじめ同量程度の水で溶きのばしてペースト状にします。これをミキシングの途中、生地に油脂を加えるタイミングで一緒に入れるなどの工夫で、グルテン形成の遅れを抑えることができます。

イースト
（パン酵母）

 Q57 古代のパンは現在のパンのようにふっくらしていたのですか？
＝発酵パンの起源

 A 最初は薄くて平らな発酵させないパンでした。

　古代のパン作りは、小麦などの穀物を粉にして水を加えてこね、薄く平らにして焼いた無発酵パンが始まりでした。そうした生地をしばらく放っておいたところ、穀物に付着していた酵母や空気中に浮遊していた酵母が生地中で働き、大きく膨らむということが起こったのだと考えられます。試しに焼いてみたところ、ふっくらと柔らかくおいしかったということから、発酵パンが生まれたのでしょう。

　現在では、果実や穀物などを原料に、それらに付着している酵母を自ら培養してパン作りに使う、自家製パン種（⇒**Q**155）を利用した方法もありますが、多くは市販されているパン用のイースト（パン酵母）を用いています。

　市販のイーストは、自然界に存在する数多くの酵母のうち、主にサッカロミセス・セレヴィシエ（saccharomyces cerevisiae）という酵母の中から製パン性能に優れた種類の酵母を選んで、工業的に純粋培養したものです。なお、生イースト1gにはおよそ100億以上の酵母の細胞が存在しています。

　生イーストをもとにして、様々なタイプのイーストが市販されていますが、これらも主にサッカロミセス・セレヴィシエの中からそれぞれの特性に合った酵母を選んで製造されたものです。

Q 58 イーストとはどのようなものでしょうか？
＝イーストとは

 A 菌類の一種で、単細胞の微生物です。

　イースト（パン酵母）はパン作りに欠くことのできない重要な材料ですが、その正体はいったいどのようなものなのでしょうか。

　イーストとは、菌類に属する単細胞の微生物です。肉眼で確認することができないほど微小な生き物で、顕微鏡を使用しないと見ることができません。動物、植物などと同じく、細胞内の核（細胞核）に遺伝子情報をもっています。微生物ですが、運動性はありません。植物のように細胞壁と細胞膜をもちますが、光合成能力はなく、栄養は外部から取り込んで分解吸収して生きています。

　日本のパン作りにおいては、イースト（yeast）という英語でのよび名が一般的に浸透していますが、日本語では酵母とよびます。酵母は日本酒やワイン、味噌や醤油などの製造に必要なものとしても知られています。

　酵母は自然界のあらゆるところ、花の蜜、果実や樹液、空気中はもちろん土中、淡水、海水の中などに広く生息しています。また、いろいろな性質、特徴をもったものが無数に存在し、人間にとって有益なものだけでなく、有害なものも存在します。

　そういった数多くの酵母の中から、酒や調味料など、それぞれに適した酵母が利用されているのです。

　日本酒やワイン作りに欠かせない酵母は、パン作りに使われる酵母（イースト〈パン酵母〉）と同じ仲間であるサッカロミセス・セレヴィシエ（saccharomyces cerevisiae）で、日本酒やワイン、パンなどはすべてこの酵母によるアルコール発酵を利用して作られます。

　この他にも食品に利用されている酵母はいろいろあり、例えば味噌や醤油は塩分の多い環境に強い酵母が主に利用されています。

 Q 59 市販されているイーストは、何を原料にして、どのように作られているのですか？
＝イーストの製造方法

 A パン作りに適した酵母を工場で培養して製品化しています。

　そもそも生き物である酵母そのものを人工的に作ることはできませんが、培養によって酵母が自ら行う増殖活動を促進させて酵母を効率よく増やすという方法で、工業的に製造することはできます。

　パン作りに使われる酵母は、自然界の酵母の中からパン作りに適したものを選び出し、工業的に純粋培養した単一の種類のものです。これが、イースト（パン酵母）として製造販売されています。

　イーストとひとくくりによばれますが、様々な用途に合わせたものが、各イースト製造会社により研究開発され、販売されています。

　イーストを培養によって増殖させるには、栄養源となる、さとうきび由来の糖蜜などの炭素源、硫酸アンモニウムなどの窒素源、リンなどのミネラル、パントテン酸、ビオチンなどのビタミン類を与え、大量の酸素を送り込み、温度、pHなどを管理して、活発に増殖できる環境を整えることが必要です。

　培養したイーストを脱水した粘土状のものが生イーストで、培養したイーストを乾燥させたものがドライイーストです。

 なぜパンは膨らむのですか？
=イーストの役割

 イーストが行うアルコール発酵によってパン生地は膨らみます。

　イースト（パン酵母）の働きによってパンは膨らみます。もちろん、イーストの存在だけではふっくらしたパンはできません。適した生地と適切な環境のもとでイーストは働きます。

　イーストはパン生地の中で活動し、小麦粉や副材料として加えた砂糖などに含まれている糖を分解吸収し、炭酸ガス（二酸化炭素）とアルコールを発生させます。このイーストの活動をアルコール発酵とよびます。

　アルコール発酵でイーストが発生させた炭酸ガスは周りの生地を押し広げて生地全体を膨らませます。また、アルコール発酵によって発生したアルコールや、アミノ酸の代謝によって発生した有機酸は生地ののびをよくしたり、パンに独特の香りや風味を与えるのに役立ちます。もっとも、焼き上がったパンを食べた時には、焼成によってアルコールは気化しているので、アルコールの香りはほとんど感じられません。

　ちなみに、イーストが発生させたガスを生地がしっかりと保持するには、ガスをため込んでのびるだけのしなやかさと、膨らんでいく生地を支える強さのどちらもが必要になりますが、それを生み出しているのが、小麦粉に含まれるグルテンとデンプンです。

　それでは、なぜパンが膨らむのか、そのメカニズムをアルコール発酵について解き明かしながら詳しく見ていきましょう。

参考⇒**Q**35, 36

パンの膨らみを作り出す、アルコール発酵はどのようにして起きるのですか？

=アルコール発酵のメカニズム

 アルコール発酵とは、イーストが糖をアルコールと炭酸ガス（二酸化炭素）に分解してエネルギーを得る反応です。

　イースト（パン酵母）は、単細胞の微生物で、外から糖を取り込んで分解し、生存や増殖に必要なエネルギーを得ながら生きています。酸素が十分にあるところでは、糖を炭酸ガス（二酸化炭素）と水に分解してエネルギーを得る「呼吸」を行います。

　酸素が少ない条件のもとでは、イーストは呼吸ができませんが、別の機能を用いて、糖からエネルギーを得ようとします。その副産物として、アルコールと炭酸ガスができるのです。このことから、私たちはこれを「アルコール発酵」とよんでいます。

　呼吸もアルコール発酵も、エネルギーとしてATP（アデノシン三リン酸）という物質が得られる反応ですが、呼吸ではATPを38分子も得られるのに対し、アルコール発酵では2分子しか得られず、呼吸の方がはるかに大きいエネルギーを得られることがわかります。呼吸を活発にしている時には、イーストはそのエネルギーを利用して、増殖を繰り返します。

　パン生地の中にはほとんど酸素がありません。そのため、イーストは呼吸ではなく、アルコール発酵をメインに行います。そして、そこで発生する炭酸ガスによって生地が膨らんでいくのです。

呼吸（酸素が十分にある環境下で行われる）

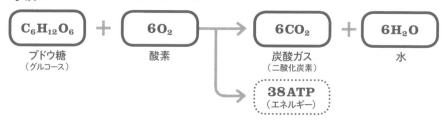

$C_6H_{12}O_6$ ＋ $6O_2$ → $6CO_2$ ＋ $6H_2O$
ブドウ糖（グルコース）　酸素　　炭酸ガス（二酸化炭素）　水

38ATP（エネルギー）

アルコール発酵（酸素が少ない環境下で行われる）

$C_6H_{12}O_6$ → $2CO_2$ ＋ $2C_2H_5OH$
ブドウ糖（グルコース）　炭酸ガス（二酸化炭素）　アルコール

2ATP（エネルギー）

パンや酒はアルコール発酵を経るのは同じなのに、別の食品になるのはなぜですか？
=アルコール発酵の副産物の利用用途の違い

 アルコール発酵時のアルコールを利用するのが酒、炭酸ガスを利用するのがパンです。

　古代から、人々はアルコール発酵を利用して食品を作ってきました。ワインや日本酒などの酒、パンがその代表的なものです。酒ならば液体の中で、パンならば生地の中で、人為的に酸素が少ない状況を作り出し、酵母を働かせることによってアルコール発酵をおこし、食品作りに利用してきたのです。

　アルコール発酵で発生するアルコールと炭酸ガスのうち、アルコールを主として利用しているのが酒類の醸造で、ワイン酵母、清酒酵母など、それぞれの酒の種類に合った酵母が用いられます。

　炭酸ガスは、液体に溶け込むと炭酸となって発泡します。発泡性ワイン（スパークリングワイン）にはそれが活かされています。しかし、ワインや日本酒を飲んでも、炭酸は感じられません。

　これは、ワインでは長い醸造中に樽から炭酸ガスが気化していき、日本酒では最終工程の火入れ（加熱）で炭酸ガスが気化しているためで、実は醸造中には同じように炭酸ガスが発生しているのです。

　一方、アルコール発酵でできる炭酸ガスを主として利用しているのが、パンの製造です。イースト（パン酵母）が発生させた炭酸ガスは生地全体を膨らませます。そしてアルコールは生地ののびをよくしたり、パンに独特の香りや風味を与えるのに役立ちます。

　パンの場合、アルコールは焼成で気化しますが、香りはほのかに残ります。

 イーストのアルコール発酵をより活発にするには、どうしたらよいですか？
=アルコール発酵に適した環境

 水分、栄養を与え、適切な温度とpHを保つことが大切です。

　イースト（パン酵母）が生地の中でアルコール発酵を活発に行うためには、いくつかの条件を整えることが必要です。

●水分を与える

　イーストは工業製品です。消費者の手元に届き、使用される時まで品質を保ち、発酵を抑えなければなりません。そのために脱水という工程を経て製品化します。

脱水してもイーストは死滅せず生きています。単に活性を抑えているにすぎず、水分を与えると活性化します。

●栄養(糖)を与える

イーストの栄養として重要なものは糖類です。パン作りにおいては、主に小麦粉のデンプンに由来します。デンプンはブドウ糖が数百から数万個結合したもので、イーストはデンプンを最小単位のブドウ糖に分解してからアルコール発酵に利用します。

また、副材料で砂糖を加える場合、イーストは砂糖に含まれるショ糖をブドウ糖と果糖に分解して、どちらも利用します。

●適温を保つ

イーストは40℃前後で炭酸ガスを最も多く発生させます。その適温から遠ざかるほど活動は低下します。高温では55℃以上になると短時間で死滅し、低温では4℃以下で活動を停止します。

ちなみに低温の場合は、死滅とは違って休眠しているだけなので、温度を上げると再び活性化します。

生地の膨張力に及ぼす温度の影響

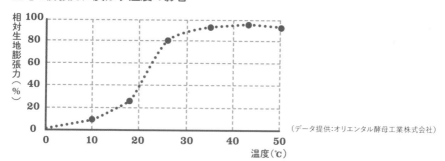

(データ提供:オリエンタル酵母工業株式会社)

●適正なpHにする

pH約4.5〜5.5付近が、イーストの活性化に適正なpHです。この値は、酸によって生地のグルテンが適度に軟化してのびやすくなり、生地が膨らみやすくなるpH値でもあります。生地の炭酸ガスの保持力は、pH5.0〜5.5が最も大きく、これを下回ると急激に低下してしまうのです(⇒**Q91**)。

パン生地はミキシングから焼き上がりまで、おおよそpH5.0〜6.5の範囲に保たれています。ミキシングが終了した時点の生地はpH6.0付近ですが、発酵が始まるとpHは低下していきます(⇒**Q197**)。

なぜなら、生地中の乳酸菌が乳酸発酵によってブドウ糖から乳酸を作り出し、生

地のpHを低下させるからです。また、酢酸菌も働きますが、このpH下では酢酸の生成量が少ないので、乳酸ほどpH低下の要因とはなりません。

生地の膨張力に及ぼすpHの影響

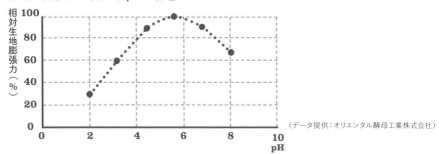

(データ提供：オリエンタル酵母工業株式会社)

 Q64 イーストがもっとも活性化する40℃で発酵させたら、焼き上がったパンの膨らみが悪くなりました。どうしてですか？
＝発酵に適した温度帯

 A パンの発酵に適した温度は、イーストが最も活性化する温度帯より少し低めです。

　Q63でイースト（パン酵母）にとっての適温について触れましたが、実際のパンの発酵工程では、発酵器の温度をイーストが最大に活性化する40℃前後よりも低めの25～38℃に保ちます。

　なぜなら、発酵温度を高くして、イーストが炭酸ガスを一気に多く発生させると、生地が急に引きのばされて傷んでしまうからです。そうなるとパンの焼き上がりの膨らみが悪くなります。

　25～38℃では、炭酸ガスの発生量はピークよりも少ないのですが、徐々にガスが発生するため、負担をかけることなく生地がのびていきます。

　つまり、パンの発酵では、炭酸ガスを安定して多く発生させることに加え、生地がガスを保持するのに最良の状態であることも大切です。25～38℃は両者がちょうどよいバランスで発酵を進められる温度帯なのです（⇒**Q196,213**）。

　そうなると、ある一定の膨らみに達するまで発酵時間を長くとることになりますが、その間に乳酸菌や酢酸菌などが作り出す有機酸が生地の中に蓄積され、パンの香りや風味が増してくるというメリットもあります。

参考 ⇒p.214・215「発酵〜生地の中ではどんなことが起こっているの？〜」

アルコール発酵では、糖はどうやって分解されていくのですか？
=アルコール発酵における酵素の役割

 材料中に含まれる各種酵素が糖を分解します。

　酵素がどのようにアルコール発酵に作用するかについてお話しする前に、まず「酵素」について説明しておきましょう。酵母と酵素は言葉が似ていますが、酵母は「生き物」、酵素は主にタンパク質から成る「物質」であるという大きな違いがあります。

　酵母や小麦粉などの中には様々な酵素が存在しており、この酵素という物質がアルコール発酵に大きくかかわっています。パンのアルコール発酵のメカニズムは、いいかえると、主にイースト（パン酵母）のもつ酵素が糖質に作用して起こる反応で、酵素は発酵を進める立役者なのです。

　ここで糖質というのは、主に小麦粉に含まれるデンプンや副材料である砂糖を指します。デンプンは、数百から数千個、数万個のブドウ糖が結合してできています。イーストがデンプンをアルコール発酵に使うためには、最小単位のブドウ糖にまで酵素によって分解しなければなりません。なぜなら、イーストが発酵で利用できる糖質は、分子が1分子であるブドウ糖や果糖だからです。

　この場面で活躍する酵素は、イーストがもつ酵素だけではありません。小麦粉に含まれるアミラーゼという酵素が、自身のデンプンをまずはデキストリンに、さらには麦芽糖（ブドウ糖が2個結合したもの）に分解するのです。

　この分解は、小麦粉が粉で保存されている状態では起こらず、水を加えて生地にすることによって、一部のデンプン（損傷デンプン ⇒**Q37**）が吸水して起こります。そして分解で得られた麦芽糖は、はじめから小麦粉に存在していた麦芽糖と一緒に、イーストがもつ麦芽糖透過酵素によってイーストの菌体内に取り込まれ、そこでイースト自身がもつマルターゼという酵素でブドウ糖に分解されます。

　一方、砂糖はほぼショ糖（ブドウ糖と果糖が1個ずつ結合したもの）から成っています。ショ糖は、イーストがもつインベルターゼという酵素によって、イーストの菌体外でブドウ糖と果糖に分解され、それがイーストのブドウ糖透過酵素と、果糖透過酵素によって菌体内に取り込まれます。そして、麦芽糖が分解されて得られたブドウ糖とともに、アルコール発酵に使われます。これらの糖を分解して炭酸ガスとアルコールを発生させるためには、イーストがもつチマーゼ（多数の酵素の複合体）が働きます。

　このように、アルコール発酵は酵素の働きによって、スムーズに行われていくのです。

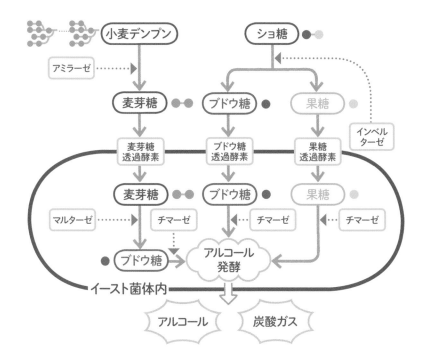

Q66 パン生地中でイーストは増殖するのですか？ それはパンの膨らみ
に影響しますか？
=パン生地内のイーストの増殖

A 少しずつ増殖しますが、製パンに与える影響はほとんどありません。

　イースト（パン酵母）の増殖は、母細胞から娘細胞が芽を出すように出現（出芽）し、
それが大きくなって母細胞と同じ大きさになったら分離し、2つの細胞に分かれ
るというものです。これが約2時間に1回繰り返され、数が増えていきます。
　市販されているイーストが工業的に製造される時には、単一の酵母が活発に分
裂するよう、酸素、栄養、温度、pHなどが整えられた環境で培養されています。
　しかし、パン生地の中は酸素の量が少ないので、酵母はアルコール発酵を盛ん
に行います（⇒**Q61**）。ただし、増殖が完全にストップしているわけではなく、ごく
限られた量の酸素で少しずつ増殖していると考えられています。
　この時、すべての酵母が揃って増殖しているわけではなく、酵母の増殖のサイ
クルから考えると、仮に発酵工程が2時間のストレート製法の生地であれば、発酵
させる間に1回分裂するものがあるかもしれないという程度であって、それがパン
の膨らみに与える影響はほとんどないと考えます。

酵母の出芽による分裂

娘細胞

母細胞

母細胞の一部が出芽
してこぶのようになり、
これが娘細胞となって
やがて分離する

（写真提供：オリエンタル酵母工業株式会社）

Q 67 イーストにはどんな種類があるのですか？
=イーストの種類

A 生イーストとドライイーストがあり、使用目的に合うように細分化
された製品となっています。

　最近、果実や穀物などに付着している酵母を自ら培養して作った自家製パン種
（⇒**Q155**）を使って作られるパンも増えてきましたが、多くのパンは市販されてい
るパン用のイースト（パン酵母）が用いられています。

　日本で一般的に使われているイーストは、乾燥させているかいないかによって、
生イーストとドライイーストに大きく分けることができます。

　さらに乾燥タイプのドライイーストには、ドライ、インスタントドライ、セミドラ
イの3種類があります。

　その他、甘いパンに適したイースト、リーンなパンに適したイースト、冷凍生地
に適したイーストなど、用途や目的によっても細分化されています。

　それぞれの詳しい特徴や使い方については後述します。作りたいパンに応じて
使い分けるとよいでしょう。

乾燥タイプのドライイースト3種

左から、ドライイースト、
インスタントドライイー
スト、セミドライイースト

Q 製パン店ではなぜ生イーストを使うことが多いのでしょうか？
68 =生イーストの特徴

A 日本で需要の高い甘くてリッチなパンにも、無糖のパンにも使える
汎用性の高いイーストだからです。

　日本で使用されるイースト（パン酵母）の90％以上は生イーストで、主に業務用で流通しています。日本では、甘くてリッチなソフト系のパンが好まれる傾向にあります。生イーストは、浸透圧のストレスに対する耐性があるため、ベーカリーにおいて需要の高い、砂糖が多く配合される生地に適しており、なおかつ無糖のパンにも使用できる、汎用性の高さが特徴です。

　生イーストは培養したイーストを脱水、圧縮して粘土状にかためたもので、水分量は65〜70％です。水に溶けやすく、使用時には水に溶いて使用するのが一般的です（⇒**Q176**）。イーストは温度が10℃以下になると活性が低下し、さらに温度が下がって4℃以下になると休眠するので、冷蔵で流通しており、購入後はポリ袋や密封容器に入れて冷蔵で保存します。賞味期限は短く、未開封で製造日から1か月程度です。

　生イーストには主に次の2つのタイプがあります。

●レギュラー（通常）

　糖の配合量が粉に対して0〜25％程度の、食パンをはじめとするソフト系のパン全般に使用できるタイプのイーストです。

●冷凍用

　レギュラータイプの生イーストは、パン生地の冷凍時に死滅する酵母が多く、解凍後の発酵がスムーズに行われない場合がありますが、冷凍用の生イーストは冷凍（凍結）耐性があり、冷凍する生地に使用することができます（⇒**Q166**）。

　近年、この2タイプ以外にも様々な機能を特化させた製品（糖分が30％以上の高糖生地でも発酵力が低下しない。ある温度帯では発酵が穏やかに進む。パンの香りがよくなるなど）が各イースト製造会社によって研究、開発、商品化されています。

生イーストは水分が多いので、柔らかい

レギュラータイプ（左）と冷凍用（右）

ドライイーストってどんなものですか？

Q 69 ＝ドライイーストの特徴

A 保存性を高めるために開発された乾燥タイプのイーストとして、最初に商品化されたものです。

　ドライイーストは、イースト（パン酵母）の培養液を低温乾燥して水分量を7〜8％まで減らして保存性を高めた、丸い粒状の乾燥パン酵母です。

　乾燥状態では酵母が休眠しているため、これを目覚めさせるために予備発酵が必要になります。予備発酵とは、ドライイーストに水と適度な温度（約40℃の湯）、栄養（砂糖）を与えて、休眠している酵母を復水、活性化させて、生地の仕込みに使用できる状態にすることです（⇒**Q177**）。

　作業工程は増えますが、高い保存性は生イーストにはない利点です。そもそもドライイーストは、流通上の制約から保存性を高めるために開発されたパン酵母なのです。

　現在、一般的に市販されているのはほぼ輸入品で、低糖用が中心です。常温で流通していますが、開封後は生イーストと同様に密封して冷蔵保存します。賞味期限は未開封で約2年程度です。

　ドライイーストは乾燥タイプのイーストとして最初に開発、商品化されました。これをもとにして他のタイプのドライイーストやインスタントドライイーストが開発されてきたのです。そのため、単にドライイーストとよぶ場合は基本的にこれを指しています。

　なお、ドライイーストは製造時の乾燥工程で熱を加えるため、活性が低下したり、一部の酵母細胞が死滅したりします。この死滅した酵母からはグルタチオンという物質が溶け出し、グルテンを軟化させます（⇒**p.142**「パン生地の物性を調整し、品質を改良する」）。この特性により、ドライイーストを添加したパン生地は伸展性（のび広がりやすさ）が増し、しなやかにのびるようになります。

ドライイースト。丸い粒状で、乾燥タイプのイーストの中では粒が一番大きい。日本で一般的に流通しているのは低糖用だが、高糖用もある

インスタントドライイーストとはどのようなものですか？
=インスタントドライイーストの特徴

 粉に直接混ぜて使える、予備発酵の必要がないドライイーストです。

　インスタントドライイーストはドライイーストと違い、予備発酵の必要がなく、直接粉に混ぜて使用できるので便利です。

　インスタントドライイーストはイースト（パン酵母）の培養液を凍結乾燥させ、水分量をドライイーストよりもさらに少ない4〜7%にした顆粒状の乾燥パン酵母です。常温で流通し、開封後は密封して冷蔵保存します。賞味期限は未開封で約2年程度です。

　現在、日本で一般向けに販売されている、インスタントドライイーストを含むドライイースト類は、主に輸入製品です。なぜそうかというと、もともと日本では糖分の多いソフト系パンに適した生イーストが主に製造されており、糖分の少ないハード系パンを作る際には外国製の低糖用イーストを用いることが多かったためです。

　なお、海外では近年、糖分が多く含まれる生地に適したインスタントドライイーストの需要が増加した結果、高糖用インスタントドライイーストが製造されるようになり、今日ではそれも日本に輸入され、販売されています。

　市販品の中には「ドライイースト（予備発酵不要）」と記されている製品がありますが、これもインスタントドライイーストです。

 インスタントドライイーストには高糖用と低糖用がありますが、どのように使い分けますか？
=インスタントドライイーストの使い分け①

 生地中の砂糖の配合量で使い分けます。

　インスタントドライイーストは、作ろうとしているパンに適したタイプを選ぶようにします。

　選ぶポイントとなるのは、砂糖の配合量です。菓子パンのように砂糖の配合量がとても多いパンを作る場合には「高糖用」を使う必要がありますが、砂糖の配合量が10%程度までの一般的なソフト系のパンには「低糖用」を使います。

　これら2つのインスタントドライイーストには次のような違いがあります。

●高糖用

　イースト（パン酵母）は本来、砂糖の多い環境には耐えられません。生地に砂糖を多く加えると生地中の浸透圧が高くなり、酵母は細胞内の水分が奪われて収縮してしまうからです。

しかし、高糖用のイーストは、砂糖が多く配合された生地でも、浸透圧の影響をなるべく受けずに高い発酵力を維持できる、次のような酵母を選んで作られています。

インベルターゼの酵素活性が低い酵母

イーストは糖類をアルコール発酵に利用します。パンの材料で糖類といえば、小麦粉に含まれているデンプン（損傷デンプン⇒**Q37**）や、砂糖を構成するショ糖に由来しますが、これらをアルコール発酵に使えるようにするには、糖類の最小単位であるブドウ糖、果糖にまで分解しなければなりません（⇒**Q65**）。

しかし、酵母がもっているインベルターゼという酵素によって、ショ糖がどんどんブドウ糖と果糖に分解されてしまうと、酵母にとっては自身をさらに過酷な状況に追いやることになります。なぜならば、ブドウ糖と果糖はショ糖の約2倍の浸透圧を生じさせるからです。ただでさえ、生地中に砂糖が多く配合されていることで、ショ糖が多くて浸透圧が高い状態となっているのに、ショ糖が分解されればされるほど、より浸透圧を高めることになってしまいます。その結果、酵母は細胞内の水分が奪われて収縮し、アルコール発酵の働きが弱まってしまうのです。

そのため、高糖用のイーストは、ショ糖の分解を抑えられるように、インベルターゼ活性の低い酵母が選ばれています。

浸透圧のストレスに対する耐性機構が強い酵母

砂糖が多い生地はイーストよりも浸透圧が高くなり、イーストは水分を奪われて収縮し、活発に活動できなくなってしまいます。しかし、酵母には自らを守る機能があります。それは、浸透圧が高まるストレスがかかると、取り込んだ糖類をアルコール発酵に使うために分解する途中で、その一部をグリセロールという糖アルコールの形にしてため込んで細胞内の糖の濃度を高め、細胞外の糖の濃度との差を小さくして細胞をもとの大きさに戻すというものです。

高糖用のイーストは、浸透圧に対するレスポンスが早いこのようなタイプのものが選ばれており、そのため、浸透圧に対する耐性が低糖用よりも高いのです。

● 低糖用

無糖や砂糖の少ない生地に使うことを前提として作られた製品です。よって、このタイプのイーストを砂糖が多い生地で使うと、酵母は細胞内の水分を奪われて収縮し、発酵力が低下します。

低糖生地において、イーストは砂糖を材料とせずにアルコール発酵を進めなければなりません。よって、低糖用のイーストは、小麦粉のデンプン（損傷デンプン）を効率よく分解して発酵に利用する、以下のような酵母を選んで作られています。

小麦粉デンプンの分解に適した酵素の活性が強い酵母

砂糖が配合されていない、または砂糖の配合量の少ないパンでは、主に小麦粉に含まれるデンプン（損傷デンプン）を分解して、アルコール発酵に必要な糖類を得ます。

　小麦粉に水を加えると、まず、小麦粉に含まれるアミラーゼという酵素が、小麦粉の損傷デンプンを麦芽糖に分解します。それでもまだアルコール発酵に使う糖類としては分子が大きいため、酵母の細胞膜上で麦芽糖透過酵素によって麦芽糖を菌体内へ取り込み、体内でマルターゼという酵素によってブドウ糖に分解します（⇒**Q65**）。

　低糖用のインスタントドライイーストは、この分解がスムーズにいくように、麦芽糖透過酵素とマルターゼの活性が、高糖用よりも高い酵母が使われています。

インベルターゼの酵素活性が非常に高い酵母

　砂糖と小麦粉のデンプン（損傷デンプン）を比べると、砂糖は比較的早く分解されてブドウ糖と果糖になってアルコール発酵に使われていくのに対して、損傷デンプンがブドウ糖になるまでには時間を要します。

　そのため、低糖用は長時間発酵に向いています。そうはいっても、少しでも早い段階から発酵がスムーズに進められるように、低糖用のイーストでは高糖用のイーストよりも、インベルターゼの酵素活性の高い酵母が使われています。それにより、生地中のフラクトオリゴ糖なども分解して発酵に利用することができるようになっています。

インスタントドライイースト。ドライイーストよりも粒が小さく、顆粒状

いずれもインスタントドライイースト。左から、低糖用（ビタミンC添加）、低糖用（ビタミンC無添加）、高糖用（ビタミンC添加）

～さらに詳しく！～ 浸透圧と細胞収縮

　イースト（パン酵母）の細胞は細胞膜で囲まれており、体内は細胞液で満たされています。細胞膜は水やごく小さい一部の物質は通しますが、それ以外の物質はほとんど通しません。そして細胞膜には、この膜でへだてられた内側の細胞液と外側の溶液の濃度が常に同じになるように調整する性質があります。もし、内と外で濃度に差があれば（＝細胞膜の内外で浸透圧の差があれば）、濃度の低い溶液から、もう一方の濃度の高い溶液の方に、細胞膜を通して水を移動させて内と外を同じ濃度にします。

　パン生地の中で砂糖は水に溶けています。生地に砂糖が多いということは、酵母の細胞にしてみれば、細胞膜の外側の液体の濃度が高いため、細胞内から外へ水が流出します。つまり、細胞は水分を奪われて収縮してしまうのです。

新しいタイプのドライイーストがあると聞いたのですが、どのようなものですか？
＝セミドライイーストの特徴

 セミドライイーストという製品です。生イーストとドライイーストの特徴をあわせ持っています。

　セミドライイーストは、生イーストとドライイーストの中間的な水分量（約25%）の顆粒状の乾燥酵母です。使用時はインスタントドライイーストのように粉に直接混ぜて使うことが可能です。生イーストと同様にビタミンCが添加されていないので、生地が締まりすぎることがありません（⇒**Q78**）。

　水分量はドライイーストよりも多く、冷凍保管されます。冷凍耐性の強い酵母を用いており、ドライイーストやインスタントドライイーストと比べて乾燥によるダメージが少ないため、酵母がよい状態に保たれます。予備発酵や解凍の必要はなく、冷凍耐性が高いことから冷凍パン生地にも適しています。また、インスタントドライイーストと違って冷水（15℃以下）に対する耐性も優れています。

　賞味期限は冷凍保管かつ未開封で約2年程度です。開封後は密封して冷凍保存します。セミドライイーストにも低糖用と高糖用があります。

セミドライイースト。インスタントドライイーストと同様の顆粒状

低糖用（左）と高糖用（右）のセミドライイースト

 天然酵母パンの発酵時間が長いのはなぜですか？
＝自家製パン種の特徴

 パン生地中の酵母の数が少ないので、発酵に時間がかかるのです。

　日本では「天然酵母」という言葉がよく使われていますが、酵母は自然界に存在している生き物なので、もちろんどれも「天然」です。市販のイースト（パン酵母）も工業的に培養してはいますが、もとは同じく自然界に存在する天然の酵母です。

　とはいえ、パンの世界で天然酵母とよばれているものは、工業製品のイーストではない、自家製のパン種を指すのが一般的です（本書では天然酵母を、「自家製パン種」

と表現しています）。

　自家製パン種とは、穀物や果実などに付着している酵母を培養して作った生地種のことです（⇒**Q155**）。市販のイーストは、製パン性能に優れた酵母を選んで、工業的に純粋培養したものですから、それと比べると、自家製パン種を使用するパン作りは、古代のパンの作り方に近いともいえます。

　種起こしする時は小麦やライ麦などの穀物、ぶどうやりんごなどの生の果実、レーズンなどのドライフルーツなどの中から素材を選び、水を加え、必要に応じて糖類も加えて、数日～1週間程度培養して行います。その間に酵母が増殖するので、これに新たに小麦粉やライ麦粉を加えてこね（種継ぎ）、発酵させて自家製パン種とします。

　この自家製パン種に含まれる酵母は、1種類とは限りません。素材には野生の酵母がいくつも付着している可能性がありますし、大気中に浮遊している酵母やパン種作りに使用した粉に付着している酵母も混入しているかもしれません。

　また、酵母の他に乳酸菌や酢酸菌などの細菌群も入り込んで、酵母と一緒に増殖します。これらの細菌群は、有機酸（乳酸、酢酸など）を発生させ、パン種に独特の香りや酸味を与えます。

　それだけに自家製パン種で作られたパンは、味わいが複雑で個性的な仕上がりになります。また、何の素材を使って種起こしをするかによって、味や香りに変化を出すこともできます。

　しかし、自家製で酵母を培養するのですから、市販のイーストに比べると、酵母の数が少なく、活性が低いので、それだけ発酵に時間を要します。

　また、同じ分量で作ったとしても、その時によって酵母の数も活性も違ってくるので、発酵の状態が安定しません。腐敗菌や病原菌が混入してしまうおそれもあります。

　自家製パン種でパンを作る場合には、これらを十分にふまえた上で、酵母とうまくつき合っていく必要があります。

参考 ⇒**Q157**

 自家製パン種の発酵力を高める方法は？
74 ＝自家製パン種の発酵力

 市販のイーストと併用すると発酵力が増し、発酵時間を短縮することができます。

　市販のイースト（パン酵母）と比較すると、自家製パン種の発酵力は弱い場合がほとんどです。これはパン種中の酵母数が少ないためです。市販の生イースト1g中には100億個以上の生きた酵母が存在しますが、自家製パン種では多くても数千万個程度といわれています。そのためイーストに比べて発酵に長い時間がかかります。

　自家製パン種の発酵力を補うためには、市販のイーストを併用するという手法があります。適量を用いれば、自家製パン種で作るパンの特徴と市販のイーストの

発酵力の両方を活かすことができます。

　しかし、あくまで発酵力を補うのが目的ですので、自家製パン種だけでは膨らみが弱すぎる、もっと食べ口を軽くしたい、どうしても発酵時間を短縮したいといった場合に、イーストの併用を検討するのがよいでしょう。

Q75 なぜべたべただった生地がふわふわのパンになるのでしょうか？
＝パンがふっくらと焼けるメカニズム

A アルコール発酵で膨張し、焼成によってさらに膨張したのちに焼きかたまるからです。

　パン作りの工程で、パンが大きく膨らむタイミングは、発酵と焼成の二度あります。ただし、それらは別のメカニズムによります。

● 発酵での膨張

　発酵では、生地の中でイースト（パン酵母）が活発にアルコール発酵を行い、炭酸ガスを発生させることによって、生地全体が膨らみます。

　アルコール発酵でパンを膨らませるためには、活発な発酵を促すことも大切ですが、その前段階のミキシングの工程で生地をよくこねて、グルテン（⇒Q34）を十分に作り出しておく必要があります。グルテンは生地中に網目状に広がり、デンプンを引き入れて結びつき、弾力がありながらものびのよい膜を形成します。

　発酵の工程で炭酸ガスが発生すると、グルテンの膜は炭酸ガスでできた気泡を取り囲むようにして、生地の中にガスを保持する働きをします。発酵が進んで気泡が大きくなると、グルテンの膜は内側から押し広げられ、まるでゴム風船のように膨らんでしなやかにのびていき、生地全体が膨らむという仕組みです。

● 焼成での膨張

　焼成では、主に200℃以上のオーブンに入れますが、生地内部の温度は32～35℃前後から徐々に上がっていきます。温度が上がると生地はゆるみ、50℃前後で流動性が出始めて、さらに生地がのび、膨張しやすくなります。

　一方、約40℃をピークにイーストによる炭酸ガスの発生量は最大になり、それから徐々に少なくなりますが、約50℃までは活発に炭酸ガスを発生します（⇒Q63）。

　ちょうどこの温度帯で生地がのびやすくなってくるため、生地は大きく膨らみます。イーストは50℃を超えるとガスの発生が著しくおとろえてきて、55℃以上になると死滅します。ここまでがイーストによる膨張です。

　その後の焼成では、それまでイーストが発生させた炭酸ガスおよびアルコール、ミキシングや作業中に混入した空気から成る気泡が高温になることで熱膨張して体積を増し、それによって生地が押し広げられて膨らんでいきます。そして、

75℃前後になるとタンパク質であるグルテンはかたまり、デンプンは85℃前後で糊化（α化）してかたまり（⇒**Q36**）、膨らみがほぼストップします。

　最終的に生地内部の温度は100℃弱になり、グルテンとデンプンが相互に作用して生地の組織を支えます。生地中に網目状に広がっているグルテンはパンの骨組みとなり、デンプンはふっくらとした組織を作り出すのです。

　パンがきちんと焼きかたまれば、オーブンから出して温度が下がって気泡の体積が小さくなっても、それにともなって小さくしぼむことはなく、膨らみを保ちます。

参考 ⇒p.213~215「発酵とは？」, p.253~257「焼成とは？」

 インスタントドライイーストの低糖用、高糖用を使い分ける際の、砂糖の分量の目安を教えてください。
＝インスタントドライイーストの使い分け②

 小麦粉に対して低糖用は砂糖が0～10％程度、高糖用はそれ以上を目安として使い分けるとよいでしょう。

　メーカーや製品にもよりますが、低糖用のインスタントドライイーストは、生地中の砂糖の配合量が小麦粉に対して0～10％程度の場合に使います。砂糖の配合量がそれ以上になると、高糖用のインスタントドライイーストを使わなければ十分に膨らみません。

　高糖用は小麦粉に対する砂糖の配合量が約5％以上の場合から使用できますが、それ以下のパンでは発酵がうまくいかないこともあるので使用しない方がよいでしょう。

　菓子パンなど、砂糖が小麦粉に対して20％以上配合される生地には高糖用を使うようにします。ただし、高糖用といえども砂糖の量が多すぎたり、砂糖の量に対してイースト（パン酵母）の使用量が少なかったりすると、十分な発酵力を期待できない場合もあり、使用するイーストがどのような性質を持っているかを見極めることも大切です。

　それでは、インスタントドライイーストの低糖用、高糖用それぞれで、砂糖の配合量をかえた際の発酵力の違いを見ていきましょう（⇒次ページの表参照）。

　低糖用のインスタントドライイーストを使い、砂糖の配合量を0％、5％、10％、15％にかえて比較した実験では、砂糖5％の**b**が最も膨張し、次に、**b**よりはやや劣るものの0％の**a**もほぼ同程度膨張しています。10％の**c**と15％の**d**では大きな差はありませんが、膨張量は**a・b**に比べて、かなり減少しているのがわかります。

　今回使用した低糖用インスタントドライイーストの発酵力は、砂糖の配合量が5％くらいまでは良好な発酵力を発揮していると考えられます。それ以上は、砂糖の添加量が増えるにしたがって発酵力がおとろえていることが確認できました。

　次に、高糖用インスタントドライイーストを使い、低糖用と同様に砂糖の配合量

をかえて比較した結果を見てみましょう（⇒下の表参照）。低糖用と同様に砂糖5%の**b**が最も膨張し、**c**、**d**の順に膨張量が徐々に減少しています。0%の**a**も膨張してはいますが、砂糖を添加した**b**〜**c**に比べると、著しく膨張量が劣っているのがわかります。

　また、今回使用した高糖用インスタントドライイーストの発酵力は、砂糖の配合量が5%あたりがピークで、それ以上では配合量が増えるに従って、発酵力が徐々に弱まっていることが確認できます。

　最後に低糖用と高糖用の結果を比べてみましょう。砂糖を配合しない**a**のときのみ、低糖用の発酵力は高糖用をしのぎますが、砂糖の配合量が増えるにしたがい、高糖用の方が発酵力が優れるといえます。しかしながら、高糖用であっても、砂糖の量が多すぎると発酵力は落ちていくことが確認できます。

インスタントドライイースト（低糖用）

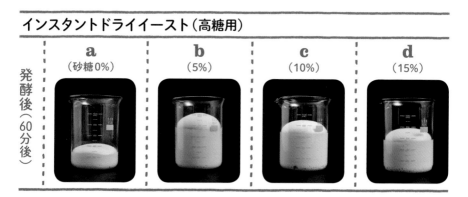

発酵後（60分後）

a（砂糖0%）　　**b**（5%）　　**c**（10%）　　**d**（15%）

※基本の配合（⇒p.289）のうち、生イースト（レギュラータイプ）をインスタントドライイースト（低糖用）にかえて配合量を1%にして、砂糖（グラニュー糖）の配合量を0%、5%、10%、15%にして作製したものを比較

インスタントドライイースト（高糖用）

発酵後（60分後）

a（砂糖0%）　　**b**（5%）　　**c**（10%）　　**d**（15%）

※基本の配合（⇒p.289）のうち、生イースト（レギュラータイプ）をインスタントドライイースト（高糖用）にかえて配合量を1%にして、砂糖（グラニュー糖）の配合量を0%、5%、10%、15%にして作製したものを比較

参考 ⇒p.300・301「テストベーキング7 イーストの耐糖性」

Q77 生イーストをドライイーストやインスタントドライイーストなどにおきかえる時、分量をかえる必要はありますか？
＝イーストの種類による配合量の違い

A ドライイーストは5割、インスタントドライイーストとセミドライイーストは4割の使用で、おおむね生イーストと同等の発酵力になります。

レシピとは違う種類のイースト（パン酵母）でパンを作りたい場合、メーカーや製品によって多少異なりますが、以下の表の割合（重量）でおきかえて作ると、ほぼ同じくらいの発酵力が得られます。

しかし、製品によっては生地を引き締める力が強い、ゆるみやすい、乾燥しやすい、しっとりしやすいなど、生地への様々な影響があるので、まったく同じにはなりません。

また、以下の表の割合でおきかえてパンを作ろうとする場合、糖の配合量によって、適するイーストの種類が異なります。

砂糖が少ない配合のパンに適するイーストは生イースト、ドライイーストの低糖用、インスタントドライイーストの低糖用、セミドライイーストの低糖用で、砂糖が多く配合されるパンには生イースト、インスタントドライイーストの高糖用、セミドライイーストの高糖用が適しています。ちなみに、ドライイーストにも高糖用はありますが、日本では一般には出回っていません。

参考 ⇒p.296・297「テストベーキング5 生イーストの配合量」
　　　p.298・299「テストベーキング6 インスタントドライイーストの配合量」

生イーストの配合量を10とした時のその他のイーストの割合

生イースト	ドライイースト	インスタント ドライイースト	セミ ドライイースト
10	5	4	4

生イーストと低糖用インスタントドライイーストの発酵力の比較

生地の体積1050ml

生地の体積1000ml

上記の割合に応じて、生イーストを5％配合した生地（左）と低糖用インスタントドライイーストを2％配合した生地（右）。ほぼ同等の発酵力であることがわかる。

※基本の配合（⇒p.289）のうち、イーストの種類と配合量を生イースト5％、低糖用インスタントドライイースト2％にして作製したものを比較

Q 78 インスタントドライイーストに添加されているビタミンCには、どんな働きがありますか？
=ビタミンCによるグルテンの強化

 A グルテンの網目構造を密にして強化し、生地がよく膨らむようにします。

　インスタントドライイーストの製品の多くには、グルテンを強化する目的で、ビタミンC（L-アスコルビン酸）が添加されています。まずはグルテンがどうやってできていくのか、そこにL-アスコルビン酸がどのように作用するのかを説明しましょう。

　グルテンは、生地のミキシング中に、タンパク質のアミノ酸の間で様々な結合が起こることによって、複雑な網目を形成していきます。中でもS-S結合（ジスルフィド結合）が増えると、グルテンの網目構造がより密になるため、グルテンを強化する上で重要です。

　S-S結合には、タンパク質のグリアジンに由来する、L-システインというアミノ酸がかかわっています。L-システインは、分子中にSH基という部分をもっています。SH基がグルテン内の別のSS基に接触すると、SH基の一方のSと新たにSS基を形成して結びつき、これが橋かけ（架橋）となります。グルテンの構造の一部と一部が架橋でつながっていくことで、最初は平面なつながりの構造だったものが、らせん状になり、さらにその一部に架橋が起こり、三次元の構造に複雑化していきます（⇒p.36「～さらに詳しく！～ グルテンの構造」）。

　そこに、L-アスコルビン酸が加わると、L-アスコルビン酸は小麦粉中のL-アスコルビン酸オキシダーゼによって、デヒドロL-アスコルビン酸に変化し、酸化剤として働きます（⇒p.142「パン生地の物性を調整し、品質を改良する」）。そして、S-S結合の発生を促進すると考えられています。こうしてグルテンが強化されると生地に弾力が出てよく膨らむだけでなく、クラムの状態、外観ともに優れたパンができ上がります。

　ただし、グルテンのつながりが強くなりすぎて生地が締まりすぎることもあるので、注意が必要です。

　また、ビタミンC（L-アスコルビン酸）はイーストフードの酸化剤として使用することもあります。　　　参考 ⇒p.298・299「テストベーキング6 インスタントドライイーストの配合量」

塩

　甘いパンにも塩を配合するのはなぜですか？
=パンの味わいにおける塩の役割

　少量の塩が加わることで全体のバランスがよくなります。

　パンに塩味を加えてパン全体の味を調和させるためです。砂糖や油脂が配合された甘くてリッチなパンの場合でも、塩味があることで砂糖の甘さや油脂のもつコクが引き立ち、パン全体の味が調和します。

　塩味はパンの基本となる味で、普段、パンに塩味がついていることをあまり意識しないかもしれませんが、多くの食事用のパンは適度な塩味がベースになっています。

　また、塩はパン生地の性質に大きな影響を与えるので、欠かすことのできない材料です。詳しくは、次からの項目でお話ししていきます。

　塩を入れずにパンを作ると、どうなりますか？
=パンのボリュームにおける塩の役割

　イーストが活発に働いて炭酸ガスを多く出す反面、生地はだれやすく、焼き上がりにボリュームが出ません。

　パンの基本材料は、小麦粉、イースト（パン酵母）、塩、水であり、塩を入れて作るのが一般的です。

　しかし、塩分の摂取を控えたいから、塩をまったく入れずにパンを作りたいという声を耳にすることがありますが、それは可能でしょうか。

　塩と生地の関係性を確かめるために、塩の配合量を0％にした生地と、基本的な配合量である2％にして作った生地をそれぞれビーカーに入れ、60分発酵させた膨らみ具合と、丸く成形して焼き上げたパンの膨らみ具合を比較してみました。

　塩0%で作った生地は、かなり柔らかくベタベタしていてミキサーのフックにからみつき、ミキシング時間を長くとることができず、生地がだれた状態になりました。あきらかによい状態とはいえませんが、そのままビーカーで発酵させると、炭酸ガスが多く発生してよく膨らみました。

　しかし、丸めて成形すると、生地がだれて横広がりになり、焼成後はボリュームが出ませんでした。また、形はいびつで、クラストはでこぼこになり、焼き色は薄く、クラムは目が詰まった状態になりました。

　このことから、発酵の際に生地に塩を入れない方が、アルコール発酵が活発に起こるということがわかります。しかし、炭酸ガスが多く発生するにもかかわらず、生地はだれてしまい、ボリュームが小さい焼き上がりになってしまうのです。

　塩を加えることによって、パン生地には主に2つのことが起こります。1つ目は、アルコール発酵が抑えられ、炭酸ガスの発生量が少なくなるということ（⇒**Q**81）。2つ目は、塩によってグルテンができる量が増え、できたグルテンの粘りと弾力が増すということです（⇒**Q**82）。

　塩0%で作った生地はグルテンが少なく弾力が弱いので、多量に発生する炭酸ガスによる膨張が抑えられることなく、ビーカー内ではよく膨らんだと考えられます。このようにビーカー内の実験では、生地が膨らんだ状態でビーカーに張りつくため、しぼまずにすみ、塩がアルコール発酵に及ぼす影響のみが目に見えてわかります。しかしながら、成形すると締まりがなくだれてしまい、炭酸ガスを保持しながらのびて膨らむこともその形を保つこともできないため、焼き上がりのボリュームが小さくなるのです。

参考 ⇒p.306・307「テストベーキング10 塩の配合量」

塩の配合量の違いによる比較

	発酵による膨張の比較	焼き上がりの比較
塩0%		
塩2%		

※基本の配合（⇒p.289）のうち、塩の配合量を0%、2%にして作製したものを比較

パンに配合する塩は、イーストにどのような影響を与えるのですか？
=塩がイーストに与える影響

 イーストのアルコール発酵を抑え、結果的に発酵の速度をコントロールします。

　パンに配合する塩の量が増えれば増えるほど、イースト（パン酵母）のアルコール発酵が抑えられ、炭酸ガスの発生量が減ります。と聞くと、塩を加えることでパンの膨らみが悪くなるように思えますが、実際は塩を適量加えた方が、パンの焼き上がりのボリュームは大きくなります（⇒**p.306・307**「テストベーキング**10** 塩の配合量」）。

　発酵時に、炭酸ガスが短時間で一気に発生すると、生地が無理に引きのばされて膨らむことになります。一方、発酵時間を長くとって炭酸ガスを徐々に発生させると、グルテンの組織が軟化して生地ののびがよくなります。よって、ガスを受け止めるのによい状態になるのです。

　発酵温度を、イーストが炭酸ガスを最も多く発生させる至適温度（⇒**Q64**）よりも、あえてやや低く設定し、徐々にアルコール発酵を進ませてゆっくりと生地を膨らませていくと、その方が結果として生地の膨らみがより大きくなりますが、塩を適量加えた生地には、これと同様のことがおこっているのです。

　また、発酵の目的は生地を膨らませることだけではありません。炭酸ガスの発生と並行して、イーストがアルコールを発生させたり、乳酸菌が乳酸を、酢酸菌が酢酸を発生させたり、その他の酵素が様々な物質を生み出したりしています。時間の経過とともにこれらの成分が生地に蓄積して、パンに独特の香りや風味が加わって味わいに深みが出るのです（⇒**p.214・215**「発酵 ～生地の中ではどんなことが起こっているの？～」）。

　このように、パンの発酵はある程度時間をかけることが必要です。生地に塩を加えることによってイーストのアルコール発酵を抑えられれば、結果的に発酵の速度が適度にコントロールされて、パンにとってはよい作用となるのです。

 パン生地に塩を加えてこねると弾力が出ますが、塩はグルテンにどのような影響を与えるのですか？
=塩がグルテンに与える影響

 塩はグルテンの構造を密にし、それによって生地の粘りと弾力が強まります。

　グルテンは小麦粉のグリアジン、グルテニンという2種類のタンパク質からできていて、小麦粉に水を加えてよくこねることで、これらがグルテンに変化します。グルテンは繊維が網目状にからまったような構造で、生地をよくこねるほど網目

構造が密になり、粘りと弾力（粘弾性）が強まります（⇒**Q**34）。

　小麦粉に水を加えてこねる時に塩も加えると、塩の塩化ナトリウムによってグルテンの網目構造がさらに緻密になって、生地が引き締まって硬くなります。このような生地は、引きのばす時に強い力を必要とします。

　一般的な物性で考えてみると、引っ張った時に強い力を必要とする（伸長抵抗が大きい）ものは、のばしていく途中で切れやすく、のびが悪くなる（伸長度が低くなる）傾向があります。

　しかし、パン生地における塩は、グルテンの伸長度と伸長抵抗の両方の性質を高めます。

　つまり、塩の添加によって、パン生地はのびがよくなり、かつ強い力をかけても切れない弾力と硬さが同時に得られます。その性質はイースト（パン酵母）が発生させる炭酸ガスを保持しながら、生地を膨らませるのに必要なのです。

 パン生地の中で塩は他にどのような働きをしていますか？
＝塩による雑菌の繁殖の抑制

 雑菌の繁殖を抑えています。

　特に長時間発酵を行う場合、パンの発酵に有用でない菌が繁殖すると、味や香りがかわってしまいます。塩にはこのような雑菌の繁殖を抑える役割もあります。

　こうした重要な働きがあるため、減塩を考える場合でも、塩のもつ役割を十分に理解した上での調整が必要です。

 塩はパンの焼き色に影響を与えますか？
＝塩のアルコール発酵抑制の影響

 塩がアルコール発酵を抑制し、生地中に糖が残るため、焼き色が濃くなると考えられます。

　パンの材料のうち、塩の配合量のみを0％、2％、4％にした生地を用いて、同じ条件で発酵、焼成を行ったところ、塩の量が増えるにしたがって、焼き色が少しずつ濃くなりました（⇒次ページの写真参照）。

　パンに焼き色が生じる主な要因は、主材料の小麦粉、副材料の砂糖、卵、乳製品などに含まれている「タンパク質やアミノ酸」と「還元糖（ブドウ糖や果糖など）」が160℃以上の高温で一緒に加熱されることによって、アミノ-カルボニル（メイラード）反応（⇒**Q**98）が起こり、焼き色となるメラノイジン系の色素ができることです。

　では、塩がどのように影響を及ぼして、この反応が促進されるのでしょうか。

　イースト（パン酵母）はブドウ糖や果糖をアルコール発酵させることによって、炭酸ガスとアルコールを作り出しています。

　塩の配合量が増えるとアルコール発酵が抑えられるので、それだけ焼成時の生地の中にブドウ糖や果糖が残っているということになります。そして、その残存したブドウ糖や果糖などの還元糖によって、アミノ-カルボニル反応が促進されて、焼き色が濃くなったのだと考えられます。　**参考**⇒**p.306・307**「テストベーキング**10** 塩の配合量」

塩の配合量を変化させたパンの焼き色の比較

| 塩0% | 塩2% | 塩4% |

※基本の配合（⇒p.289）のうち、塩の配合量を0％、2％、4％にして作製したものを比較

 塩はどのくらい配合したらよいですか？
85 ＝適切な塩の配合量

 塩の配合量は1〜2%が一般的です。

　パンを膨らませるためには、まずイースト（パン酵母）によって炭酸ガスを発生させることが必要です。次に、生地がその炭酸ガスを保持しながらしなやかにのびること、なおかつ、膨らんだ生地を支えられるだけの強さと硬さをあわせ持っていることが大切です。

　Q80（または**p.306・307**「テストベーキング**10** 塩の配合量」）の実験では、塩の配合量が0％の時は、炭酸ガスが多く発生しました。しかし、実際にこの生地を丸めて成形しようとすると、生地がだれてしまって成形が思うようにできず、焼き上がりのボリュームも小さくなりました。塩0％の生地の発酵をビーカー内で行った時には、ビーカーの内側に生地が張りつくことで、生地がしぼまずにすみ、ガスが発生した分の膨らみを保つことができていただけなのです。

　このことは、炭酸ガスが多く発生しただけではパンは膨らまないということを意味しています。塩の配合量を1〜2％にすると、ガスの発生量は減りますが、ガスを受け止める生地の抗張力（引っ張り強さ）と伸展性（のび広がりやすさ）が強まるため、結果としてボリュームのある焼き上がりになります。

また、このくらいの配合量が、パンとして食べた時の味のバランスがよいといわれています。

 塩味をきかせたパンを作りたい時、塩の配合量をどこまで増やせますか？
Q 86
＝製パンにおける塩分量の最大値

 2.5％程度までです。表面に塩をふるという方法もあります。

　通常のパンであれば、塩の量は小麦粉に対して1～2％前後の量が一般的です。他の材料の配合量にもよりますが、小麦粉に対して2.5％程度までならば問題ないといえます。もちろん、塩味の感じ方には個人差がありますし、使用した塩の塩化ナトリウムの含有量によってもかわってくるので、一概にはいえません（⇒**Q88**）。

　塩には、パンに味をつける以外に、イースト（パン酵母）のアルコール発酵を適度に抑えて発酵が一気に進まないようにコントロールし、生地に弾力とのびのよさを与えて、炭酸ガスを生地中に保持しながら膨らんでいけるようにする役割があります。塩は小麦粉の重量の1～2％がよいとされるのは、塩によって得られるこれらの効果のバランスがよいからです。

　3％を超えて配合すると、食べることはできても、生地が締まりすぎる、発酵に支障をきたす、オーブンでの膨張が少なくボリュームが出ないなどの影響が出てきます。

　なお、塩味が強く感じられるパンを作りたい時には、パンの表面に直接塩をふって焼いたり、焼き上がったパンに塩をふりかけるとよいでしょう。

参考 ⇒p.306・307「テストベーキング10 塩の配合量」

 パン作りに適した塩を教えてください。
Q 87
＝塩の種類

 にがりなどのミネラルが多いものより、塩化ナトリウムの含有量が多い食塩が向いています。

　これまでお話してきたパン作りにおける塩の役割は、主成分である塩化ナトリウム（NaCl）の働きによるものなので、パン作りでは通常、塩化ナトリウムの含有量が95％以上の塩が使われます。

　しっとりした塩よりも、粒子の小さいサラサラした湿り気のない塩が計量しやすく、ミキシング時に生地全体に分散しやすいので使いやすいでしょう。水に溶かして使用するのであれば、粒子が大きいものでも問題はありません。

Q88 にがりの多い塩をパン作りに使っても影響はありませんか？
＝製パンにおける塩の純度

A にがりが多いとグルテンの粘りと弾力が弱まり、パンの焼き上がりのボリュームが小さくなります。

　塩は製品ごとに味わいが異なり、人によって好みも様々です。にがりの多い塩は塩味に丸みがあるので、料理に好んで使われることが多いですが、パンを作る時には味だけでは選べません。塩が生地の膨らみに与える影響を考慮することが必要です。

　そこで、市販されている一般的な塩（塩化ナトリウム99.0％）とにがり成分の多い塩（塩化ナトリウム71.6％）の2種類の塩を使ってそれぞれ生地を作り、ビーカーに入れて60分発酵させた場合の膨らみと、丸く成形して焼き上げたパンの膨らみを比較しました（⇒次ページの写真参照）。

　ミキシング後の生地は、にがりが多い塩を使用した方が柔らかくなりました。**Q82**で触れたように、塩の塩化ナトリウムがグルテンの粘弾性（粘りと弾力）を強め、生地の抗張力（引っ張り強さ）と伸展性（のび広がりやすさ）を高める役割をするので、塩化ナトリウムの割合が低く、にがりの多い塩の方が、生地が柔らかくなるのです。

　ビーカー内で発酵させると、にがり成分の多い塩を使った生地は、一般的な塩を使った生地よりもよく膨らみましたが、丸く成形して焼成すると、ボリュームが小さくなりました。

　これは、**Q80**の実験の塩0％の生地で起こったことが、にがりの多い塩を使用したパンでも少なからず起きているのです。つまり、にがりが多い塩を一般的な塩と同じ分量で使用すると、塩化ナトリウムが少ない分、グルテンの抗張力と伸展性が弱まって、膨らんだ生地を支える力が弱くなるために、焼き上がりのボリュームが小さくなるのです。

　ですから塩を使用する際には、塩化ナトリウムの含有量を把握して、極端に塩化ナトリウムの含有量が少ない（にがりが多い）ものを避けるか、にがりが多い塩を使用する際には分量を増やして、生地の性状がベストの状態に保てるように調整しましょう。

 ⇒p.308・309「テストベーキング11 塩の塩化ナトリウム含有量」

塩化ナトリウム量の多少による生地の膨らみの違い

	60分後	焼成後	断面
塩A（塩化ナトリウム含有量71.6%）			
塩B（塩化ナトリウム含有量99.0%）			

※基本の配合（⇒p.289）のうち、塩を塩化ナトリウム量71.6%、99.0%のものにして作製したものを比較

「にがり」って何ですか？

塩には岩塩と海塩があります。日本は四方を海に囲まれているため、古くから海水を原料にした海塩が作られてきました。現在でも日本で食用にする塩のほとんどは、製法は様々ですが、海水から塩化ナトリウムを結晶化させて取り出したもので、この塩化ナトリウムがいわゆる塩味を呈します。

そして海水からこの塩化ナトリウムを取り出したあとに残るものがにがりで、豆腐を作る際に凝固剤として用いることで知られています。

にがりはマグネシウムを主成分とし、他にカリウムやカルシウムなどが含まれています。塩にとってにがりは不純物にあたり、塩化ナトリウムの含有量が多い塩ほど、精製度が高いということになります。

日本で販売されている塩には、塩化ナトリウムが99％以上の塩もあれば、塩化ナトリウムの含有量がそれよりも少ない、にがりの成分を多く残した塩もあります。

にがりは「苦汁」と書き、その字のごとく苦味があります。苦いのに、あえてにがりの成分を含んだ塩が作られるのは、塩化ナトリウムだけをなめた時と比べて、塩味の角が取れて味に丸みが出て、甘味が増したように感じられるからです。

それは、にがりの成分が水分とともに塩の結晶の周りに付着しているため、舌にある味蕾という味を感じるセンサーは、まず苦味を含んだにがりの味を感知し、次に塩化ナトリウムの塩味を感じるので、塩からさがマスキングされるためです。

水

 パンの中で水はどのような働きをしていますか？
＝製パンにおける水の役割

 材料を溶かして生地にする他、イーストを活性化し、小麦粉のタンパク質やデンプンを変化させます。

　パンの材料のうち、小麦粉の次に配合量が多いのが水で、小麦粉の約60～80％の量を加えます。パンを作る時に水は、生地の硬さを調節するという大切な役割を果たす他、目に見えない部分でも様々な役割を担っています。

●材料を溶かす

　水の最初の仕事です。塩、砂糖、脱脂粉乳、小麦粉の水溶性成分などを溶かし、生地中に均一に分散しやすくします。

　結晶であった砂糖や、小麦粉の水溶性成分は、水に溶けることでイースト（パン酵母）の発酵の栄養源として使われるようになります。

●イーストを活性化させる

　イーストは製造過程で脱水によって活性が抑えられていますが、水を与えることで活性化します。

●グルテンを作り出す

　ミキシング工程では、小麦粉に水を加えてよくこねると、小麦粉に含まれる2種類のタンパク質から、粘りと弾力をもつグルテンができ、生地の中に網目状になって広がります（⇒**Q34**）。

　パン生地が膨らむためには、イーストが発生させた炭酸ガスを内部に包み込みながら生地がしなやかにのびていく必要がありますが、これはグルテンが生地中に十分にできてこそ備わる性状です。

また、焼成工程では、グルテンは熱によって凝固し、膨らんだ生地がしぼまないように支える骨組みの役割を果たします。

● デンプンを糊化させる

小麦粉の主成分であるデンプンは、タンパク質のようにミキシングの際に水を吸収することができません。焼成の工程で生地の温度が60℃を超えると、初めて生地中の水を吸収して膨らみ、85℃に達すると糊のような粘りが出ます。これを糊化（α化）といいます（⇒Q36）。

さらに焼成が進むと、糊化したデンプンから水分が蒸発して、最終的にはふんわりとした柔らかさを保ちつつ、膨らんだ生地全体を支える組織になります。

● 生地の硬さを調節する

ミキシングにおいて、水は各材料をつないで生地にまとめる役割があり、生地の硬さも調節します。生地の硬さは、のび具合や薄く広がる度合いに影響し、パン生地が炭酸ガスで膨らんでいく時の内部の圧力と、パン生地の表面の張力のバランスを保つ上で重要です。

● 生地のこね上げ温度を調節する

イーストのアルコール発酵をスムーズに進めるためには、ミキシングが終わった時点で生地がイーストの活動に適した温度になるように調節することが必要です（⇒Q192, 193）。

生地のこね上げ温度は、仕込み水の温度によってほぼ決まります。そのため、目標とするこね上げ温度に近づけられるように、仕込み水を調温（温度を調節すること）します（⇒Q172）。

Q 90 パン作りに使う水は、どのくらいの硬度がよいですか？
＝製パンに適した水の硬度

A 比較的硬度が高めの軟水が向いています。

水は硬度によって、軟水や硬水に分けられます。硬度とは、水1ℓ中に含まれるミネラルのうち、カルシウムとマグネシウムの量で表される指標（mg/ℓ）で、これらの量が少ないものを軟水、多いものを硬水と区分けしています。

水の硬度

	硬度
非常な硬水	180mg/ℓ以上
硬水	120〜180mg/ℓ未満
中程度の軟水	60〜120mg/ℓ未満
軟水	60mg/ℓ未満

WHO (2011) Hardness in drinking-water

　一般的に、パン作りに使用する水には、硬度50～100mg／ℓ程度のものが適しているとされ、この範囲の中でも硬度が高めの方がよいといわれています。

　日本各地の水は、一部の地域を除き、8割以上が硬度60mg／ℓ以下の軟水です。最適といわれる硬度よりもやや低めの値ですが、この程度であれば、ミキシングの強弱や発酵時間を調整することで生地をよい状態にすることができます。

　ですから、日本で飲用水としての基準を満たすもの（水道水や井戸水など）であれば、パン作りに使用しても特に問題ありません。

　一方、市販のミネラルウォーターは硬度が様々なので、パン作りに向くとは一概にはいえません。

　下の写真は、硬度50mg／ℓと硬度150mg／ℓの水を使って作ったパンを比較したものです。硬度50mg／ℓの方は生地の膨らみはやや抑えられています。硬度150mg／ℓの方は、生地の段階では締まり気味で硬かったものの、焼き上がったパンはボリュームが出ました。

　水の硬度が極端に低いと、ミキシングの際にグルテンが軟化して生地がべたつき、炭酸ガスの保持力が低下するので、焼き上がったパンは膨らみが悪く、重い感じの口溶けの悪いパンになります。

　一方、水の硬度が高すぎると、ミキシングでグルテンが引き締まってのびの悪い、硬くて切れやすい生地になります。また、焼き上がったパンはパサついて、もろくなることがあります。

　市販のミネラルウォーターを使用する場合には、まず硬度を確かめるようにしましょう。

参考 ⇒p.304・305「テストベーキング9 水の硬度」

水の硬度によるパンのボリュームの差

硬度50mg／ℓ　　　　　　　　　　　　硬度150mg／ℓ

※基本の配合（⇒p.289）のうち、水の硬度を50mg／ℓ、150mg／ℓにして作製したものを比較

水の硬度とは？

水の硬度とは、水に含まれるミネラルの中にカルシウムとマグネシウムがどれだけ含まれているかを表す指標です。

日本やアメリカなどでは、水1ℓ中のカルシウム（Ca）とマグネシウム（Mg）の量を、炭酸カルシウム（CaCO₃）の量に換算して、mg/ℓ（またはppm）の単位で表す方法をとっていて、一般に以下の計算式を用いて算出することができます。

ただし、国によって硬度の換算単位が異なったり、カルシウムとマグネシウムを炭酸カルシウム以外のものに換算する国もあったりと、世界的に見ると硬度の表記の仕方にはばらつきがあります。

水は硬度によって軟水や硬水に区別しますが、どの値を基準に区別するかという定義も国や機関によってまちまちで、WHO（世界保健機関）による分類では、硬度120mg/ℓ未満が軟水、120mg/ℓ以上が硬水となっています（⇒ p.86の表）。

硬度算出の計算式

$$硬度（mg/ℓ）=（カルシウム量（mg/ℓ）×2.5）+（マグネシウム量（mg/ℓ）×4.1）$$

地層の違いによる硬度の違い

フランスやドイツは、日本に比べて水の硬度が非常に高く、フランスのパリでは250mg/ℓ以上、ドイツのベルリンでは300mg/ℓ以上といわれています。日本では、東京が70mg/ℓ前後、京都が40mg/ℓ前後とフランスやドイツに比べてかなり低い値となっています。

日本人にとっては、日本の軟水はくせがなくさらっとした飲み口であるのに対して、ヨーロッパの硬水は重たく、くせがあるように感じるでしょう。

では、フランスやドイツと日本で水の硬度が大きく異なるのはなぜでしょうか。それは地質、国土の大きさや川の長さが関係しています。

ヨーロッパに多く見られる地層は、石灰質（炭酸カルシウムが主成分）でカルシウム分が多く、密度が高いのが特徴です。そのような地層では、雨水や雪解け水が時間をかけて地中にしみ込み、長い間地層にとどまってミネラル分が溶け込んだ地下水ができます。その水が湧き出して何か国にもまたがった長い川となって、ゆるやかな地形を時間をかけながら流れていくと、地表を流れていく間にもさらに水にミネラル分が蓄積していき、硬度が高い硬水になります。

一方、日本は密度が低い地層のため、雨水がしみ込みやすく地層にとどまる時間が短いというところがヨーロッパと違います。それに加えて、川の長さが短く、川幅も狭く、傾斜が多い地形で川の流れが急なため、地表のミネラル分が水に溶け込む間もなく、水道水として利用されます。そのため、硬度が低い軟水になるのです。日本の中で比較した時に、東京は京都よりも水の硬度がやや高いのは、火山灰が降り積もった関東ローム層を川が流れるうちにミネラル分が多くなるからです。

Q91 アルカリイオン水を使ったら、いつもよりも膨らみが悪いパンができました。なぜですか？
＝製パンに適した水のpH

 A アルカリ性が強いと発酵が阻害され、パンの膨らみが悪くなります。

　パン作りでは、生地のpHに留意することも必要です。ミキシングから焼成まで生地がpH5.0〜6.5の弱酸性に保たれていると、イースト（パン酵母）が活発に働き、かつ酸によりグルテンが適度に軟化して生地ののびがよくなって発酵がうまく進むからです（⇒**Q63**）。

　水は材料の中でも配合量が多く、パン生地のpHに大きな影響を与える材料なので、生地に最適とされる範囲から著しく離れたpH値の水は使わない方が無難です。

　生地は酸性に大きく傾くと、グルテンが軟化して生地がだれてしまい、イーストが発生させた炭酸ガスを保持できなくなります。

　逆に、生地がアルカリ性に傾くと、イーストや乳酸菌、酵素の働きが阻害され、発酵がうまく進まなくなったり、必要以上にグルテンが強化されて生地ののびが悪くなって、パンが膨らみにくくなります。

　アルカリイオン水（飲用アルカリ性電解水）や酸性水が得られる整水器の水では、アルカリイオン水がpH9.0〜10.0程度のアルカリ性、酸性水がpH4.0〜6.0程度の酸性に設定されているため、パン作りに向いているとはいえません。

　ここで考慮しておきたいのは、生地のpHは発酵が進むにつれて徐々に酸性に傾いていくということです。これは、生地に混入した乳酸菌が乳酸発酵を行って、ブドウ糖から乳酸を作り出し、生地のpHを低下させるからです。同様に酢酸菌も働きますが、このpH下では酢酸の生成量が少ないので、乳酸ほどは生地のpH低下の要因とはなりません。

　したがってミキシングを始める時点の生地は、pH6.5程度が理想といえます。日本の水道水のpHは各地によって差がありますが、pH7.0前後であるので、そのまま使っても問題はありません。

参考 ⇒p.302・303「テストベーキング8 水のpH」

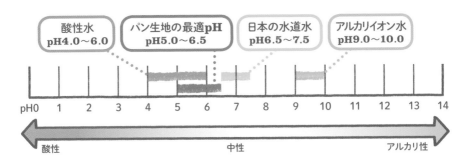

pHって何？

pH（ピーエイチまたはペーハー）は水素イオン指数ともいい、水溶液の性質のうち、酸性、アルカリ性の程度を表す単位のことです。

pH値は0～14まであり、pH7が中性で、それより低いと酸性、高いとアルカリ性となります。pH7から数値が離れるほど、酸性やアルカリ性の度合いが増し、酸性の中でpH7に近いと弱酸性、pH0に近いと強酸性となります。アルカリ性も同様で、pH7に近いと弱アルカリ性、pH14に近いと強アルカリ性となります。

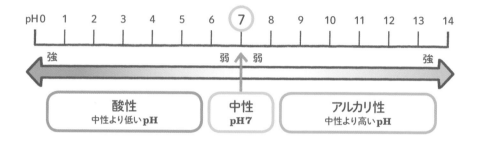

Chapter **4**

パン
作りの
副材料

砂糖

 Q 92 砂糖はいつ頃、どこから日本にもたらされたのですか？
=砂糖の日本への伝来

 A **インド発祥の砂糖は、8世紀に中国から日本にもたらされたといわれています。**

　砂糖の英語名「sugar＝シュガー」の語源は、古代インドのサンスクリット語「sarkara＝サルカラ、サッカラ」といわれており、サトウキビという意味です。

　紀元前400年頃、インドで最初に甘蔗、つまりサトウキビから砂糖が作られたとされ、インドは砂糖発祥の地と考えられています。砂糖はインドから東は中国、西はヨーロッパ、エジプトへと伝わりました。15世紀にはコロンブスがアメリカ大陸に砂糖を伝え、16世紀にはヨーロッパ諸国による南米やアフリカでの大規模な砂糖プランテーションが展開されていきました。

　日本には8世紀に中国から運ばれてきたといわれており、当時は薬として使用されていたようです。

 Q 93 砂糖は何からできているのですか？
=砂糖の原料による分類

 A **主な原料はサトウキビで、てん菜、サトウカエデ、サトウヤシなどからも作られます。**

　砂糖の主成分は、ショ糖とよばれる糖類の一種で、ブドウ糖と果糖が1分子ずつ結合したものです。砂糖の種類によって精製度が異なるため、ショ糖の含有量にはものによって差があり、グラニュー糖では99.9％以上、上白糖では97.7％を占めます。

　また、砂糖にはショ糖以外の成分として、灰分や水分が少量含まれています。

　砂糖には様々な種類があり、分類法もいくつかあります。まず、原料の違いによ

る分類をみていきましょう。

　一般的に使われる砂糖を原料別に分類すると、熱帯や亜熱帯でとれる甘蔗（サ^{かんしょ}トウキビ）から作られる甘蔗糖と、温帯の寒冷地でとれるてん菜（ビート）から作られるてん菜糖（ビート糖）があり、どちらも精製すると同じ様に砂糖になります。グラニュー糖にも、甘蔗を原料としたものと、てん菜を原料としたものがあります。

　世界で生産される砂糖は、約8割が甘蔗糖、約2割がてん菜糖です。その他に、生産量は少ないですが、サトウカエデから作られるカエデ糖（メープルシュガー）、サトウヤシから作られるヤシ糖（パームシュガー）などがあります。

　日本で消費される砂糖のうち、国内産の原料から生産されるものは3〜4割で（内訳はてん菜糖が約7割、甘蔗糖が約3割）、残りの6〜7割は「粗糖（原料糖）」とよばれる甘蔗糖が海外から輸入され、国内の製糖工場で精製されて砂糖製品となったものです。

　甘蔗は通常、生産地で粗糖にされます。これは甘蔗の生産地が熱帯や亜熱帯にあり、砂糖が多く消費される場所（消費地）から離れているため、収穫したままの形では変質しやすいうえ、輸送にも不便なためです。粗糖は糖度が96〜98度の黄褐色の結晶の砂糖で、不純物が多いため、消費地に運ばれてから精製され、上白糖やグラニュー糖などの「精製糖」になります。

　てん菜の場合、生産地が消費地に近いこともあり、通常は粗糖にせずに、直接、純度の高い砂糖を作ります。これを「耕地白糖」とよびます。

 砂糖はどのように作られているのでしょうか？ 各種砂糖の特徴を教えてください。
Q94
　　=砂糖の製法による分類

 分蜜糖は糖分を分離して結晶を取り出します。含蜜糖は糖分を分離しないでそのまま煮詰めて作ります。

　砂糖は「分蜜糖」と「含蜜糖」の2つに分類することができます。精製糖や耕地白^{ぶんみつとう}^{がんみつとう}糖は、工場で遠心分離機を使って蜜分を分離して結晶を取り出すため、「分蜜糖」とよばれます。これに対し、蜜分を分離せず、そのまま結晶とともに煮詰めて作る砂糖を「含蜜糖」とよびます。

　製造の途中で蜜分と結晶を分離しない含蜜糖は、一般的にミネラルなどが豊富に含まれ、色は白くありません。

　分蜜糖は蜜分を取り除いて精製するため、純度が高くなるほど真っ白な製品になります。最近では完全に精製しないでミネラルを残した製品も市販されています。

　日本ではいろいろな砂糖が販売されており、代表的なものは次ページの通りです。

砂糖製品の種類（日本）

●分蜜糖

　日本で一般的に作られ、使用されている砂糖は主に分蜜糖で、精製糖ともよばれます。結晶の様子からザラメ糖とくるま糖の2つに大別されます。グラニュー糖はザラメ糖に、上白糖や三温糖はくるま糖にあたります。

ザラメ糖（ハードシュガー）

　結晶が大きく、純度が高い砂糖です。乾燥させて水分を少なくしています。白ザラ糖、中ザラ糖、グラニュー糖がザラメ糖の代表的な種類です。

白ザラ糖	上ザラ糖ともいう。結晶が大きく光沢があり、白色で純度が高い砂糖。くせのない淡泊な甘さをもち、パンにふりかけて焼いたり、高価格帯の菓子や飲み物、果実酒作りなどに使用されたりもする
中ザラ糖	結晶の大きさは白ザラ糖とほぼ同じだが、黄褐色をしている。純度は白ザラ糖よりも低めだが、十分に高く、白ザラ糖よりも風味がある
グラニュー糖	結晶の大きさは白ザラ糖よりは小さく、上白糖よりもやや大きい、サラサラとしてかたまりにくい砂糖。白ザラ糖と同等の純度で、くせのない淡泊な甘さをもち、菓子、パン、飲み物などに広く使用される。日本では上白糖に次いで多く作られている

くるま糖（ソフトシュガー）

　結晶が細かく、かたまりやすい性質があります。これを防ぐためにビスコとよばれる転化糖液を2〜3%添加するため、しっとりした質感になります。上白糖や三温糖などがくるま糖の代表的な種類です。

上白糖	結晶が細かく、しっとりとしたソフトさとコクのある甘味があり、日本では一般的に白砂糖とよばれる。国内で使用される砂糖の約半分を占め、料理、菓子、パン、飲み物など、多岐にわたって使用されている
三温糖	上白糖に比べて純度がやや低く、色は濃い黄褐色をしている。甘味が強く、特有の風味がある

●含蜜糖

含蜜糖は、分蜜糖に比べて生産量は少ないです。代表的なものに黒砂糖（黒糖）があります。ヤシ糖（パームシュガー）やカエデ糖（メープルシュガー）も含蜜糖にあたります。

黒砂糖（黒糖）	甘蔗（サトウキビ）の搾り汁をそのまま煮詰め、加工せずに冷却して作られる。砂糖としての純度は低いが、ミネラル分が多く、特有の風味やコクがある。日本では生産量は少ないが、沖縄と鹿児島の一部で伝統的な製法で作られている。なお、同様の製法で中国、タイ、ブラジルなどで生産された黒砂糖（黒糖）が多く輸入されている
加工黒糖	粗糖、黒砂糖（黒糖）をブレンドして溶かし、再度煮詰め、冷却して作られる。糖蜜をブレンドした製品もある。特有の風味があり、ミネラルを含む

●加工糖

加工糖とは、グラニュー糖や白ザラ糖などの精製糖を加工して作る砂糖のことで、数種類作られています。

角砂糖	主にグラニュー糖から作られる。グラニュー糖に液糖（グラニュー糖を液状にしたもの）を少量混ぜ、成型機でサイコロ状に押しかため、乾燥させたもの。コーヒーや紅茶を飲む時に用いられる
粉砂糖	白ザラ糖やグラニュー糖から作られる。純度の高い砂糖を粉砕し、微粉状にしたもの。かたまりやすいので少量のコーンスターチを加えたものもある。菓子作り、パンの仕上げなどに使用される
顆粒状糖	主にグラニュー糖から作られる。多孔質の顆粒状でかたまりにくく、水に溶けやすく作られている。グラニュー糖と同様に使用できる
氷砂糖	主にグラニュー糖から作られる。純度が高く大きな結晶なので、水にゆっくりと溶ける。そのままの形で菓子、パン作りに使用することはほぼない。果実酒作りなどに使用される

グラニュー糖　　　　上白糖　　　　粉砂糖

一般的な粒度のグラニュー糖（右）、
粒が細かいグラニュー糖（左）

Q 95 砂糖の味の違いは何に由来するのですか？
=味を左右する砂糖の成分

 A 精製度の違いによってショ糖の含有量が異なり、甘味の感じ方に差が出ます。

砂糖の味は、どの成分がどれだけ含まれているかで特徴づけられます。

● 砂糖の成分がもつ味の特徴

砂糖の成分は、そのほとんどをショ糖が占めています。砂糖は精製度が高くてショ糖の割合が高いほど砂糖としての純度が高く、グラニュー糖においてはショ糖が99.97％、上白糖では97.69％です。ショ糖以外には、転化糖と灰分がわずかに含まれています。

ショ糖、転化糖は下記のように特徴的な味がします。灰分はミネラルなので、そのものに味はありませんが、量が多くなるほど甘味の感じ方に影響を与えます。

砂糖の成分の特徴

ショ糖	砂糖の主成分。ショ糖が多いほど、砂糖としての純度が高い。すっきりとした、淡泊な甘味をもつ
転化糖	ショ糖が分解されてできる、ブドウ糖と果糖の混合物。ショ糖よりも甘味を強く感じる、後を引くような濃厚な甘味をもつ
灰分	ナトリウム、カリウム、カルシウム、マグネシウム、鉄、銅、亜鉛などの無機成分。灰分自体に味はないが、灰分が多いと、刺激となってコクのある甘味に感じる

※砂糖の灰分値：灰分は、一定条件下で食品を高温で加熱して灰化させた残留分。灰分は灰化によって有機物や水分が除かれているため、無機質（ミネラル）の総量が反映されていると考えられている。そのため、灰分値はおよそのミネラル量とされている。糖類はカリウムなどの陽イオン元素が多量に含まれているため、灰化した灰が炭酸塩として残ることがあり、実際よりも高い数値になってしまう。これを防ぐために、硫酸を添加して、炭酸塩ではなく硫酸塩にして測定する硫酸添加灰化法が主に用いられる

● 砂糖に含まれる糖の種類と成分の割合が味に与える影響

それぞれの砂糖がもつ味には、ショ糖、転化糖、灰分がどのくらいの割合で含まれているかが大きくかかわっています。

グラニュー糖はほぼショ糖でできているので、ショ糖の味がそのままグラニュー糖の味の特徴として表れており、すっきりとした淡泊な甘味があります。

上白糖もショ糖が成分のほとんどを占めていますが、グラニュー糖に比べて転化糖が多いのが特徴です。上白糖はショ糖の結晶に、ビスコという転化糖液をかけて作られているからです。上白糖はグラニュー糖よりも転化糖の成分値がわずか1％ほど多いだけですが、転化糖の味の特徴が前面に出て、濃厚な甘味になっています。

黒砂糖は、転化糖が多いため甘味が強く、さらに灰分が多いのでコクがあります。

各種砂糖の構成成分

（単位%）

	ショ糖	転化糖	灰分	水分
グラニュー糖	99.97	0.01	0	0.01
上白糖	97.69	1.20	0.01	0.68
黒砂糖	85.60〜76.90	3.00〜6.30	1.40〜1.70	5.00〜7.90

（『砂糖百科』公益社団法人糖業協会、精糖工業会 より抜粋）

 Q 96 パン作りには上白糖やグラニュー糖がよく使われますが、それはな
ぜですか？
　＝製パンに適した砂糖

 A **余分な味や香りがないからです。**

　パン作りには、強すぎる風味をもたない白砂糖が使われます。日本では白砂糖
といえば上白糖が頭に浮かびますが、ヨーロッパではグラニュー糖が一般的です。
そのため、パンや洋菓子作りには基本的にグラニュー糖が使用されますが、日本で
は一般に広く普及している上白糖が使われることも多くあります。
　グラニュー糖と上白糖は同じ味のように思われがちですが、成分の違いによっ
て、厳密には味や性質に違いがあるため、パンやお菓子を作る時にはどちらの砂
糖を使うかで、仕上がりの味、食感などに差が出ます。
　また、黒糖パンのように、独特な強い風味をもつ黒砂糖（黒糖）などを使用して、
パンに特徴を与える場合もあります。

各種砂糖の成分と特徴

グラニュー糖	ショ糖の含有量が最も多く、転化糖や灰分が非常に少ない。粒の大きさが0.2〜0.7mmで、上白糖よりも水に溶けにくい。すっきりとした、淡泊な甘味が特徴。砂糖の性質である、吸湿性、保水性をもつが、上白糖に比べるとそれらの性質は弱い
上白糖	ショ糖の結晶にビスコ（転化糖液）をかけて、独特のしっとり感をもたせた砂糖。濃厚な甘味が特徴。吸湿性、保水性が高い。粒の大きさは0.1〜0.2mmで細かく、水に溶けやすい
黒砂糖	甘蔗（サトウキビ）の搾り汁を煮詰めて砂糖にする製造工程において、結晶と蜜分に分離する最終工程を経ずにそのままかためたもの。そのため、灰分が多く、独特の濃厚な甘味と強い風味がある

なぜパンに砂糖を配合するのですか？
=砂糖の役割

 甘味をつける以外にも、パンの発酵、焼成に大きな働きをするからです。

　日本で作られているパンの多くには砂糖が使用されています。砂糖による甘さを強調した菓子パンはいうに及ばず、砂糖の甘さを特に感じることのない食パン、バターロール、調理パンなどにも使用されています。

　それはパンにとって、砂糖の役割が単に甘味をつけることだけではないからです。砂糖はパン生地の中で、以下のような働きをしています。

① イースト（パン酵母）が行うアルコール発酵の栄養源となる（⇒**Q**61,63）
② クラストの焼き色を濃くする（⇒**Q**98）
③ こうばしさを与える（⇒**Q**98）
④ 柔らかくしっとりとしたクラムに焼き上げる（⇒**Q**100）
⑤ クラムが焼成後に硬くなるのを防ぐ（⇒**Q**101）

　しかし、よい面ばかりではなく、パン生地への使用量が多い場合、「イーストの働きを阻害する」、「グルテン組織のつながりを阻害する」など、パンの膨らみをさまたげてしまう一面もあります。

 砂糖を加えると、クラストの焼き色が濃く、こうばしくなるのはなぜですか？
=糖によるアミノ-カルボニル反応とカラメル化反応

 砂糖に含まれるショ糖が化学反応を起こして褐色物質ができるためです。

　パンに焼き色がつくのは主に、アミノ酸と還元糖が高温で加熱されることによってアミノ-カルボニル（メイラード）反応という化学反応が起こり、メラノイジン系色素という褐色の物質ができるためです。また、糖類の着色だけで起こるカラメル化反応も関連しています。

　これらの反応は、どちらも糖類が関与して高温で起こり、その結果、茶色の焼き色がつき、こうばしい香りが生じ、食品においしさを与えるというものです。しかし、大きな違いは、アミノ-カルボニル反応は糖類とタンパク質やアミノ酸が一緒に化学反応を起こしていますが、カラメル化反応は糖類のみで起こるというところです。

　アミノ-カルボニル反応に関係する、タンパク質、アミノ酸、還元糖は、すべてパンの材料に由来しています。そのまま反応に使われる成分もあれば、小麦粉やイースト（パン酵母）などに含まれる酵素によって分解されてから使われる成分もあります。

　タンパク質やアミノ酸は、主に小麦粉、卵、乳製品などに含まれており、タンパク質は何種類ものアミノ酸が鎖状につながったもので、分解されるとアミノ酸になります。また、アミノ酸はタンパク質の構成物としてだけでなく、単独でも食品の中に存在しています。

　還元糖とは、反応性の高い還元基をもつ糖類のことで、ブドウ糖、果糖、麦芽糖、乳糖などがこれにあたります。砂糖に含まれるショ糖は還元糖ではありませんが、酵素によってブドウ糖と果糖に分解されると、アミノ-カルボニル反応に関与します。

　焼成の前半では、生地中の水分が水蒸気となって生地の表面から気化していくので、表面は湿っており、温度も低く、焼き色がつきません。生地からの水分蒸発が少なくなってくると、生地の表面が乾いて温度が上昇し、アミノ-カルボニル反応が始まり、160℃くらいからよく色づきます。さらに加熱されて表面温度が180℃近くに上がると、生地中に残っている単糖類（主にブドウ糖、果糖）やオリゴ糖（主にショ糖）が重合によってカラメルを生成するカラメル化反応が起こります。

　砂糖を焦がしてプリンのカラメルソースを作る時には、まさにこのカラメル化反応が起こっています。クラストの表面でも、少なからずこの反応が起こっているといわれます。

　これら2つの反応によって同時に多くの揮発性の芳香物質が生み出され、複雑に混じり合い、独特のこうばしさが生まれるのです。

アミノ-カルボニル（メイラード）反応

カラメル化反応

砂糖の配合量の違いによる焼き上がりの比較

左から、グラニュー糖配合量0%、5%、10%、20%。
砂糖の配合量が増えるほど、クラストの焼き色は濃くなる

※基本の配合(⇒p.289)のうち、グラニュー糖の配合量を0%、5%、10%、20%にして作製したものを比較

参考 ⇒**p.310・311**「テストベーキング **12 砂糖の配合量**」
p.256・257「**焼成とは?**」《**4**》生地が色づく

 グラニュー糖のかわりに上白糖を使ったら、クラストの焼き色が濃くなったのはなぜですか?
=グラニュー糖と上白糖の違い

 グラニュー糖よりも転化糖の含有量が多いので、アミノ-カルボニル反応が起こりやすくなるからです。

　上白糖はグラニュー糖よりも転化糖を多く含みます。転化糖は、ブドウ糖と果糖の混合物で、ブドウ糖と果糖はいずれも還元糖に分類されます。そのため、転化糖を多く含む上白糖を使うと、アミノ-カルボニル(メイラード)反応が起こりやすくなり、グラニュー糖を使った場合に比べて焼き色が濃くつくのです。

　また、上白糖を配合した生地はミキシングするとべたつきが出て、生地が横に広がって扁平な形に焼き上がりがちになります。これは、転化糖がショ糖と比べて、吸湿性、保水性が高いためで、転化糖の含有量が多い上白糖を使うと、製品そのものはしっとり焼き上がりますが、生地がだれやすくなって焼き上がりのボリュームは小さくなりがちです。

　この他、上白糖は転化糖の含有量が多いため、あとを引くような甘味が強く出るという違いもあります。

砂糖の種類の違いによる焼き上がりの比較

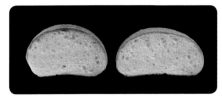

※基本の配合(⇒p.289)のうち、砂糖の配合量を10%にして、種類をグラニュー糖、上白糖にして作製したものを比較

グラニュー糖(左)、上白糖(右)

参考 ⇒**p.312・313**「テストベーキング **13 甘味料の種類**」

Q100 柔らかくてしっとりしたパンを作るには、砂糖を加えるとよいですか？
＝砂糖の保水効果

砂糖を加えるとクラムが柔らかくなり、しっとりと焼き上げることができます。

　砂糖には親水性という性質があって、水を吸着し（吸湿性）、吸着した水を保持します（保水性）。これらの働きによって、砂糖を配合したパンは、クラムが柔らかく、しっとりと焼き上がります。

● **クラムを柔らかくする**

　パンのミキシングや焼成の際、生地の中で砂糖は小麦粉、塩などの乾燥材料と水を奪い合います。特に水を必要とするのは小麦粉です。小麦粉のグルテンは、タンパク質が水を吸収してよくこねられることによってできるからです。

　ミキシングでは、ボウルに小麦粉、イースト（パン酵母）、塩、水などを入れて混ぜ始めます。この時、材料に砂糖が加わると、本来は小麦粉が吸収するはずの水を、いち早く砂糖が吸収し始めます。そのため、小麦粉のグルテンが若干できにくくなってしまいます。このように、パンの弾力のもととなるグルテンの量が抑えられた分、生地ののびがよくなり、柔らかくなります。

● **クラムをしっとりと焼き上げる**

　生地に加えた砂糖（ショ糖）の一部は、発酵の早い段階でイーストのインベルターゼという酵素によってブドウ糖と果糖に分解されます。砂糖は、吸着した水を保持する「保水性」を持ち合わせていますが、ブドウ糖と果糖に分解されると、さらに保水力が高まります。

　焼成では、オーブンの中でパン生地の水分が蒸発して焼き上がりますが、生地が高温下にさらされても、砂糖は保水性があるため、吸着した水を離さず保持します。よって、砂糖を生地にたくさん加えるほど、生地に水分が残ってしっとりと焼き上がります。

Q101 パンに砂糖を配合すると、翌日でも硬くなりにくいのはなぜですか？
＝デンプンの老化を遅らせる砂糖の保水性

発酵に使われずに残った砂糖の保水性によって、デンプンが硬くなりにくくなるからです。

　パンのふんわりとした組織は、小麦粉に70〜78％含まれるデンプンが、水と熱によって糊化（α化）して作られます（⇒**Q36**）。デンプンが糊化している時は、デン

プンの粒中のアミロースとアミロペクチンの構造が規則性を失い、それらの構造の間に水分子が入り込んでいます。

　焼きたてのパンが時間の経過で硬くなるのは、デンプンが糊化の状態から、もとの規則性のある状態に戻ろうとして、アミロースやアミロペクチンの構造に入り込んでいた水分子が排出される「デンプンの老化（β化）」という現象が起こるからです。そこに冷却がともなうと、さらに老化は進み、パンは硬くなります（⇒**Q38**）。

　砂糖を配合することでパンのクラムが硬くなるのを防げるのは、この老化が進みにくくなるからです。

　パン生地の中で、砂糖（ショ糖）は、発酵の早い段階で、イースト（パン酵母）のインベルターゼという酵素によって、その一部がブドウ糖と果糖に分解され、発酵に使われます。ショ糖のまま残ったものや、発酵に使われなかったブドウ糖や果糖は、水に溶けた状態で存在していることもあります。パンの焼成でデンプンが糊化する時に、これらの糖類は水とともにデンプン粒中のアミロースやアミロペクチンのゆるんだ構造の隙間に入り込みます。

　糖類、その中でも果糖は、水を吸着して保持する「保水性」が高いことから、焼成後に時間が経ってデンプンが老化し始めた時に、デンプンから水分子が排出されにくくなります。それによって、砂糖を配合しない場合と比べて、クラムを柔らかく保つことができるのです。

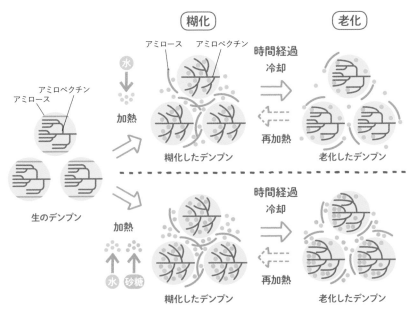

※再加熱の矢印が点線なのは老化したデンプンを再加熱しても、もとの糊化に完全には戻らないこと表している（⇒**Q39**）

砂糖を生地に均一に混ぜるにはどうしたらよいですか？
=砂糖を生地に配合する時の注意点

 溶けにくいタイプの砂糖は、仕込み水に溶かしてミキシングするとよいでしょう。

　グラニュー糖や上白糖など粒子の細かい砂糖は、小麦粉などの粉類と合わせてミキシングを開始しますが、白ザラ糖のように粒の大きいものや、黒砂糖のようにかたまりになっているものを使用する場合は、粉に直接加えると生地全体に分散しにくかったり、溶け残ったりするおそれがあります。

　そうした場合は、仕込み水の一部を取り分けて砂糖を溶かしてから加えると、生地全体に分散しやすく、溶け残ることもありません。

 生地に砂糖を多く配合する場合、仕込み水の量は変化しますか？
=砂糖が仕込み水の分量に与える影響

 仕込み水に砂糖が溶けると液体の量が増すので、仕込み水の分量は少なくします。

　砂糖の主成分であるショ糖は水に溶けやすい性質（溶解性）があり、水に溶けて水の容量を増加させるという特徴があります。

　ですから、無糖のパンの配合をベースとして、砂糖を加えた配合にする場合、仕込み水に砂糖が溶けて増量するため、水の配合量がもとのままだとパン生地が柔らかくなりすぎてしまいます。よって、水の配合量を減らす必要があります。

　砂糖を小麦粉に対して5％以上加える時には、5％増やすごとに、仕込み水の配合量を約1％ずつ減らすように調整するとよいでしょう。

 砂糖のかわりに、はちみつやメープルシロップを使うことはできますか？ また、使用する際の注意点はありますか？
=はちみつやメープルシロップの生地への影響

 はちみつやメープルシロップは、砂糖と成分が違い、甘味も違うので、分量を調整します。

　砂糖のかわりに、はちみつやメープルシロップを使って、独特の風味と香りをもつパンを作ることができます。これらを配合する際は、仕込み水に溶かして加えます。

　例えば、はちみつならば、目安として小麦粉の15％以上、メープルシロップでは

小麦粉の10％以上配合すると十分に特徴が出るでしょう。

　砂糖を配合したパンの分量を基本として、これらの甘味料で砂糖を全量おきか
えて配合を考えていく際には、注意すべき点がいくつかあります。

　また、どのくらいの量のはちみつやメープルシロップを使えば、その特徴を活か
した味に仕上げられるかは、製品によっても違いますし、作り手の好みによって
もかわるので、いろいろと試してみるとよいでしょう。

●はちみつを使う場合の注意点

水分量を減らす

　生地に配合したグラニュー糖をそのままはちみつにおきかえて、仕込み水を減らさずに
作ると、写真のようにはちみつ入りのパンは生地がだれてボリュームが小さくなってしまい、
歯切れや口溶けも悪くなります。

　グラニュー糖はサラサラしていて水分をほとんど含みませんが、はちみつはどろどろし
ていて粘性があり、水分を約20％含んでいます。同量を砂糖とおきかえるだけでは、配合
される水分量が増えて生地が柔らかくなってべたつくので、配合するはちみつの量の約
20％の重量の仕込み水を減らします。

グラニュー糖とはちみつで作ったパンの比較

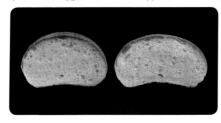

グラニュー糖（左）
はちみつ（右）

※基本の配合（⇒p.289）
のうち、砂糖の配合量を
10％にして、種類をグラ
ニュー糖、はちみつにして
作製したものを比較

甘味を強く感じる

　グラニュー糖は水分がほとんどなく、ショ糖を99.97％含んでいます。はちみつは水分を
含むにもかかわらず、同量でおきかえると甘味を強く感じます。

　はちみつは糖を約80％含みますが、その成分はグラニュー糖とは大きく異なり、果糖と
ブドウ糖が70％以上を占めており、ショ糖は糖全体の2％ほどしかありません。

　はちみつは種類によって果糖の方が多いもの、ブドウ糖の方が多いものがあり、これら
が含まれる割合に差があります。例えば、レンゲやクローバーのはちみつは、果糖の割合
が多いです。ショ糖の甘味度を100とした時に、果糖の甘味度は115〜173、ブドウ糖の甘
味度は64〜74ですので、使うはちみつの果糖とブドウ糖の割合によっても甘さはかわっ
てきますが、一般的には砂糖よりもはちみつの方が甘味を強く感じるといわれています。

　また、はちみつは灰分がグラニュー糖よりも多く、それによって甘味にコクがあるのも
特徴です。

焼き色が濃くなる

　はちみつは還元糖である果糖とブドウ糖が多く、アミノ‐カルボニル（メイラード）反応が起こりやすいので、はちみつを配合したパンはクラストの色が濃くなります。

しっとり仕上がる

　果糖はショ糖よりも保水性が高いため、はちみつを使用するとパンがしっとりと仕上がります。

●メープルシロップを使う場合の注意点

　メープルシロップには水分が約30%含まれています。そのため、配合するメープルシロップの約30%の重量の仕込み水を減らします。

　糖類は、ショ糖が64.18%、果糖が0.14%、ブドウ糖が0.11%含まれています。ショ糖の割合が高いので、果糖とブドウ糖中心のはちみつのように甘味が強かったり、焼き色が濃くついたり、しっとり仕上がるということはありません。しかし、はちみつと同様に灰分がグラニュー糖よりも多いので、甘さにコクや深みが感じられます。それらが独特の風味となり、メープルシロップの味を特徴づけています。

参考 ⇒p.312・313「テストベーキング13 甘味料の種類」

Q105　パンに砂糖を加えずに、もちもち、しっとりさせる方法はありませんか？
＝トレハロースの特徴

A　保水性のある甘味料、トレハロースを利用するのもひとつの手段です。

　日本人は昔から粘りのある食物を好み、「モチ性」の穀物を好んできました。現在の日本には、その嗜好が反映された独特のパン文化があります。

　特にソフト系のパンでは、もちもちした食感、しっとりとした質感が求められることがあります。ここでいう「パンがもちもちする」というのは、「歯切れがよい」の反対で、「噛みちぎりにくく、弾力が強い（引きが強い）」ことが、「柔らかい」「しっとりしている」ということと相まって「もちもちした食感」という表現になっているのでしょう。

　砂糖や水の配合を増やすことによって、その食感と質感に近づけることもできますが、トレハロースを加えることによっても、それらの特徴を出すことができます。

　トレハロースとは、日本では機能性のある糖として食品添加物（既存食品添加物⇒Q139）に指定されている、とうもろこしなどのデンプンに酵素を作用させて作った糖です。

　トレハロースは保水性が高いので、もちもちして、柔らかく、しっとりした食感と質感を生み出すことができます。また、焼き上がったパンが時間の経過とともに硬くなるのを防ぐ働きもあります。パンが硬くなるのは、水を吸って糊化（こか）（α化）したデンプンの構造から水が排出されて老化（ベータ）（β化）してしまうことによって起こりますが、トレハロースが水を保持することによって、デンプンの老化を遅らせることができます。

　トレハロースは糖の一種ですが、パンにトレハロースを使用する際には、使用量にもよりますが、砂糖の一部をトレハロースにおきかえるのではなく、トレハロースを追加します。イースト（パン酵母）はトレハロースをアルコール発酵に使えないため、砂糖の一部をトレハロースにおきかえると、発酵力が落ちる場合があるからです。

　砂糖が入る上にトレハロースも加えるというと、パンが甘くなるのを懸念するかもしれませんが、例えば食パンの配合に加えるとしても、小麦粉に対して数%です。トレハロースの甘味度は、グラニュー糖を100とした時に38しかないので、それほど甘くなることはありません。

　また、本来は砂糖を入れないパンであっても、使用量が少なければ甘味を感じにくいので、好みの食感に近づけるために加えることも可能です。

生地に配合する砂糖の量によってパンの膨らみはかわりますか？
=適切な砂糖の配合量

砂糖がなくてもパンは膨らみます。多すぎると膨らみが悪くなります。

　パンは、イースト（パン酵母）がアルコール発酵によって発生する炭酸ガスを利用して膨らみます。アルコール発酵には糖類が必要ですが、砂糖を加えなくても（配合量0%）、パンを作ることはできます。

　フランスパンをはじめ、リーンな配合の食事パンには、砂糖を配合しないものも多くありますが、これはイーストがもつ酵素が小麦粉のデンプン（損傷デンプン⇒Q37）を分解し、発酵に使うことが可能な最小単位の糖にかえて発酵を進めることができるからです。

　では、パンに砂糖を配合する場合はどうでしょう。イーストは、小麦粉のデンプンから糖類を得る以外に、砂糖を自らの酵素で分解して最小単位の糖類にかえて発酵に使うことができます。砂糖は小麦粉のデンプンよりも、比較的早く分解されて発酵に使われていきます（⇒Q65）。

　砂糖の配合量が0%と5%の生地を60分発酵させて、ボリュームを比較しました（⇒次ページの写真参照）。砂糖の配合量を5%にしたパン生地の方がよく膨らみ、イーストが砂糖を利用して活発にアルコール発酵を行っていることがわかります。

砂糖の配合量の違いによる生地の膨らみの比較

グラニュー糖0%（左）、5%（右）

※基本の配合（⇒p.289）のうち、砂糖（グラニュー糖）の配合量を
0%、5%にして作製したものを比較

　しかしながら、イーストは本来、糖類が多い環境には耐えられません。生地に配合された砂糖がどんどん分解されていくと、生地中の浸透圧が高くなり、イーストは細胞内の水分を奪われて収縮してしまうからです（⇒**Q71**）。

　それでは続いて、これらの配合量0%と5%の生地に加えて、10%と20%の生地でも、焼き上がったパンの膨らみを比較してみましょう。

　下の写真を見ると、砂糖の配合量が5〜10%のものはパンのボリュームが大きいですが、砂糖が20%になるとボリュームが出ていないことがわかります。

　このため、砂糖が多く配合された生地には、浸透圧の影響を受けにくく、高糖の生地中でも高い発酵力を維持できる酵母を選んで製造された「高糖用」のイーストを使用します。これらのイーストの中には、粉に対して30%以上の砂糖が配合されても、問題なくパンが膨らむものもあり、主に菓子パンに使用されています。

砂糖の配合量の違いによる焼き上がりの比較

左から、グラニュー糖0%、5%、10%、20%

※基本の配合（⇒p.289）のうち、砂糖（グラニュー糖）の配合量を
0%、5%、10%、20%にして作製したものを比較

参考 ⇒p.310・311「テストベーキング12 砂糖の配合量」

ドーナッツにまぶした砂糖が溶けてしまいました。溶けにくい砂糖はありますか？
=ドーナッツシュガーの特性

 グラニュー糖に加工をしたドーナッツ専用の砂糖だと水分を吸着しにくいです。

ドーナッツの仕上げに粉砂糖をまぶすと、やがて溶けてしまいます。これは、砂糖には水分を吸着しやすい性質があるからです。そのため、ドーナッツに砂糖をまぶす場合には、ドーナッツシュガーとよばれる溶けにくい砂糖を使用します。

ドーナッツシュガーは、グラニュー糖にオイルコーティングをしたり、乳化剤を加えた特殊な加工をほどこすなどして、水を吸着しにくくしてあります。

なお、ドーナッツシュガーを使うとしても、ドーナッツがまだ熱いうちは表面の油や蒸発中の水分でドーナッツシュガーが溶けるので、粗熱がとれてからまぶします。

左半分にはドーナッツシュガーを、右半分には粉砂糖をふったドーナッツ

油脂

バターやマーガリンなどの油脂を加えずにパンを作れますか？
＝油脂の役割

最もリーンなパンは油脂を配合しませんが、油脂を加えると製パン性は向上します。

　発酵パンの基本材料は、小麦粉、イースト（パン酵母）、塩、水であって、油脂がなくてもパンは作れます。フランスパンなどのハード系のパンでは、基本的に油脂は使いません。その一方で、ソフト系のパンのように、必ずといってよいほど油脂を加えるパンも多くあります。その目的は以下の通りです。

①クラムを柔らかくきめ細かくする
②クラストを薄く柔らかくする
③膨らみをよくして、焼き上がりのボリュームを大きくする
④コクや風味、香り、色（油脂によっては）を与える
⑤保存中に硬くなるのを防ぐ

　さて、油脂を加えるとパンがふんわりとソフトに焼き上がるのは、なぜでしょうか。
　油脂として使用されるのは、主にバターなどの固形油脂です。ミキシングによってバターは、グルテンの膜に沿って、あるいはデンプンの粒子の間に薄い膜状に広がります。
　その後、発酵でイーストが炭酸ガスを発生させると、その気泡の周りの生地が押し広げられ、引きのばされていきます。それにともなってグルテンの膜がのびると、バターも力を加えられた方向に薄くのびていき、その形を保ちます。この時、バターのおかげでグルテン同士がくっつきにくくなり、すべりがよくなって、グルテンの膜がのびやすくなります。
　その結果、発酵や焼成で生地がよく膨らみ、焼き上がりのボリュームが大きく

なるのです。

　それに加えて、パンの組織の中に油脂の層が広がっているので、焼き上がっても組織全体の柔軟さが保たれます。かつ膨らみが増しているので、ソフトな口当たりにもなります。

　また、油脂を加えることで、パンが時間の経過によって硬くなるのを防ぐことができます。油は水を通さないので、油脂が配合されるとパンの水分が蒸発しにくくなり、それだけデンプンの老化（β化）も進みにくくなるからです（⇒**Q**38）。

 生地にバターを混ぜ込むタイミングや、適切な硬さを教えてください。
=ミキシング時の固形油脂の使い方

 グルテンが形成されたのちに、常温に戻したものを加えます。

　パン生地に配合する固形油脂は、小麦粉、イースト（パン酵母）、塩、水などの材料をミキシングして、生地にグルテンが形成されて弾力が出てきてから加えるのが基本です。最初から油脂が混ざっていると、グルテンが形成されにくくなるため、ある程度グルテンが形成されてから加えます。そうすることで効率よくミキシングを行うことができます。

　バターを使う場合は、常温に戻して適度な硬さに調節して使うことが大切です。かたまりのバターを指で押してみた時、指先に力を入れて押すと指が中に入っていくような状態がよいです。バターが適度な硬さならば、ミキシングで生地に圧力がかかってグルテンの膜がのびる際、バターはグルテンの膜と同じ方向にのびていきます。そして、薄い膜状になり、グルテンの膜に沿って、またはデンプンの粒子の間に広がって分散します。その後の発酵でも、生地が膨らんでグルテンの膜が引きのばされるのと同じ方向に薄くのびていき、グルテン同士がくっつくのを防ぐとともに、潤滑油の役割を果たします。

　このようにバターが薄い膜状にのびることができるのは、可塑性が備わっているからです。

　油脂における可塑性とは、固体に外力を加えて変形させた後、力を取り去ってももとに戻らない性質のことです。バターでいえば、冷蔵庫の中では硬く冷えかたまっていますが、常温に戻してしばらくすると、指で押すと粘土のようにへこんだり、手で自由に形作ることができるようになります。この常温のときの性質をいいます。

　バターでこの性質を活かすことができる温度帯は、13〜18℃と限られています。そのため、バターの温度を上げすぎてしまって、柔らかくなりすぎたり溶けたりしてしまうと、可塑性が失われるので注意が必要です。

　バター以外の固形油脂も、低温で硬くなるものが多く、そうなると生地に均一

に混ざりにくいため、基本的には常温で柔らかくしたものを使用します。しかし、バターと同様に、温度が高くなって、柔らかくなりすぎたり、溶けたりしてしまうと可塑性が失われてしまいます。

力を入れても指が入らない状態では硬すぎて生地に混ざりにくい(左)。
適正な硬さ(中)。抵抗なく指が入る状態は柔らかすぎる(右)

Q
110

いったん溶けたバターは、冷やせばもとの状態に戻りますか？
＝溶けたバターの変質

バターの特性である可塑性を失っており、もとの状態に戻すことはできません。

　温度が上がるとバターが溶けてくるのは、バターに含まれる固体脂と液体脂のバランスが変化することによって起こります。バターが冷えかたまっている時には、固体脂がほとんどを占め、β'型という、分子が緻密に充填された結晶型で安定しています。

　温度を上げると固体脂は減り、液体脂の割合が増え、溶けてしまったバターは、ほぼ液体脂になります。

　溶けたバターでも、冷蔵庫に入れて冷やせば、再びかたまります。一見、このまま使えそうに見えますが、いったん溶けて再びかたまったバターは、可塑性を失っていて、常温に出すとすぐに柔らかくなってべたつきます。また、口に含むと舌ざわりがざらっとしていてなめらかさがなくなっています。

　ひとたび溶けてかたまったバターは、α型という、分子の充填状態がゆるい結晶型にかわって不安定になっています。不安定なα型になった構造が、安定したβ'型に戻ることはありません。つまり、一度失った可塑性は戻らないので、バターの柔らかさを調節する時には、溶けないように注意を払うことが必要なのです。

　可塑性を失ったバターを使用すると、パンの膨らみが悪くなるおそれがあります。

パン作りにはどんな油脂を使うことができますか？　それぞれの風味や食感の特徴も教えてください。
=パンに使用する油脂

 バター、マーガリン、ショートニングなどの固形油脂、サラダ油、オリーブ油などの液状油脂を使うことができます。

　油脂は固形油脂と液状油脂に大別することができます。

　固形油脂であるバターは、パンに独特の風味とソフトさを与えます。

　マーガリンは、バターには劣るとはいえ、近い風味があるうえ、バターに比べて可塑性を保つ温度範囲が広いので扱いやすく、安価です。バター同様、パンにソフトさや歯切れのよさを与えてくれます。

　ショートニングは無味無臭でパンに余計な風味をつけることがなく、また、マーガリンと同様に可塑性の範囲が広くて扱いやすい油脂です。パンに歯切れのよさを与えて食感に軽さを出し、ソフトさも与えてくれます。

　液状油脂は可塑性をもたず、固形油脂に比べて生地の膨らみが劣るため、クラムの目が詰まり、もちもちとした食感になります。また、各種サラダ油のように目立った風味がないものは別として、オリーブ油などは原材料となる素材の風味をパンに与えることができます。

パン作りに用いる主な油脂の成分比較

（可食部100gあたりのg）

		水分	タンパク質	脂質	炭水化物	灰分
固形油脂	バター（食塩不使用）	15.8	0.5	83.0	0.2	0.5
	バター（加塩）	16.2	0.6	81.0	0.2	2.0
	マーガリン（食塩不使用・業務用）	14.8	0.3	84.3	0.1	0.5
	ショートニング（業務用・製菓）	微量	0	99.9	0	0
液状油脂	大豆油（※コーン油、なたね油なども同じ）	0	0	100.0	0	0
	調合油（※ブレンドされた各種サラダ油を指す）	0	0	100.0	0	0
	オリーブ油（エキストラバージンオイル）	0	0	100.0	0	0

（『日本食品標準成分表(八訂)』文部科学省科学技術・学術審議会 より抜粋）

マーガリンやショートニングは代用品から始まった

マーガリンは1869年にフランスで生まれました。戦争中にバターが不足して手に入りにくかった時に、ナポレオン3世が代用品を懸賞募集した際、フランス人の化学者イポリット・メージュ・ムーリエが考案しました。それは、上質な牛脂に牛乳などを加えて冷やしかためたもので、現在のマーガリンの原型といわれています。

現在のマーガリンは、植物性油脂（大豆油、なたね油、綿実油、パーム油、ヤシ油など）を主な原料として（一部には魚油、豚脂、牛脂などの動物性油脂も用いられる）、バターに似せるために粉乳や発酵乳、香料、着色料などを添加し、水分を加えて練り合わせ、乳化させて作られています。

ショートニングは、19世紀末のアメリカでラードの代用品として開発されました。現在のショートニングは、植物性油脂を主な原料として（動物性油脂を用いたものもある）、液状の油脂に水素添加するという硬化技術によって硬さを与えて作られています。ほぼ100％が油脂成分でできている、無味無臭の白色の油脂で、酸化防止のために窒素ガスを混入した固形油脂の状態で一般に出回っています。

 Q 112 バターのかわりにマーガリンを使うと焼き上がりに違いが出ますか？
＝マーガリンの長所

 A マーガリンはバターに比べ、風味はやや劣りますが、パンにボリュームが出て、ソフトさを保てるうえ、経済的です。

　バターは、生乳から乳脂肪分の高いクリームを作り、激しく攪拌して脂肪球を融合させて水分を分離し、脂肪球を集めて取り出したもので、乳脂肪分の中に約16％の水分が乳化して混ざり合っています。

　一方、マーガリンは、そもそもバターの代用品として製造されたことが始まりで、日本ではJAS規格で油脂の含有率は80％以上、水分は17％以下、乳脂肪含有率は40％未満と定められています。マーガリンは、バターに近い風味をもちながら、バターより安価で、供給が安定しているので、パンの製造によく使われます。

　バターを模したものとはいえ、マーガリンには作業性においてバターに勝る点があります。パン生地に油脂を練り込む際に、生地の中に薄い膜状に油脂を分散させるためには、油脂の可塑性が重要となります（⇒**Q109**）。バターの可塑性は13～18℃の限られた温度帯でしかその性質を発揮できませんが、マーガリンでは10～30℃と可塑性を示す温度範囲が広いのです。そのため、バターよりも適度な柔らかさに調節しやすく、作業性に優れます。

　また、バターよりもパンのボリュームが出しやすく、ソフトさも長く保つことができます。マーガリンは、風味ではバターに劣るとはいえ、バターよりも味わいが

あっさりとしていたり、製品ごとに味や香りの違いがあったりするので、パンを作り比べてみて好みのものを見つけるとよいでしょう。

 コンパウンドマーガリンとは何ですか？ どんな時に使いますか？
=コンパウンドマーガリンの特徴

 植物性油脂に動物性油脂であるバターを配合したマーガリンです。使い方はバターやマーガリンと同様です。

「コンパウンド（compound）」には「複合物、化合物」という意味があります。

通常、マーガリンは植物性油脂を主として作られていますが、コンパウンドマーガリンは植物性油脂に動物性油脂のバターが配合されており、バターの風味とマーガリンの利便性を兼ね備えた製品です。バターの配合率に規定はなく製品によって様々ですが、マーガリンと同様に優れた製パン性があります。

バターの配合率の一例は、少ないもので10数％、多いものでは60％以上の製品もあります。どの程度バターのコクと風味が欲しいかを考えて製品を選ぶとよいでしょう。

 ショートニングを配合するとどんなパンになりますか？ バターと比べて味や食感に違いは出ますか？
=ショートニングの特徴と使い方

 歯切れのよい食感を得られます。また、その他の材料の香りなどを邪魔しません。

パンに配合する油脂は、バターやマーガリンなど味や香りのあるものだけではなく、無味無臭のショートニングを用いることもあります。ショートニングは、クッキーやビスケットにサクサクとしたもろさを与えて、食感を軽くするのに利用されています。このような油脂の性質をショートニング性といいますが、語源は英語の「shorten（サクサクさせる、もろくする）」で、ショートニングの語源でもあります。

また、製パンにおいては、パンのクラムやクラストに歯切れのよい食感を与えたり、生地の膨らみをよくし、ソフトにする効果があります。ショートニングには可塑性があり、マーガリンと同様に10～30℃でその性質を発揮します。近年の研究では、パン生地に練り込まれたショートニングは、バターやマーガリンが薄い膜状になって広がるのとは異なり、細かい油滴の状態で分散しているのではないかとされています。油滴状になったショートニングがグルテン膜の表面や膜中に取り込まれて分散すると、グルテンののびがよくなって生地がのび広がり、発酵や焼成で生地が膨らみやすくなります。

　また、焼成の際には、グルテンの膜中に油滴状に分散した油脂が溶けてグルテンに一部しみ込んだ状態で焼けるので、バターやマーガリンと違って、焼成後のグルテンの組織にもろさが生じて、クラムやクラストの歯切れがよくなります。そのほか、ショートニングを配合したパンは、バターを配合したパンよりも焼き色が薄くなる、パンに油脂の味や香りが加わらない、といった特徴もあります。

　ショートニングはほぼ100％無味無臭の脂質で構成されていますが、バターには脂質と水分以外に、炭水化物が0.2％、タンパク質が0.5％程度含まれています。その炭水化物（糖類）とタンパク質（アミノ酸）が加熱されると、アミノ-カルボニル（メイラード）反応が起こり（⇒**Q**98）、褐色物質と芳香物質が発生してバター特有の焼き色とこうばしい香りになるのです。一方、ショートニングには香りはありませんが、焼き上がったパンの食感については、前述の理由からバターを使うよりもソフトで歯切れのよいものになります。

　以上のような特徴から、ショートニングを単体で使うのは、主に小麦の香りを活かすために余計な風味を与えたくない時や、歯切れのよい食感や膨らみの効果を期待したい時などです。実際のパン作りではバターと併用することでバターの味や香りを活かしつつ、歯切れのよさやボリュームを出します。作りたいパンの風味や食感などを考慮し、単体で使うか、バターと併用するかを決めるとよいでしょう。

参考 ⇒p.314・315 「テストベーキング**14** 油脂の種類」

パンに配合するバターを液状油脂に代えると、焼き上がりに違いは出ますか？
＝液状油脂の特徴と使い方

ボリュームが出にくくなり、焼き色もつきにくくなります。

　パンに配合するバターを、バターと同様に固形油脂で可塑性（⇒**Q**109）をもつ、マーガリンやショートニングにかえた場合、焼き上がりのボリュームは同程度かそれ以上になります。

　それは、可塑性のある油脂が練り込まれた生地では、グルテンが引きのばされた時に油脂がある程度の硬さをもって生地と一緒にのび、のびた状態のまま油脂の形を保つことができ、発酵の際にも生地が膨らんだ状態を維持しやすいからです。

　一方、バターをサラダ油やオリーブ油などにかえた場合、これらの液状油脂には可塑性がなく、固形油脂のような硬さもありません。そのため、油脂を加えることによって、生地がよくのびるようにはなりますが、可塑性をもつ油脂に比べて、生地に張りがなくだれやすくなり、膨らんだ状態を保つことができずに横広がりになってしまいます。その結果、焼き上がりのパンにボリュームが出にくくなります。

　また、ショートニングと同様に、バターを配合した時に比べて焼き色が薄くなります。液状油脂は脂質100％で、アミノ-カルボニル（メイラード）反応（⇒**Q**98）にかか

わる成分をもたないからです。

このような理由から、パンに配合するバターを、香りが弱いサラダ油に代えて作ることはまずありません。しかし、同じ液状油脂でも、オリーブ油はさわやかな香りが独特で、その香りと液状油脂が生地に与える影響をパンの特徴として活かした、フォカッチャなどのパンが知られています。

油脂の種類の違いによる焼き上がりの比較

左から、バター、ショートニング、サラダ油

※基本の配合（⇒p.289）のうち、油脂の配合量を10%にして、ショートニング、
バター、サラダ油にして作製したものを比較。

参考 ⇒p.314・315「テストベーキング14 油脂の種類」

 お菓子作りでは主に食塩不使用のバターを使いますが、パン作りでは加塩のバターでもよいのですか？
=製パンに適したバターの種類

 食塩不使用のバターを使った方がよいです。

パン作りでも、お菓子作りと同様に、通常は食塩不使用のバターを使います。

一般的な加塩（有塩）のバターには、塩分が1〜2%含まれています。例えば小麦粉1kgを使用するパン生地に、塩分が約1.5%含まれている加塩バターを200g使用したとします。その場合、バターの塩分量は約3gになります。これをベーカーズパーセントで考えると約0.3%です。

塩は小麦粉に対して2%程度の使用量が一般的で、塩が0.3%も増えると、パンの味にはっきりと影響します。つまり、食塩不使用のバターを使うのは、バターの使用量が多い場合にパンの味がかわるのを防ぐためです。

ちなみに、加塩バターを使い、その分の塩分量を計算して、生地に混ぜ込む塩を減らせばよいかというと、そうではありません。塩には、グルテンの構造を密にして、生地の粘りと弾力を強める効果があります（⇒**Q82**）。しかし、バターはミキシング後半に加えるため、バターに含まれる塩にその効果はのぞめず、グルテンができにくくなるだけだからです。

固形油脂と液状油脂では、パン生地のミキシング時に加えるタイミングをかえる必要がありますか？

=油脂を加えるタイミング

固形油脂はミキシング中盤で、液状油脂はミキシング初期に加えます。

　パン作りでは、ミキシングの初期は油脂を加えずに生地をこねて、グルテンをしっかりと形成させます。そして、グルテンができて生地に弾力が出てきたミキシング中盤で、油脂を加えます。これは、始めから油脂を加えると、油脂が小麦粉のタンパク質同士の結合を阻害して、グルテンができにくくなるからで、バターやショートニングなどの固形油脂は、ミキシング開始直後ではなく、ある程度生地のつながりができてから加えるのが基本です（⇒p.197~199「バターロール」）。

　それに対して、液状油脂であるサラダ油やオリーブ油などを固形油脂と同様にミキシング中盤で加えると、つながりができて弾力のある状態の生地になじみにくく、油が生地の上をすべってうまく混ざっていきません。しっかりと生地に混ぜ込もうとすると、長時間ミキシングすることになり、生地にも負担がかかります。

　そのため、液状油脂を生地に加える場合は、基本的にミキシング開始直後に油脂を加えます。なお、油脂を早い段階で加えるとグルテンの形成を阻害しますが、液状油脂を使用するパンの場合、強いグルテンのつながりを必要としないものが多いです。

パンに固形油脂を配合する場合、何%程度配合したらよいでしょうか？

=固形油脂の配合量

ソフトに仕上げたい時は3%以上、バターの特徴を出したい時は10～15%を配合します。

　パンに固形油脂を加える目的が、ふんわりと膨らませてソフトな食感にしたいということであれば、小麦粉に対して3%以上加えます。例えば、食パンでは3～6%を加えるのが一般的です。

　しかし、同時にボリュームを大きくするという目的もある場合には、6%を超えて油脂を加えると、膨らみがさまたげられてしまいます。

　一方、バターの芳醇な味と香りを感じさせるためには、10%程度は加える必要があります。バターが味の要となるバターロールでは、小麦粉に対して10～15%、バターを練り込む量が多いブリオッシュにいたっては30～60%も加えます。

参考 ⇒p.316・317「テストベーキング15 バターの配合量」

Q119 バターとショートニングでは水分含有量が違いますが、バターをショートニングにおきかえる場合、水の配合量を考慮する必要はありますか？

＝油脂の水分の影響

 A 特に配合はかえず、調整水で微調整します。

バターには水分が約16％含まれています。マーガリンもバターと同程度の水分量ですが、ショートニングはほぼ100％油脂でできていて、水分がほとんど含まれていません。

このように水分量の違いはありますが、バターをショートニングにおきかえる場合には、バターとの水分差を考えるようなことは特にしません。厳密に考えれば、調整が必要ですが、通常であれば、ミキシングの際に調整水で調整できる範囲です。とはいえ、バターが20％以上も配合されるリッチな生地の場合には、バターをショートニングにおきかえると、単純計算で3％以上の差が出るため、仕込み水の分量を増やします。

 Q120 クロワッサンに使用する折り込み用のバターは、どのようにのばしますか？

＝バターの可塑性を利用したクロワッサンの成形

 A バターを麺棒で叩いてから使うと、粘土のように成形できるようになります。

クロワッサンは、パン生地とバターが幾重にも重なった折り込み生地でできています。折り込み生地を作るにはまず、発酵させたパン生地をのばし、そこにシート状に四角くのばしたバターをのせ、生地で包みます。次に、これをパイローラーにかけて薄くのばし、生地とバターが層状になった状態を保ちながら、三つ折りにたたんではのばす「折り込み」の作業をします。

バターをシート状にのばす際には、バターの可塑性（⇒**Q**109）を利用します。バターはかたまりのまま冷やしておき、これを麺棒で叩いて薄くします。こうして力を加えながら可塑性が発揮できる13℃まで温度を上げていくと、粘土のように形を自由に作ることができて、生地と同様に麺棒でのばせる硬さになるのです。

パン屋さんやお菓子屋さんのドーナッツが、家で作ったもののようにはべたつかないのはなぜですか？
=フライ専用ショートニングの特徴

 フライ専用のショートニングを使用しているからです。ショートニングは常温になると固体に戻るため、油がしみ出しにくくなります。

　ドーナッツを家庭で作ると、揚げたては表面がサクッとしておいしいのですが、時間が経つと油がまわって、油っぽく感じてしまいます。

　パン屋さんやお菓子屋さんでは、ドーナッツやカレーパンなどの揚げパンをトレイに置いておいても、油がしみ出すということはさほど起こりません。なぜなら、家庭で揚げる場合と違って液状油脂は使わず、フライ専用のショートニングで揚げているからです。

　フライ専用ショートニングは、普通のショートニングと同様に常温では白い固形の脂ですが、フライヤー（揚げ鍋）に入れて熱すると溶けて液状になり、普段家庭で使われている液状油脂と同じように揚げものに使えます。フライ専用ショートニングは、液状油脂とは違い、冷めて常温になると、溶けていた油が再び固体に戻るのです。

　つまり、ドーナッツに吸収された油が冷めて陳列されている時には、固形状に戻っているので、ドーナッツをトレイの上に置いても油がしみ出しにくいのです。食べた時も、油がかたまっているので、サクサクと感じやすくなります。

　一方、サラダ油などの液状油脂で揚げると、冷めてからもドーナッツや揚げパンにしみ込んでいる油は液状です。そのため、生地の内部の方にも油がしみ込んで油がまわったように感じたり、表面がべたつきやすくなるのです。

卵

卵を個数で記載しているレシピでは、どのサイズの卵を選べばよい
のでしょうか？
=製パンに適した卵のサイズ

個数表示の場合はMサイズを使用すればよいでしょう。

　卵（鶏卵）のサイズは、農林水産省が定めた『鶏卵規格取引要綱』により、左下の
表のように決められています。卵はSSからLLまで分類され、規格内で最も小さ
いものは40g、大きいもので76g、と差があります。

卵の大きさと重量における規格

種類	鶏卵1個の重量（殻つき）
SS	40〜46g未満
S	46〜52g未満
MS	52〜58g未満
M	58〜64g未満
L	64〜70g未満
LL	70〜76g未満

（『鶏卵規格取引要綱』農林水産省事務次官通知）

左からSS、S、M、L、LL（MSのみ写真なし）

　すべてのサイズの卵を割ってみると、卵黄の大きさにはあまり差がなく、卵の
サイズが大きいものは卵白の量が多いということがわかります（➡次ページの写真参照）。
　家庭用ではMサイズ、Lサイズが多く売られていますが、卵殻と卵殻膜（重量の
約10%）を除いた全卵では、Mサイズで約50g、Lサイズで約60gです。卵黄はどの
サイズの卵もおよそ20gで、SSであれば20g未満、LLは20gを数g上回ります。

卵のサイズ別の体積比較

左からS、M、Lサイズの卵

　大きい卵ほど卵白の量が多いわけですが、さらに詳しくいうと、身近なMサイズとLサイズでも1個あたり約10gの開きがあり、Mサイズで約30g、Lサイズで約40gです。

　そのため、レシピに全卵や卵白を使う場合に、分量が個数で示されていたら、どのサイズを使うかによって、個数が増えるほど差が大きくなります。したがって、特に指定されていなければ、Mサイズを使うのが一般的です。

　また、全卵の分量がg数で示されている時には、個数表記の場合と同様に、Mサイズの卵（卵黄20g、卵白30g）を基準に考え、卵黄：卵白＝2：3になるように調整します。

　卵黄、卵白を別々に計量するレシピであれば、どのサイズを使用しても問題はありません。どちらかが余ってしまうロスをなるべく減らしたい場合、卵白を多く必要とする配合ならばLLサイズの卵を用いると少ない個数で済みますし、卵黄のみを使用するレシピならば小さい卵を使った方が卵白のロスが出にくいといえます。

卵の殻の赤色と白色の違いや、卵黄の色の濃さは何によるものですか？　栄養価に差はありますか？
＝卵の殻・卵黄の色

殻の色は一般的に鶏の種類で決まります。卵黄の色はえさの色素に左右されます。

　卵の殻が褐色のものは「赤玉」、白色のものは「白玉」とよばれ、赤玉の方が価格が高い傾向にあります。

　卵の殻の色は鶏の種類の違いによるもので、栄養的な差はありません。羽毛色が白い鶏は白玉を産み、羽毛色が褐色や黒系統色の鶏は赤玉を産む傾向にあります。しかし、白い鶏が赤玉を産んだり、褐色の鶏が白玉を産む品種もあったり、桜色や薄緑色などの卵を産む鶏もいます。現在では多くの品種が開発されているので、卵の殻の色が羽毛色に関係しているとは必ずしもいえなくなってきました。

　また、日本では昔から卵黄の色が濃い黄色であると、おいしくて栄養価も高い

ようなイメージがあることから、卵黄の黄色が濃い卵を生産する養鶏場が以前よりも多くなりました。

卵黄の色を濃くするためには、鶏のえさ（飼料）にパプリカ、にんじん、黄色トウモロコシなど、カロテノイド系色素を多く含むものを加えます。カロテノイド系色素が多いといっても、β-カロテンを多く摂取できるというほどの量は含まれていません。

ちなみに、色による味や製パン性の差はありませんが、卵黄の色はでき上がったパンのクラムの色に影響を与えます。例えば卵黄がオレンジ色に近い卵を使用したパンは、クラムの色もオレンジ色に近いものになり、白っぽい卵黄の卵で作ったパンは、そのクラムも白っぽくなります。

 全卵を使うのと、卵黄のみを使うのとでは、焼き上がったパンにどのような違いが出ますか？
=卵黄と卵白の成分の違い

 卵黄のみならばしっとりと柔らかく焼き上がり、全卵にすると多少クラムが硬くなりますが、歯切れのよさが加わります。

パン生地に卵を加える場合は、全卵または卵黄を加えるのが一般的です。

卵を加熱するとかたまるのは、卵に含まれるタンパク質の性質に由来します。タンパク質はアミノ酸の立体構造からできており、この立体構造が熱により変形すると、タンパク質同士がくっつき合って凝集します。これが熱凝固（熱によってかたまる）という現象です。この熱凝固はタンパク質を多く含む他の食品（魚や肉類など）にも見られますが、卵は液状であること、卵黄と卵白ではかたまり方が違うというのが特徴です。

卵黄には水分とタンパク質以外に脂質が含まれていますが、卵白は大部分を水分が占めており、それ以外はタンパク質で構成され、脂質はほぼ含まれません。パンは、脂質を多く含む卵黄だけを使うと、しっとりとした柔らかい焼き上がりになります。一方、全卵を使った場合は、卵白が加わることでパン生地の骨組みがしっかりして、焼き上がったパンにさらに歯切れのよさが加わりますが、卵黄だけを使った場合に比べると多少硬くなります。

焼き上がりのボリュームをテストベーキングで比較してみると、卵黄のみを使ったパンは、ボリュームが最も大きくなり、卵白のみを使ったパンはボリュームが抑えられた焼き上がりになりました。全卵を使ったものは卵黄のみを使ったものほどではないものの、全体にボリュームが出ました（⇒次ページの写真参照）。

これらの特徴も理解した上で、パンにどのような食感とボリュームを求めるかを考慮して、全卵と卵黄を使い分けるとよいでしょう

卵の成分比較

（可食部100gあたりのg）

	水分	タンパク質	脂質	炭水化物	灰分
全卵（生）	75.0	12.2	10.2	0.4	1.0
卵黄（生）	49.6	16.5	34.3	0.2	1.7
卵白（生）	88.3	10.1	微量	0.5	0.7

※全卵は、付着卵白を含む卵殻（卵殻の割合は12%）を廃棄し、卵黄：卵白＝38：62の試料を用いている
（『日本食品標準成分表（八訂）』文部科学省科学技術・学術審議会 より抜粋）

全卵、卵黄、卵白の添加による焼き上がりの比較

| 全卵 | 卵黄 | 卵白 |

※基本の配合（⇒p.289）に卵を5%添加し、その種類を全卵、卵黄、卵白にして作製したものを比較。
水は59%に減らす調整を行った

参考 ⇒p.318~321「テストベーキング16・17 卵の配合量①・②」

Q125 卵黄はパンのクラムのきめや膨らみにどんな影響を与えますか？
＝製パンに欠かせない卵黄の乳化作用

A 卵黄に含まれる脂質が乳化することによって、パンに3つの影響を与えます。

　製パンにおける卵の役割は**Q124**で触れましたが、卵黄と卵白では、生地や製品に与える影響が異なります。ここでは卵黄の役割について詳しくお話しましょう。
　パン生地に卵黄を配合すると、以下の3つの効果があると考えられます。

①クラムのきめ（すだち）が細かくなり、しっとりと焼き上がる
②ボリュームが出る
③焼き上げたパンを柔らかく保ち、時間が経過しても硬くなりにくい

卵黄の配合量の違いによる焼き上がりの比較

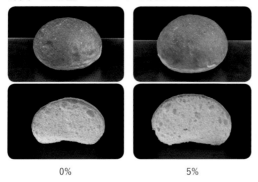

0% 　　　　　 5%

※基本の配合（⇒p.289）のものと、この配合に卵黄を5%添加して
作製したもの（水は59%に減らして調整）を比較

① クラムのきめ（すだち）が細かくなり、しっとりと焼き上がる

　卵白は脂質を含みませんが、卵黄は成分の34.3%を脂質が占めています。卵黄の脂質は、乳化作用をもつレシチン（リン脂質の一種）とリポタンパク質（脂質とタンパク質の複合体）※を含んでいるのが特徴です。

　乳化というのは、本来は混ざり合うことのない水と油が混ざり合う現象です。水と油が混ざるためには、水と油の間を取り持つ物質が必要で、これを乳化剤といい、卵黄においてはレシチンやリポタンパク質がこの働きをするのです。

　パンの材料には、水になじみやすいもの（小麦粉、砂糖、粉乳など）と、油になじみやすいもの（バター、マーガリン、ショートニングなど）があります。卵黄が配合された生地をミキシングすると、卵黄中のレシチンやリポタンパク質が乳化剤として働き、水の中に油を油滴状に分散させながら生地が混ざり合っていきます。このように材料が均一に細かく分散して混ざり合い、水と油の分布が安定した生地になる現象と、次の②で説明する現象が起こって、きめが細かい生地になると考えられます。

※リポタンパク質：脂質成分を含みながらも水への分散性がよく、レシチンと同様に、水の中に油を粒状に分散させて安定させるよう働く。レシチン単独よりも、リポタンパク質が一緒に働いた方が乳化が強化されるといわれる

② ボリュームが出る

　パン生地に卵黄が配合されていると、レシチンやリポタンパク質が乳化剤として働き、生地の水分の中に油が油滴状に分散する形で乳化が促進されます。すると、生地が柔らかくてなめらかになり、のびがよくなって、発酵や焼成で生地が膨らみやすくなります。

　また、デンプンは焼成まではグルテンの層の間に粒の状態で存在していますが、焼成時に生地の温度が60℃を超えると、水を吸収し始め、デンプン粒は膨潤しま

す。85℃くらいになって完全に糊化（α化）すると（⇒**Q**36）、水が多い場合には粒が崩壊して、アミロースが粒の外に出ていって粘性が強くなるのが普通です。

　しかし、パン生地に卵黄が配合されていると、卵黄の乳化作用によって、アミロースがデンプン粒の外に出ていきにくくなります。つまり、糊状の粘りが出にくいので、グルテンの伸展性（のび広がりやすさ）がさまたげられず、膨らみやすくなるといえます（⇒**Q**35）。

③焼き上げたパンを柔らかく保ち、時間が経過しても硬くなりにくい

　デンプンの老化（β化）の説明でも触れましたが、パンはデンプン粒のアミロースやアミロペクチンがもとの結晶の形に戻ろうとする（結晶化しようとする）ことで硬くなります（⇒**Q**38）。

　乳化剤が働いた状態では、アミロースがデンプン粒の外に出ていきにくくなって、結晶化はデンプン粒の内部だけで進行するため、時間が経過しても硬くなりにくいのです。この働きは特に、添加物として乳化剤を加える際の効果としていわれていることですが、卵黄を配合することでも少なからず同様の現象が起こっていると考えられます。

参考 ⇒p.320・321「テストベーキング17 卵の配合量②」

乳化剤のデンプン糊化、老化への影響

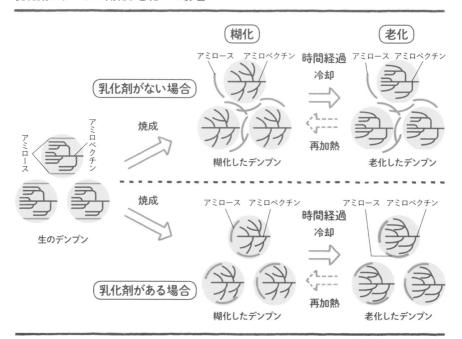

※再加熱の矢印が点線なのは、老化したデンプンを再加熱しても、もとの糊化に完全には戻らないことを表している（⇒**Q**39）

乳化とは？

ボウルに水と油を入れて激しくかき混ぜると、水の中に油が細かい粒になって、一瞬混ざったように見えます。これは油が水に分散した状態ですが、すぐに水と油の層に分離してしまいます。ここに、乳化剤という水となじみやすい親水性の部分と、油（脂質）となじみやすい疎水性の部分をもった物質を加えると、これが水と油の間を取りもって両者を混ぜ合わせることができます。例えば、ドレッシングで考えてみると、水分と油が分離して層に分かれていて、よくふって水分に油を分散させてから使うタイプと、水分と油が均一に混ざり合った、クリーミーでとろりとした、ふらずに使えるタイプがあります。後者は、分離しないよう、乳化剤となる材料を加えて作られているのです。

このように、本来は混ざり合わない2種類の液体のうち、一方が細かい粒になり、もう一方に分散して混ざり合うことを「乳化」といい、乳化の混合状態のものをエマルジョン（乳濁液）といいます。

乳化するためには、乳化剤の働きをする物質が必要で、乳化剤の親水性の部分は水と、疎水性の部分は油と結合し、水と油を共存させることができるというわけです。

乳化のタイプ

乳化には2種類あり、水分が油よりも多い場合は、水の中に油が油滴状に分散した「水中油滴型（O/W型）」の形で乳化します。乳化剤は疎水性の部分を内側にして油と結びつき、油の粒を取り囲みます。この時、親水性の部分は外側になって水と結びつき、水の中で油を粒状にして保つことができるのです。逆に、油が水分よりも多いと「油中水滴型（W/O型）」で乳化し、油の中に乳化剤に取り囲まれた水が粒状になって分散し、安定した形をとります。

パン作りの材料そのものが、乳化によってできているものもあります。牛乳や生クリームなどは水中油滴型、バターは油中水滴型のエマルジョンです。それらにも乳化剤は含まれていますが、卵黄に含まれる乳化剤は乳化力が強いのが特徴です。

乳化の種類

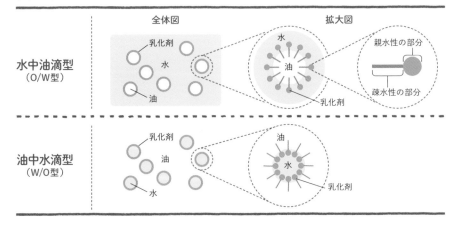

Q
126
卵白はパンのきめや膨らみにどんな影響を与えますか？
＝パンの膨らみを支える卵白

A 卵白のタンパク質はパンの骨組みを補強し、歯切れのよい食感を
与えてくれます。

　配合に卵黄を加えた時の影響は**Q**125でお話しました。それでは次に卵白の影響を見ていきましょう。パン生地に卵白を配合すると、次のような影響があります。

①膨らんだ生地の骨組みを補強する
②歯切れのよい食感を生み出すが、配合量が多いとパンが硬くなる

卵白の配合量の違いによる焼き上がりの比較

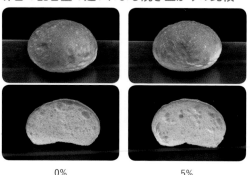

0%　　　　　　　　　5%

※基本の配合（⇒p.289）のものと、この配合に卵白を5％添加して作製したもの（水は59％に減らして調整）を比較

①膨らんだ生地の骨組みを補強する

　卵白も卵黄も、熱で凝固しますが、構成するタンパク質の組成が違うために、かたまり方にそれぞれ特徴があります。

　身近な例として、ゆで卵を考えてみましょう。卵白は水分を含んだ状態でゲル状にかたまりますが、卵黄は粉質状にかたまります。かたゆで卵の卵黄は、粒状の卵黄球が充填された状態で、つながりが少なく、ほろほろとくずれます。

　一方、卵白はタンパク質が寄り集まって網目状につながり、その網目が柔らかい骨組みとなり、網目の間に水分を閉じ込めるので、ゼリー状にかたまっているのです。

　パンの生地に卵白を混ぜ込んだ場合には、卵白が分散するので、卵白単独で加熱した時のようなゼリー状にはなりませんが、タンパク質が骨組みの役割となるのはかわらず、卵白を配合しない場合に比べ、グルテンが補強されて、膨らんだ生地がしぼみにくくなります。

②歯切れのよい食感を生み出すが、配合量が多いとパンが硬くなる

　卵白の成分は、水分が88.3％、タンパク質が10.1％で、水分以外の固形分はほぼタンパク質から成っています。このタンパク質のうち、半分以上をオボアルブミンが占めています。オボアルブミンは熱で凝固し、生地に歯切れのよい食感を生み出します。しかし、配合量が多くなると、しっとりさに欠けた硬い食感になってしまいます。

参考⇒p.320・321「テストベーキング17 卵の配合量②」

 Q 127 パンに卵の風味をつけるには、どのくらい配合するとよいでしょうか？
=風味をつけるために必要な卵の配合量

 A 卵黄ならば小麦粉の6%程度、全卵ならば15%程度を配合するとよいでしょう。

　これまで卵の役割を説明してきましたが、パンに卵を配合する一番の目的は、焼き上がったパンに卵のコクのある風味を与えたいからではないでしょうか。
　卵のコクのある風味は、主に卵黄によるものです。パンを食べた時にその風味を感じさせるためには、卵黄であれば小麦粉に対して6％程度、全卵であれば15％程度の量を配合するとよいでしょう。
　しかし、より強く卵の風味を出したいからといって、非常に多くの卵を配合するのもよくありません。例えば卵黄が多すぎると、卵黄の粘りでミキシングがしにくくなり、卵黄の成分である脂質が増えるのでグルテンのつながりもできにくくなります。したがって長時間ミキシングしないと、ボリュームの小さいパンになることがあります。
　また、全卵が多すぎると卵白も増えることになり、パンが硬くなります（⇒**Q126**）。ただし、卵を配合した場合の生地の特徴をしっかりと理解した上で、ブリオッシュのように大量に卵を配合する製品もあります。

全卵の配合量の違いによる焼き上がりの比較

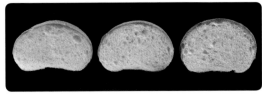

※基本の配合（⇒p.289）のものと、この配合に全卵を5％添加して作製したもの（水は59％に減らして調整）、15％添加して作製したもの（水は49％に減らして調整）を比較

左から0％、5％、15％

参考⇒p.318~321「テストベーキング16・17 卵の配合量①・②」

冷凍保存した卵を使うと、パンの焼き上がりに違いが出ますか？
=凍結卵の製パン性

 冷凍してから解凍しても全卵は特に問題ありませんが、卵黄は砂糖の添加が必要です。

　殻つきのまま卵を冷凍すると、中身が膨張して殻が割れてしまうことがありますが、溶きほぐせば全卵の冷凍保存は可能です。解凍後もほぼもとの状態に戻り、製パンには問題ありません。

　卵白も冷凍保存できますが、解凍後、濃厚卵白が減少して水っぽくなります。卵白のもつ起泡性や泡の安定性はやや低下しますが、やはり製パンには特に問題はありません。

　しかし、卵黄は冷凍すると、解凍後もかたまったままの状態（ゲル状）になり、冷凍していないものと同様には使用できません。ところが、砂糖を10％ほど加えて撹拌してから冷凍すると、解凍後には液状に戻ります。ただし、冷凍によって乳化性は低下します。

　いずれにしても、卵は細菌が繁殖しやすいので、業務用と比べて庫内温度が高めの家庭用冷凍庫での保存はおすすめしません。なお、業務用には、殺菌した冷凍全卵、冷凍卵黄、冷凍卵白があり、それぞれ加糖、無糖のものが製品化されています（製品を安定させるための添加物が使用されているものもあります）。

　加糖の冷凍卵黄も、砂糖の量を考慮して使用すれば、卵黄を使用した場合とほぼ同様にパンを作ることができます。

 乾燥卵とはどういったものですか？
=乾燥卵の種類と用途

 卵を粉状に加工したもので、製パンをはじめ、様々な加工食品に利用されています。

　乾燥卵とは、液卵を殺菌、乾燥して粉末または顆粒状にしたもので、利便性や貯蔵性が高いのが特徴です。未開封であれば常温で保存でき、乾燥全卵、乾燥卵黄、乾燥卵白の3種類があります。

　主な用途は、乾燥全卵と卵黄は製菓製パン製品、プレミックス（市販のホットケーキミックスのようにケーキ、パン、惣菜などを簡便に調理できる調製粉）、インスタント食品、麺類などです。

　乾燥卵白は、卵を泡立てて作るスポンジ生地などを使ったケーキ類、メレンゲ、パン製品、麺類などに使用され、かまぼこ、ちくわなどの水産練製品、ハム、ソーセージのつなぎにも使用されます。

乳製品

Q130 パン作りに使用する乳製品にはどのようなものがありますか？
＝製パンに使う乳製品

A **主に牛乳、脱脂粉乳を使用します。**

　牛から搾ったそのままの乳（ミルク）のことを「生乳」といいます。生乳が原料となって、「牛乳」をはじめとする飲用乳や、ヨーグルト、バター、チーズ、クリーム、脱脂粉乳などの様々な製品に加工されます。その中でも牛乳、脱脂粉乳は、ソフト系のパンの材料として欠かせません。

　なお、バターも乳製品ですが、バターは「パン作りの副材料」の「油脂」の項目（⇒p.109~119）で詳しく説明しています。

●牛乳

　乳製品の中で一番多く消費されているのは、牛乳です。

　搾りたての生乳は、細菌数が基準以下であるか、抗生物質が含まれていないかなどが調べられ、加熱殺菌などの処理をして、「牛乳」に製品化されて流通します。

　ほとんどの牛乳は、殺菌の他に均質化（ホモジナイズ）という処理がされています。生乳は、乳しょうとよばれる水分に、乳脂肪が粒状（脂肪球）になって分散していますが、しばらく静置しておくと、乳脂肪が表面に浮いてクリームの層を作ります。これは、生乳に含まれている脂肪球が直径0.1～10μmとばらつきがあり、脂肪球が大きいほど浮力を受けて表面に浮きやすいためです。そのため、品質を安定させる目的で、脂肪球を2μm以下に小さくして、水分に細かい脂肪球を乳化させる均質化を行います。生乳の脂肪分はかわらなくても、脂肪球が小さくなることで、さっぱりとした飲み口にもなります。

● 脱脂粉乳

　粉乳製品には、コーヒーに加えるクリーミングパウダーなども含め、多くの種類がありますが、現在のパン作りに使われているのは主に脱脂粉乳です。脱脂粉乳は、生乳、牛乳、特別牛乳の原料乳より乳脂肪分を除去したもの（脱脂乳）から、ほとんどすべての水分を除去し、粉末状にしたものです。乳固形分が95％以上で、水分は5％以下と定められています。

　粉乳には他に乳脂肪分を含む全粉乳（全脂粉乳）があり、脱脂粉乳との違いは、文字通り乳脂肪分が含まれているか、いないかということです。全粉乳は、原料乳（生乳、牛乳、特別牛乳）の乳脂肪分は除かず、脱脂粉乳と同様に水分を除去して粉末状にしたものです。

　パンを作るのには、脱脂粉乳と全粉乳のどちらも同じように使用できますが、この2つを比較すると、脱脂粉乳の方が安価であること、全粉乳は脂肪含有量が多いため保存中に脂肪が酸化しやすく、保存性が劣ることから、主に脱脂粉乳が使われます。

　なお、脱脂粉乳は、家庭用にはスキムミルクとして販売されており、湯などに溶けやすくするために特殊な加工で顆粒状になっています。ちなみに英語でスキムミルクとは脱脂乳のことを指し、液体です。粉末状のものはスキムミルクパウダーといいます。日本ではスキムミルクといえば粉末状のものを指すので、英語のレシピを参考にする時には注意が必要です。

牛乳パックの表示に加工乳と書いてありました。牛乳とは違うのですか？
=牛乳の種類

飲用乳は成分や製造法の違いによって分類されており、牛乳も加工乳もそのうちの1種です。

　飲用乳は、食品衛生法にもとづく「乳及び乳製品の成分規格等に関する省令」により、7種類に分かれています。

　この7種類を大きくくくると、以下の3つになります。

①牛乳…生乳のみを原料としたもの
②加工乳…牛乳に乳製品を加えたもの
③乳飲料…牛乳に乳製品以外のものを加えたもの

　飲用乳のうち牛乳と名がつくのは生乳100％のもので、「牛乳」、「特別牛乳」、「成分調整牛乳」、「低脂肪牛乳」、「無脂肪牛乳」の5種類です。その他に「加工乳」と「乳飲料」の2種類があります。

　これらの名称を「種類別名称」といい、容器の一括表示欄や商品名の近くに表示されています。そのため、牛乳だと思って飲んでいた商品が、種類別名称の記載を見ると牛乳ではなかったということもあるのです。乳脂肪分を一部除いた低脂肪牛乳や、水分を一部除いて高脂肪にした成分調整牛乳などは、大きなくくりでは牛乳ですが、成分無調整のものしか牛乳とはよべません。また、商品名に「特濃」とついていて、てっきり高脂肪の牛乳だと思っていたら、牛乳にクリームやバターを加えて乳脂肪分を高めた加工乳だったということもあるわけです。

　その他、カルシウムや鉄などを加えて栄養を強化したものは、乳飲料にあたります。

● 牛乳

　一般的な牛乳で、生乳（牛から搾ったままの乳）を加熱殺菌したもの。生乳100%で、水やクリームなどの他の原料を加えたり、成分を減らしていない、成分無調整のものを指します。

　また、乳脂肪分を3%以上、無脂乳固形分を8%以上含んでいることが条件づけられています。

● 特別牛乳

　数少ない、特別牛乳搾取処理業の許可を受けた施設で搾った生乳を処理して製造されたものを指し、牛乳と同様に成分無調整です。乳脂肪分は3.3%以上、無脂乳固形分は8.5%以上と定められており、牛乳よりも濃厚です。

　また、1mlあたりの細菌数が、特別牛乳は3万以下と規定が厳しく、その他の4種類の牛乳は5万以下と定められています。

● 成分調整牛乳

　生乳から乳脂肪分や水分、ミネラルなどの一部を除き、成分濃度を調整したものです。乳脂肪分の規定はなく、それ以外の成分の規定は「牛乳」とほぼ同じです。

● 低脂肪牛乳

　乳脂肪分の一部を除いて、乳脂肪分を0.5%以上1.5%以下に調整したものです。それ以外の成分の規定は「牛乳」とほぼ同じです。

● 無脂肪牛乳

　低脂肪牛乳よりもさらに乳脂肪分を取り除き、乳脂肪分を0.5%未満にしたものです。それ以外の成分の規定は「牛乳」とほぼ同じです。

　これら5種類では、乳脂肪分が少ないほどあっさりとした味わいになります。牛乳を主体とした菓子の場合は、どの牛乳を使うかで仕上がりの風味に差を感じるものもありますが、パンの場合はその差はわかりにくいと思います。

　しかし、仕込み水を牛乳に代えたり、牛乳を無脂肪牛乳におきかえたりして作り比べると、牛乳を加えた生地においては、牛乳に含まれる乳脂肪によってグルテンの形成が阻害されるということが、ミクロの世界ではおこります。グルテンの形成が阻害されると、生地がだれるのですが、パン製造の現場では、この程度の生地の変化は、調整水を減らしたり、ミキシング時間を長くするといった手段で調整可能な範囲です。

　ほとんどのパンでは、ミキシングの後半で油脂を加えるため、その油脂の影響の方が大きく感じられるでしょう。

5種類の牛乳の規格

種類別		原材料	成分の調整	無脂乳固形分	乳脂肪分
牛乳		生乳のみ（生乳100%）	成分無調整	8.0％以上（一般的に売られているものは8.3％以上）	3.0％以上（一般的に売られているものは3.4％以上）
特別牛乳				8.5％以上	3.3％以上
成分調整牛乳	成分調整牛乳		乳成分の一部（乳脂肪分、水、ミネラルなど）を除いたもの	8.0％以上	規定なし
	低脂肪牛乳		乳脂肪分の一部を除いたもの		0.5％以上1.5％以下
	無脂肪牛乳		乳脂肪分のほとんどすべてを除いたもの		0.5％未満

（全国飲用牛乳公正取引協議会資料 より抜粋）

牛乳や脱脂粉乳はパン作りにおいてどんな役割があるのですか？
=乳製品の役割

乳製品を加えると、ミルク風味がプラスされ、栄養価が高まります。

　パン生地に牛乳や脱脂粉乳を加える主な目的は、ミルク風味の添加と栄養価を高めることです。他にも、クラストに焼き色がつきやすくなったり、デンプンの老化（β化）を遅らせて保存性を向上させる効果も期待できます。

● クラストに焼き色がつきやすくなる

　パンのクラストに焼き色がつくのは、タンパク質やアミノ酸と還元糖が高温で加熱されることによって、アミノ-カルボニル（メイラード）反応という化学反応が起こり、メラノイジン系色素という褐色の物質ができるからです（⇒**Q98**）。加えて、材料に含まれる糖類（じゅうごう）の重合によるカラメル化反応が起こり、クラストは色づきます。

　牛乳や脱脂粉乳には、還元糖の一種である乳糖が含まれていますが、乳糖はイースト（パン酵母）が分解できない糖なので、発酵に使われずに焼成時までそのまま

パン生地の中に残ります。そして、生地が加熱されることによって起こる褐変反応を促進し、パンの焼き色は濃くなります。

● デンプンの老化を遅らせる

牛乳や脱脂粉乳が水分に溶けた状態は、コロイド性の水溶液になっており、生地に加えると生地の保水力が高まります。

パンが、焼きたてから時間が経過すると硬くなるのは、デンプンが糊化（こか・α化）の状態からもとの規則性のある状態に戻ろうとして、その構造に入り込んでいた水分子が排出される、デンプンの老化（β化）という現象が起こるからです（⇒**Q38**）。

保水力が高い生地は、デンプンの構造から水分子が排出されにくいため、時間が経過しても硬くなりにくく、保存性はより高くなります。

脱脂粉乳の配合量の違いによる焼き上がりの比較

0%　　　　　　　7%

※基本の配合（⇒p.289）のうち、脱脂粉乳の配合量を0%、7%にして作製したものを比較

参考 ⇒**p.322・323**「テストベーキング**18** 脱脂粉乳の配合量」

 脱脂粉乳を配合すると、パンの発酵に影響はありますか？
133 ＝脱脂粉乳使用時の発酵

 配合量が多いと発酵時間が長くなります。また、低温処理の脱脂粉乳を配合すると、膨らみにくくなります。

パン生地に脱脂粉乳を配合すると、パンの発酵の工程で、2つの影響が出ることが考えられます。

● 発酵時間への影響

脱脂粉乳を配合したパンは、配合量が多くなるほど発酵時間が長くなります。

通常、生地のpHは発酵時間の経過とともに低下して酸性に傾きます。そして、イースト（パン酵母）が活発に活動できるpHになり、それと同時に、酸によってグルテンが適度に軟化して生地にのびのよさが加わり、膨らみやすい条件が整っていきます。

　しかし、脱脂粉乳は酸度が上がりすぎるのを防ぐ緩衝作用があり、pHの低下に時間がかかるため、発酵時間を長くとる必要が出てきます。

　ちなみに、脱脂粉乳に緩衝作用があるのは、灰分（⇒**Q29**）が多いためです。パンの他の副材料である、砂糖、油脂、卵の灰分は1%以下であるのに対して、脱脂粉乳の灰分は約8%です。これは、カルシウム、リン、カリウムなどのミネラルが多く含まれていることに由来しています。

脱脂粉乳の配合量をかえて、60分発酵後の状態を比較

0%　　　　　　　　　　2%　　　　　　　　　　7%

※基本の配合（⇒p289）のうち、脱脂粉乳の配合量を0%、2%、7%にして作製したものを比較

●膨張への影響

　脱脂粉乳は、殺菌および噴霧乾燥などの製造工程で、熱処理を数回受けます。製品には、85℃以上で高温処理されたものと、低温処理されたものがあり、パン作りで低温処理された脱脂粉乳を使うと、発酵や焼成時に膨らみにくくなります。なぜなら、低温処理された脱脂粉乳がもつ β-ラクトグロブリンという乳清タンパク質がグルテンの形成を阻害し、生地がつながりにくくなるからです。

　高温（85℃以上）で加熱処理された脱脂粉乳は、β-ラクトグロブリンが複合体を形成するために、こうした現象が起こらないと考えられています。

参考 ⇒p.322・323「テストベーキング18 脱脂粉乳の配合量」

 パン作りでは、牛乳よりも脱脂粉乳を使うことが多いのはなぜですか？

134

＝脱脂粉乳の利点

 脱脂粉乳は常温保存ができ、しかも経済的だからです。

　経済面や使い勝手だけでいえば、牛乳は脱脂粉乳に比べると、パン作りにはやや不向きです。まず何よりも、脱脂粉乳の方が安価なため、パンの製造コストが抑えられます。

　また、牛乳は基本的に冷蔵保存が必要な上、冷蔵庫内の限られたスペースの多くを占めます。さらには、日持ちもしないのでロスが出ることがあります。

脱脂粉乳は長期常温保存ができて価格も安く、少量でもパンにミルクの風味を与えることができるといった利点があります。注意点としては、湿気を吸うとダマになりやすいので、乾燥した場所で保存すること。また、虫や埃などの異物混入や、他のものからのにおい移りにも注意が必要です。

 Q 135 脱脂粉乳の代わりに牛乳を使う時の換算方法を教えてください。
　　＝脱脂粉乳と牛乳の換算方法

 A 脱脂粉乳：牛乳＝1：10で換算します。

パンのレシピにある脱脂粉乳を牛乳に代えて作ることは可能ですが、まったく同じものにはなりません。代用する場合には、脱脂粉乳：牛乳＝1：10で換算します。これは、計算上、脱脂粉乳を1とした時に水を9足せば、牛乳とほぼ同じであるということです。

例えば、脱脂粉乳が10g使われているレシピを牛乳に代える時には、牛乳は100gにして仕込み水を90g減らします。つまり、脱脂粉乳の10倍量の牛乳を加え、仕込み水から脱脂粉乳の9倍量にあたる水を減らします。ミキシングの際には、水を加える時に牛乳も一緒に加えます。そして、最終的には調整水で生地の硬さを調整します。

このように換算するのは、次のような考えからです。一般的な牛乳は、牛から搾った生乳に均質化と殺菌をほどこして製造します。一方、脱脂粉乳は同じ生乳が原料ですが、遠心分離機にかけて脂肪分が多いクリーム（生クリームやバターに加工される）と、脂肪分がほとんどない脱脂乳に分けたのち、その脱脂乳を殺菌、濃縮して粉末状に乾燥させたものです。いいかえれば、生乳から乳脂肪分と水分を除いたものです。

では、牛乳の話に戻ります。牛乳のパッケージの表示にある、無脂乳固形分に注目してください。無脂乳固形分とは、牛乳のうち乳脂肪分と水分を除いた成分の値です。つまり、牛乳の無脂乳固形分は、脱脂粉乳と成分がほぼ同じであると考えます。牛乳の無脂乳固形分は8％以上と省令によって定められており、一般的には約8〜9％です。計算しやすいように便宜上、これを10％とします。

また、牛乳には一般的に約3〜4％程度の乳脂肪が含まれているので、水の量を計算する時に、厳密には無脂乳固形分だけでなく、乳脂肪分の量も考慮しないとならないのです。しかし、パンは調整水によって水の量が毎回多少かわることを考えると、乳脂肪の分は計算に入れずに、脱脂粉乳の10倍量の牛乳を加え、仕込み水から脱脂粉乳の9倍量にあたる水の量を減らすという計算がわかりやすいと考えます。

参考⇒p.324・325「テストベーキング**19**乳製品の種類」

牛乳の組成の例

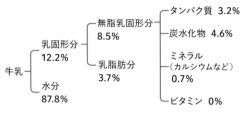

紙容器の例

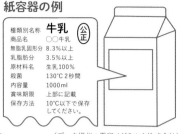

※牛乳の組成は100gあたりの実測値にもとづいているため、パッケージの
表示成分（無脂乳固形分8.3%以上、乳脂肪分3.5%以上）とは数値が異なる

（データ提供：雪印メグミルク株式会社）

 水の代わりに牛乳を使う時の換算方法を教えてください。
=水と牛乳の換算方法

 水：牛乳＝1：1.1の割合で換算します。

　牛乳には水分以外の成分も含まれているため、水の分量をそのまま牛乳でおき
かえることはできません。水分以外の主たる成分は、牛乳のパッケージの表示に
あるように、乳脂肪分（牛乳に含まれる脂肪分）、無脂乳固形分（牛乳のうち、乳脂肪分
と水分を除いた成分の値で、タンパク質、炭水化物、ミネラル、ビタミンなど）です。
　牛乳には一般的に3.6～3.8%程度の乳脂肪が含まれています。また、牛乳の無
脂乳固形分は8%以上と省令によって定められており、一般的には8～9%です。つ
まり、牛乳には、水以外の成分が12%前後含まれていることを考慮しなければな
りません。水の分量をそのまま牛乳におきかえてしまうと、単純に水分量が12%
近く減るので硬くなります。
　また、それだけではなく、牛乳に含まれる乳脂肪分には、少なからず油脂と同
じ効果がありますし、無脂乳固形分は脱脂粉乳とほぼ同じ成分なので、油脂や脱
脂粉乳と同様の影響があることも頭の片隅においておく必要があります。
　実際には、水：牛乳＝1：1.1の水分量で考え、生地の状態を見ながら、調整水で
硬さの調節をするとよいでしょう。

 コンデンスミルク（加糖練乳）をパン生地に使う時に注意する点を教
えてください。
=コンデンスミルクの効果と配合の調整方法

 コンデンスミルクのショ糖と水分を計算して、配合を調整します。

　菓子パンなどで、生地のミルク風味を強調したい時に、コンデンスミルクを配合

することがあります。

コンデンスミルクは、原料乳にショ糖を加えて加熱し、約1/3に濃縮したもので、成分は乳固形分28%以上、乳脂肪分8%以上、糖分58%以下、水分27%以下と省令によって定められています。

原料乳の成分が濃縮されることに加え、乳のタンパク質であるカゼインと、乳由来の乳糖や製造で添加したショ糖などの糖類が加熱されることで、アミノ-カルボニル（メイラード）反応（⇒**Q98**）が起こり、牛乳にはないコクと風味が加わります。

コンデンスミルクを使う時には、糖分と水分の量に注意します。例えば、ショ糖が45%、水分が25%の加糖練乳を小麦粉に対して10%使用する場合、ショ糖が4.5%、水分が2.5%として配合を考え、その他の材料を調整します。

市販のコンデンスミルクは製品によって成分が少しずつ違うので、実際にパンを焼いてみて調整することが必要です。

 Q 138 パンに脱脂粉乳を配合する場合、何%くらいがよいですか？
＝脱脂粉乳の配合量

 A 焼き色と発酵に与える影響を考慮すると、2〜7%程度がよいでしょう。

パンに脱脂粉乳を配合する場合、ミルクの風味と香りをはっきりと感じさせたければ、小麦粉に対して5%程度を配合するとよいでしょう。ただし、下の写真のように、0%、2%、7%で焼き上がりの外観を比較すると、2%では焼き色が濃くなり、7%ではさらに濃くなっているのがわかります。

つまり、香りや風味だけでなく、どの程度の焼き色をつけるかの判断も必要となります。

なお、脱脂粉乳でパンにミルク風味を与える際に、甘味をつけるとその風味が引き立つので、砂糖を配合する場合も多いですが、砂糖を加えることで、さらに焼き色が濃くなることにも注意が必要です（⇒**Q98**）。

脱脂粉乳を配合すると、発酵にも影響を与えるので、配合量は小麦粉に対して7%程度が上限と考えます。（⇒**Q133**）

脱脂粉乳の配合量の違いによる焼き上がりの比較

| 0% | 2% | 7% |

※基本の配合（⇒p.289）のうち、脱脂粉乳の配合量を0%、2%、7%にして作製したものを比較

参考 ⇒p.322・323「テストベーキング18 脱脂粉乳の配合量」

添加物

 Q
139
パンに使われている添加物にはどんなものがありますか？
＝製パンに使用する食品添加物

 A イーストフードと乳化剤が主な添加物です。

　日本で食品添加物とは、食品衛生法において、「食品の製造過程で、または食品の加工や保存の目的で食品に添加、混和などの方法によって使用するもの」と定義されています。

　食品添加物は大きく4つに分類されており、安全性と有効性を確認して厚生労働大臣が指定した「指定添加物」、食品に長年使用されてきた天然添加物として品目が決められている「既存添加物」の他に、「天然香料」や「一般飲食物添加物」があります。

　パンの材料として直接的に使われる主な添加物は、イーストフードと乳化剤です。また、直接添加する以外に、パンの材料に添加物があらかじめ含まれている場合があります。例えばインスタントドライイーストには、ビタミンC（L-アスコルビン酸）が添加されたものがあります。このインスタントドライイーストを使用したパン生地は、ビタミンCを添加した場合と同様に、グルテン組織が強化されます（⇒**Q78**）。

　このように、添加物を使用していると意識しないまま、結果として間接的に使用していたということもあります。材料に添加物が使われているかどうかや、その添加物の特性も知っておく必要があります。

イーストフードとは何ですか？ どんな時に使用するのですか？
=イーストフードの役割

 イーストの働きを活発にします。また、生地改良剤としても使われています。

　イーストフードとはごく簡単にいうと、名前の通りイースト（パン酵母）の食べ物です。パン生地に配合することでイーストの働きが活発になることから、このような名前でよばれています。また、製パン全般の品質改良剤として生地調整剤（ドウコンディショナー）などにも使われます。

　イーストフードとは総称で、1種類の物質を指すのではなく、目的に応じた効果を発揮しやすくするために、複数の物質が組み合わせられています。それらの物質は種類により、イーストの栄養源の補給、水の硬度の調整、グルテンの強化、発酵を促進させる酵素の補給、パンの老化（β化）を遅らせるなど、パン生地に与える効果が違います。

　基本的にパンはイーストフードなしで作ることができますが、品質の安定、機械化による大量生産、広域への流通などの目的で、イーストフードが使用されています。

　イーストフードは、その組成面からみて大きく以下の3種類に分けられます。

①無機質フード：酸化剤、無機窒素剤、カルシウム剤などを配合したもの
②有機質フード：主に酵素剤を配合したもの
③混合型フード：①と②の中間型。無機質フードに酵素剤を配合したもの

 イーストフードには何が入っていますか？ また、どのような効果が得られますか？
=イーストフードの原料素材とその効果

 イーストの栄養となるだけでなく、パン生地を安定した状態に保つための様々な素材が入っています。

　パン作りでは、その日の生地を触りながら水分量をかえたり、ミキシングや発酵の時間を調整したりすることが大切であり、リテイルベーカリー（主に個人店や小中規模で店内に厨房をもつベーカリー）では、各工程をその日の状況に合わせて調整しながらパン作りをすることが可能です。

　一方、ホールセールベーカリー（パンを工場で製造し、スーパーなどの小売店に卸して販売するベーカリー）では、製造量が多い上に、製造管理や衛生管理の点からミキサーやホイロの中の生地に触ることなく、機械のデータや外観から状態を判断しなけ

ればならないことがほとんどで、生地の性質や状態を一定のレベルで安定させることが求められます。そこで、イーストフードがその助けとして使われることが多いのです。

　そうした理由から、イーストフードはひとつの作用だけではなく、複合的な作用を期待し、目的に応じていろいろな成分を組み合わせて作られています。

　以下はイーストフードを添加する目的とパンへの効果、主な成分です。

● イーストの栄養源補給

　イースト（パン酵母）は、小麦粉や副材料として加えた砂糖などに含まれている糖類を分解吸収し、アルコールと炭酸ガス（二酸化炭素）を発生させるアルコール発酵を行います（⇒**Q65**）。しかし、発酵を続けていくと、後半では糖類が足りなくなってきます。

　イーストにとっては、ショ糖（砂糖の主成分）、ブドウ糖、果糖は利用しやすく、これらを消費してしまった発酵後半では、麦芽糖（マルトース）を利用して発酵を続ける必要があります。

　麦芽糖は、イースト内でマルターゼという酵素によってブドウ糖に分解されてから、アルコール発酵に使われます。イースト内でマルターゼを生成する際に、窒素源が栄養として必要になりますが、発酵の後半ではそれが不足しています。しかし、イーストフードに含まれるアンモニウム塩が窒素源となるため、麦芽糖を利用してアルコール発酵を進めることができるのです。

　特に、リーンな無糖のパンの場合では、副材料の砂糖が添加されていないため、ショ糖の利用ができません。そのため、小麦粉に含まれているデンプンをアミラーゼで分解した麦芽糖がイースト内に取り込まれます。その麦芽糖をブドウ糖にまで分解して初めてイーストの栄養源になります。この際に分解にかかわる酵素の活性が大きく影響し、イーストフードを加えるとその効果を得られやすいといえます。

● 水の硬度の調整

　硬度とは、水1ℓ中に含まれるミネラルのうち、カルシウムとマグネシウムの量（mg）で表される指標で、パン作りには、硬度50〜100mg/ℓ程度の水がよく、その中でも高めの方がよいと一般的にいわれています。

　日本の各地の水は一部の地域を除き、8割以上が硬度60mg/ℓ以下の軟水です（⇒**Q90**）。

　水の硬度が極端に低いと、ミキシングの際にグルテンが軟化して生地がべたつき、焼き上がったパンは膨らみが悪くなります。硬度を上げるにはカルシウムかマグネシウムを加えるのですが、パン作りではイーストフードにカルシウム塩を加えて調整しています。

　カルシウム塩を加えることで、水の硬度を上げることができるだけでなく、グルテンを強化したり、パン生地のpHを同時に調整するという効果も期待できます。

●パン生地のpH調整

パン生地は、ミキシングから焼成中まで、pH5.0〜6.5の弱酸性に保たれていると、イーストが活発に働きます(⇒**Q**63)。かつ、酸によりグルテンが適度に軟化して、生地ののびがよくなって発酵がうまく進むのです。

また、雑菌の繁殖を防いだり、発酵や熟成にかかわる酵素も、弱酸性〜酸性で活性が高くなります。

日本の水道水のpHは各地で差がありますが、ほぼpH7.0前後です(⇒**Q**91)。そのまま使ってもよいのですが、主にカルシウム塩である、リン酸二水素カルシウム(第一リン酸カルシウム)をイーストフードに配合し、パン生地を至適なpHに調整できます。

●パン生地の物性を調整し、品質を改良する

主に酸化剤や還元剤がパン生地の物理的性質を調整したり、品質を改良する目的で加えられています。製造工程ごとに様々な効果があるのですが、そのうちいくつかの例を紹介します。

酸化剤

主にL-アスコルビン酸(ビタミンC)、グルコースオキシダーゼなどが使われています。

L-アスコルビン酸は、グルテンに含まれるアミノ酸に作用して、S-S結合(ジスルフィド結合)が起こるのを促進します。この結合が、グルテンの構造内に橋かけ(架橋)の結合を作り出し、グルテンの網目構造を強化します(⇒**Q**78)。

グルコースオキシダーゼは、グルコース、水、酸素から過酸化水素とグルコン酸を発生させるのに働く酵素で、この過酸化水素がパン生地の酸化剤となり、グルタチオン(⇒**Q**69)を酸化します。

グルタチオンはイーストの細胞内にある成分で、一部の細胞が損傷を受けることで生地に浸出し、グルテンの網目構造を作り出すS-S結合を還元して切断してしまいます。このグルタチオンを過酸化水素が酸化して切断が起こらないようにするのです。また、すでに切断されてしまったS-S結合を酸化して、再びこの結合に変換するよう働き、グルテンが強化されます。

酸化剤によって、生地が締まり、表面のべたつきが軽減され、弾力と伸展性(のび広がりやすさ)のバランスが改善されるため、生地内に炭酸ガスを保持できる力が強化され、かつ窯のび(オーブンスプリング)もよくなります。

還元剤

還元剤には、上記の「酸化剤」で説明したグルタチオンが含まれます。酸化剤によってグルタチオンがS-S結合を切断してしまうのを抑えるのですが、のびよい生地に改良するためには、グルテンを強化して生地を引き締めるだけでなく、生地を軟化させて伸展性を高めることも必要になってきます。そのバランスをとるために、イーストフードには酸化剤に加えて、還元剤のグルタチオンや、同じように生地の軟化に働くシステインも配合されているのです。

結果として、生地の伸展性が高まることから、ミキシング時間や発酵時間が短くなります。

●酵素剤を補給する

　主にアミラーゼが含まれており、α-アミラーゼとβ-アミラーゼという酵素が、損傷デンプン（⇒**Q37**）を分解して麦芽糖を生成します。イーストは麦芽糖をブドウ糖に分解してアルコール発酵に利用するので、発酵が促進されます。

　また、プロテアーゼも少量添加されています。プロテアーゼはタンパク質分解酵素で、イーストの窒素源となるアミノ酸やペプチドを生成します。そのアミノ酸により、アミノ-カルボニル（メイラード）反応が促進されて、焼き色がつきやすくなります（⇒**Q98**）。

　また、タンパク質であるグルテンに作用して生地を軟化させ、還元剤のような働きで生地の物性の改良にも貢献します。生地が軟化することで、ミキシング時間や発酵時間が短縮できます。

イーストフードの成分と効果

成分	原料素材名	使用目的	効果
アンモニウム塩	塩化アンモニウム 硫酸アンモニウム リン酸二水素アンモニウム	イーストの栄養源	発酵の促進
カルシウム塩	炭酸カルシウム 硫酸カルシウム リン酸二水素カルシウム （第一リン酸カルシウム）	水の硬度調整 パン生地のpHの調整	発酵の促進 発酵の安定 ガス保持力の強化
酸化剤	L-アスコルビン酸（ビタミンC） グルコースオキシダーゼ	パン生地の酸化 グルテンの強化	ガス保持力の強化 窯のび増大
還元剤	システイン グルタチオン	パン生地の還元 グルテンの伸展性の向上	ミキシング時間の短縮 発酵時間の短縮
酵素剤	アミラーゼ	糖の生成⇒発酵促進	パンの容積増大 色づきの向上 ミキシング時間短縮 発酵時間短縮
	プロテアーゼ	アミノ酸の生成⇒ イーストの栄養源	
分散剤	塩化ナトリウム デンプン 小麦粉	混合の均一化 増量 分散緩衝	計量の簡便化 保存性の向上

Q 142 乳化剤とは何ですか。また、どのような効果が得られますか？
＝乳化剤の役割

 A 水と油が混ざるように働く物質で、生地ののびがよくなるなどの効果が得られます。

　乳化というのは、本来は混ざり合うことのない水と油（脂質）が混ざり合う現象です（⇒p.126「乳化とは？」）。水と油が混ざるためには、両者の間を取り持つ物質が必要で、これを乳化剤といいます。卵黄や乳製品なども、天然の乳化剤ともいえる成分を含んでいて、乳化の性質を持ち合わせていますが、ここでいう乳化剤は、食品の品質を改善するために添加物として加える物質を指します。

　パンの材料には、水になじみやすいもの（小麦粉、砂糖、粉乳など）と、油になじみやすいもの（バター、マーガリン、ショートニングなど）があり、いずれも水になじみやすい成分となじみにくい成分とで構成されています。乳化剤を生地に加えると、乳化剤がもつ乳化、分散、可溶化、湿潤、潤滑などの機能が発揮され、材料の成分が均一に細かく分散して混ざり合い、水と油の分布が安定した状態の生地になるように働きます。

　乳化剤として使用される物質は、かなりの種類にのぼります。ここでは、各工程で乳化剤がどのように働くのかを紹介します。

● ミキシング工程

　乳化剤は、タンパク質と複合体を作ることによって、グルテンを強化します。また、グルテンの層の間に広がって潤滑油のように働いたり、練り込んだ油脂がグルテンの層の間でフィルム状にのびるのにも役立ち、生地の伸展性（のび広がりやすさ）を高めます。

　機械で大量生産する時にミキサーに生地が付着しすぎると、ミキシングの効率が悪くなりますが、乳化剤の働きでそれを回避でき、作業性がよくなります。

　結果的に、生地の性質や状態を一定のレベルで安定させることができ、ミキシング時間の短縮もはかれます。

● 発酵工程

　グルテンの強化や伸展性の向上、デンプンや脂質などとの相互的な作用により、生地の構造を改善してガス保持力を強化します。生地の緊張・弛緩のバランス（⇒p.170「構造の変化」）が保たれるように働くため、膨張の促進、発酵時間の短縮がはかれます。

● 焼成工程

　焼成によって、生地中のデンプンは水とともに加熱されて、60℃以上になると水

を吸収し、膨潤し始めます（⇒**Q36**）。この時に乳化剤はデンプンのアミロースに作用して、膨潤・崩壊しかけたデンプン粒からアミロースが溶け出さないように働きます。それによって、焼き上がったパンを柔らかく保ちます（⇒**Q125**）。

　また、通常は、デンプンが膨潤しながらグルテンの水分を奪っていくことによって、グルテンが伸展性を失っていくのですが、前述した乳化剤の働きによって、グルテンの伸展性が向上し、窯のび（オーブンスプリング）がよくなり、パンのボリュームが増大します。パンの気泡膜の粘弾性（粘りや弾力）やすだちの改善により、目指す食感に近づけることができます。

 モルトエキスとは何ですか？ 生地に加えるとどのような効果がありますか？
143 ＝モルトエキスの成分と効果

 大麦の麦芽から作ったシロップです。パンの発酵を促進し、グルテン形成を抑えるので生地の伸展性がよくなります。

　モルトエキス（モルトシロップ）は大麦の麦芽を糖化して濃縮したもので、独特の風味と甘味がある茶褐色の粘性のシロップです。大麦が発芽する際、デンプンを分解するアミラーゼという酵素が活性化し、大麦のデンプンを麦芽糖に分解します。

　モルトエキスはそれを利用した製品で、主成分は麦芽糖とアミラーゼです。主に砂糖が配合されないフランスパンなどのリーンなハード系のパンに使用されます（**使用方法 ⇒Q179**）。

　また、モルトエキスと同様の目的で使用できるものに、麦芽を乾燥させて粉末にしたモルトパウダーがあります。

モルトエキス（左）とモルトパウダー（右）

● **モルトエキスの効果**

　パン生地にモルトエキスを加えると、次のような効果が期待できます。しかし、使用量が多すぎると、グルテンができにくくなるため、生地が軟化してだれやすくなります。

イーストのアルコール発酵を促進する

パン生地にモルトエキスを配合すると、成分中のアミラーゼが小麦粉中の損傷デンプン（⇒**Q**37）を麦芽糖に分解する。その麦芽糖がモルトエキスにもともと含まれている麦芽糖とともに、イースト（パン酵母）内に取り込まれて、アルコール発酵に使われる（⇒**Q**65）。

生地の伸展性（のび広がりやすさ）が高まる

糖類の吸湿性によって、グルテンが若干できにくくなり、生地にのびのよさが出る。発酵でボリュームが増し、焼成では窯のび（オーブンスプリング）しやすくなる（⇒**Q**100）。

焼き色がつきやすくなり、風味がよくなる

糖類が増えることで、アミノ-カルボニル（メイラード）反応が起こりやすくなる（⇒**Q**98）。

パンが硬くなりにくい

糖類の保水性によって、デンプンの老化（β化）が遅くなる（⇒**Q**101）。

焼き上がりのボリュームの比較　焼き色の比較

モルトエキスを添加したもの（左）、
添加していないもの（右）

モルトエキスを添加し
たもの（左）、添加して
いないもの（右）

 Q144 フランスパンにモルトエキスを使うのはなぜですか？
=発酵を促進するモルトエキス

 A フランスパンは砂糖が配合されないので、アルコール発酵に必要な糖と酵素を加えるためです。

　フランスパンは、小麦粉、イースト（パン酵母）、塩、水が主材料のシンプルな配合で作られるハード系の代表的なパンです。イーストの使用量を控え、ゆっくりと時間をかけて発酵・熟成させ、粉のもつ味わいとイーストの産出するアルコールや有機酸などによる風味を活かした生地作りを行います。

　砂糖を配合したパンの場合、イーストは砂糖の主成分のショ糖をブドウ糖と果糖に分解して、すみやかにこれらを取り込んでアルコール発酵を行います。しかし、フランスパンのように砂糖が配合されていないパンでは、イーストは主に小麦粉に含まれるデンプンを分解してアルコール発酵に必要な糖類を得ています。小麦粉のデンプンは分子が大きいので、まずは小麦粉のアミラーゼという酵素によっ

てデンプンが麦芽糖に分解されて、その後イーストの中に取り込まれて、ブドウ糖に分解されてからアルコール発酵に使われるため、発酵が開始するまでに時間を要します（⇒**Q**65）。

　モルトエキスには麦芽糖が含まれているため、生地に加えると、イーストはデンプンの分解を待つことなく麦芽糖を受けとり、スムーズにアルコール発酵を始めることができます。また、モルトエキスに含まれるアミラーゼが、デンプンの分解を促進して、徐々に生地中に麦芽糖が増えていきます。そのため、持続的に安定した状態で発酵を続けることができるのです。

Q
145
ラウゲ（ラウゲン）とは何ですか？ どんな時に使うのですか？
＝ラウゲの成分と用途

A
アルカリ水溶液です。成形したパンの表面につけて焼くと、独特の風味とクラストカラーがつきます。

　「ラウゲ（Lauge）」とは、ドイツ語で「アルカリ液」のことを指します。日本では、食品添加物として認められている水酸化ナトリウム（苛性ソーダ）を水に溶かして使用します。強いアルカリ性を示す劇物なので、扱いには十分な注意が必要です※。

　用途としては、主にラウゲンブレッツェル（Laugenbrezel）とよばれるドイツのパンに使い、焼成直前にアルカリ液（水酸化ナトリウム3％程度のもの）をパン生地の表面につけて焼き上げます。アルカリ液によって、パンに独特の風味とクラストカラーがつきます。なお、アルカリ液は焼成時に加熱によって無害なものに変化します。

　アルカリ液を入れる容器は、金属製を避け、プラスチック製やガラス製を使用します。また、アルカリ液そのものはもちろん、液のついた生地や容器にも素手で触れないように注意してください。作業時はゴム手袋やゴーグル、マスクを着用します。

※水酸化ナトリウムは「毒物及び劇物取締法」において「医薬用外劇物」に指定されています（5％以下は除く）。食品添加物として使用する際は「最終食品の完成前に、中和又は除去すること」と規定されています

アルカリ液で独特なクラストカラーがついたブレッツェル

使用時はアルカリ液に素手で触れないように注意する

Memo

Chapter **5**

パンの製法

パン作りにはどんな製法がありますか？
= パンの製法

 基本的な製法としては、ストレート法と発酵種法があります。

　人類の歴史にパンが登場してから現代にいたるまで、パン作りは様々な方法で行われてきました。

　材料を人間の手でこね、そのまま焼いただけのものに始まり、自然の力を利用した発酵パンの誕生、道具の使用や工夫による作業の効率化、近代化による機械の力を借りての生地作り、というように様々な進化を重ねてきました。科学（化学）の進歩、研究によって作られた薬品などの力を利用した生地作りは、パンの大量生産を可能にするなど、これまでに実に多くの製法が誕生してきています。

　しかし、基本的には、生地をこね、生き物であるイースト（パン酵母）の力を利用して発酵・熟成させたパン生地を最終的に加熱し、「食品」としてのパンに作り上げることに今も昔もかわりはありません。

　現在、日本で作られているパンの多種多様さは、世界的にみても群を抜いているといえるでしょう。パンの製法も、ヨーロッパ、アメリカをはじめ、世界各国の手法を取り入れながら発展してきました。さらには、昔から長年受け継がれてきた製法だけでなく、製パン科学の発達によって新しく開発された製法なども加わり、様々な理論や作り手の考え方による多くの製法が存在します。

　本書でそれらすべてを取り上げることは不可能なので、従来行われている製法の中から2つを取り上げ、基本製法として説明します。その2つとは、ストレート法と発酵種法です。数多く存在するパンの製法も、多くはこの2つの製法に分類することができます。

●ストレート法

　ストレート法とは、発酵種を使わない製法です。ミキシングで生地を作ったら、その生地をそのまま発酵・熟成させてパンに仕上げます。日本語では「直ごね生地法」または「直ごね法」といいますが、英語の「straight dough method（ストレート ドゥメソッド）」という言葉から、現在では主にストレート法とよばれています（⇒**Q**147）。

●発酵種法

　発酵種法とは、あらかじめ粉、水などをこねて発酵・熟成させたもの（発酵種）を他の材料とともにミキシングして生地を仕上げ、発酵・熟成させてパンに仕上げる方法です。発酵種は「パン種」「種」などとも呼ばれ、大変多くの種類があります（⇒**Q**148, 150）。

小規模店に合うのはどんな製法ですか？
Q 147 ＝ストレート法の特徴

 A 焼きあがるまでが比較的短時間で、生地の状態もコントロールしやすいストレート法が主流です。

　ストレート法では、ミキシングして生地を作ったら、基本的にはその生地をそのまま発酵・熟成させて、焼き上げまでの工程を行います。粉や水などを混ぜたりこねたり（ミキシング）してから発酵・熟成させた種を、そのほかの材料とともにミキシングして生地を作る発酵種法とは異なり、ミキシングの工程は一段階のみです。ストレート法とよぶほか、「直ごね生地法」、「直ごね法」ともよびます。

　19世紀中頃にイースト（パン酵母）が工業的に生産されるようになり、その品質が向上した20世紀に入って開発された製法で、材料にイーストを使用して生地を作ります。現在の日本の小規模ベーカリー、いわゆるリテイルベーカリー（生地作りから焼き上げ、販売までを自店で行うベーカリー）で主流となっています。

　主な特徴は以下の通りです。

ストレート法の長所

①比較的短時間で作れるので、材料（素材）の風味を出しやすい

②作業工程がシンプルでわかりやすく、焼き上がりまでが比較的短時間

③発酵種法に比べ、人間が直接管理できる部分が多く、パンの食感やボリュームをコントロールしやすい

ストレート法の短所

①デンプンの老化（β化）が発酵種法に比べて早いため、パンが硬くなるのが早い

②乳酸菌などが発生させる有機酸類の量が発酵種法に比べて少ないことから、生地がさほど軟化せず、生地の伸展性（のび広がりやすさ）がよくない。そのため、生地が損傷しやすく、機械での分割、成形などにあまり向かない

③生地が環境の影響（作業場所の温度、湿度、空気の流れなど）を受けやすく、各工程のずれ、特に発酵時間のずれがパンのでき上がりの良し悪しに直接かかわる

ストレート法の工程

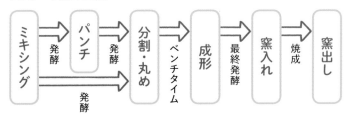

 Q148 発酵種法とはどんな製法ですか？
＝発酵種法の特徴

 A あらかじめ発酵種を用意し、他の材料と混ぜて作る製法です。

　発酵種法は、「発酵種＝あらかじめ発酵・熟成させた種」を、他の材料とミキシングして生地を作り（本生地）、発酵から焼き上げまでを行う製法の総称です。
　自然界に存在する酵母を利用した自家製パン種（⇒**Q155**）を使用するパン作りもこれに含まれます。主な特徴は以下の通りです。

発酵種法の長所

①発酵種を作る分、発酵時間が長く、乳酸菌などが発生させる有機酸類の量が多くなるため、生地の伸展性（のび広がりやすさ）が増し、パンのボリュームが出やすい

②発酵種を作る間にイースト（パン酵母）や乳酸菌などがすでに十分に働いているため、生地の発酵が安定し、パンの香りや風味によい影響を与える

③発酵種を作る間に粉の水和が十分に行われ、水分の蒸発量が少なくなる。その結果、生地の保水率が高くなり、パンが硬くなるのが遅くなる

発酵種法の短所

①発酵種の管理、保管の手間がかかる

②あらかじめ発酵種を作っておく必要があり、急な仕込み量の増加に対応できない

③発酵種のミキシングから、パンが焼き上がるまでに長時間かかる

発酵種法の工程

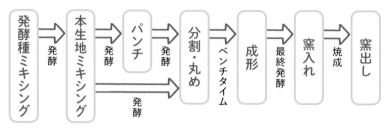

発酵種ミキシング → 発酵 → 本生地ミキシング → 発酵 → パンチ → 発酵 → 分割・丸め → ベンチタイム → 成形 → 最終発酵 → 窯入れ → 焼成 → 窯出し

（本生地ミキシング → 発酵 → 分割・丸め）

Q 生地と種はどう違うのですか？
149 ＝生地と種

A 種は生地を膨らませるもとになるもの。生地はすべての材料をミキシングしたもので、発酵や成形、焼成を経てパンになります。

　「生地」、「種」という言葉は、本書も含め、パン作りにおいてよく登場する言葉です。その違いを簡単に説明すると次のようになります。

生地と種の違い

生地	焼いたらパンになるもの（＝すべての材料を混ぜ、こねたもの。発酵〜焼成のプロセスを経てパンになる）
種	主に粉と水と酵母を混ぜてこね、あらかじめ発酵させたもので、生地を膨らませるもととなる。これにさらに粉や水などの基本材料や、副材料を加えてこねて生地にする

Q 発酵種にはどのようなものがありますか？
150 ＝発酵種の分類

A 発酵種には多くの種類があり、使用する酵母や生地の水分量によって分類できます。

　世界には古くから自然界に存在する酵母（野生酵母）を利用した多くの発酵種が存在し、その土地やベーカリー特有のパンが作られてきました。
　時代が下り、イースト（パン酵母）が安定して生産されるようになると、昔ながらの勘に頼った手間ひまのかかる方法にかわって、イーストを使用して発酵種が作られるようになりました。フランスのルヴァン・ルヴュールやポーリッシュ種、ドイツのフォアタイクなどがこれにあたります。
　現在の日本で、主に大規模ベーカリーで使用されている中種（⇒**Q**153）も発酵種

の一種といえます。

　イーストを使用することにより、安定して簡便にパン作りができるようになりましたが、古くからの自然界に存在する酵母を利用したパン種（自家製パン種）を使った方法がまったく行われなくなったわけではありません。現在も世界各地で伝統的な方法によって、昔ながらのパンが作られています。伝統回帰や、イーストにはない特有の風味や酸味をもつパンの需要があるという面からも、自家製パン種によるパン作りは行われています（⇒**Q**155）。

　また、発酵種はその状態により、流動性をもたない生地種と流動性をもつ液種の2つに分けることができます（⇒**Q**151, 152）。

発酵種の分類

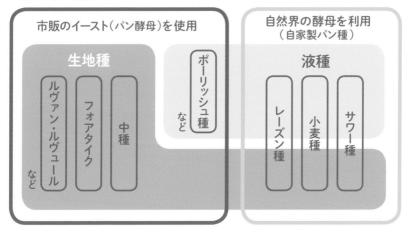

市販のイースト（パン酵母）を使用

生地種

ルヴァン・ルヴュール

フォアタイク

中種

など

ポーリッシュ種

など

自然界の酵母を利用
（自家製パン種）

液種

レーズン種

小麦種

サワー種

 液種はどんなパンに向きますか？
151 ＝ポーリッシュ法の長所と短所

 ハード系やリーンな配合のパンに多く使用されます。

　液種とは、粉に対して水が多く配合された、流動性がある発酵種の総称です。自然界に存在する酵母（野生酵母）を利用したものと、市販のイースト（パン酵母）を使用したものがあります。

　本書では、フランスでポーリッシュ法とよばれる、イーストを使用して作られる液種を用いた製法を説明します。日本でもハード系やリーンな配合のパンに使用されることが多い製法のひとつです。

●ポーリッシュ法

　1840年代にヨーロッパにおいて初めてあらわれた、イーストを使用した製法といわれています。発祥はポーランドで、オーストリアのウィーンで発展し、のちにフランスに伝えられたようです。その後、簡便で安定したパンができるストレート法（フランスではディレクト法とよばれる）が主流になって姿を消していきますが、現在では特徴のあるパンが作れる点や製造時間の短さなどの利点が見直されています。

　ポーリッシュ法は、まずパンに使う粉総量のうち20〜40％の粉に同量の水と適量のイーストを混ぜてペースト状にし、それを発酵・熟成させて種（ポーリッシュ種）を作ります。そして、その種と残りの材料を合わせて本生地を作るのです。

　柔らかい種は発酵・熟成が早いので、3時間程度の発酵で使用可能になります。製造時間に合わせて長時間発酵させたい場合は、イーストの量を減らしたり、塩を添加して調整します（⇒**Q**81）。また、発酵温度を下げる（冷蔵する）ことによって長時間発酵させることも可能です。ポーリッシュ種をはじめとする液種の主な特徴は以下の通りです。

液種の長所

①香味成分を多く含むため、パンの風味が増す

②パン生地の伸展性（のび広がりやすさ）が高まり、パンのボリュームが出やすい

③乳酸菌などが発生させる有機酸類によってパン生地のpHが低下し、適度に軟化するので作業性がよい

液種の短所

①種の温度管理を適切に行わないと、熟成不足やpHの過剰な低下につながって種の酸味が増し、パンの風味が悪くなる

②パンのボリュームが出すぎると、味が淡泊になりやすい

生地種にはどんな特徴がありますか？

＝生地種の長所と短所

発酵・熟成によって生じた香味成分を含む種なので、特徴あるパン作りができます。

　液種が流動性のある液状の発酵種であるのに対し、固形で流動性のない発酵種のことを生地種と呼びます。発酵種の多くは生地種です。自然界に存在する酵母（野生酵母）を利用したものと、市販のイースト（パン酵母）を使用したものがありま

すが、ここではイーストを使用した一般的な生地種について説明します。

　生地種作りにはパンに使う粉総量のうち20〜50％を用いることが多く、イースト、水、塩を加えてこねて生地を作り、12〜24時間ほど発酵・熟成させます。残りの材料を加えて再度こねると本生地の完成です。主な特徴は以下の通りです。

生地種の長所

①熟成による香味成分を多く含むため、パンの風味が増す

②種の発酵時間が長い分、グルテンのつながりが密になる。かつ、乳酸菌などが発生させる有機酸類の量が多いため、生地の伸展性（のび広がりやすさ）が増し、パンのボリュームが出やすい

③有機酸類によってパン生地のpHが低下し、適度に軟化するので作業性がよい

生地種の短所

①種の温度管理を適切に行わないと、pHが過剰に低下して種の酸味が増し、パンの風味が悪くなる

②パンのボリュームが出すぎると、味が淡泊になりやすい

　フランスやドイツでは19世紀頃にはイーストを使用した生地種が使用されていきましたが、やがてストレート法によるパン作りが普及するにつれて、その数は減少していきました。しかし、現在はポーリッシュ法と同様に、特徴あるパン作りや当日の製造時間の短さなどの利点が見直され、再び使用されるようになっています。

中種法には、どんな利点がありますか？
＝中種法の長所と短所

中種法はストレート法に比べてボリュームのあるパンができます。

　中種は生地種の一種ともいえますが、一般的な生地種と比べると、種に用いる粉の量がパン生地に使用する粉総量のうち50〜100％と多いのが特徴です。市販のイースト（パン酵母）で作られ、その使用量も多めです。

　種の段階で塩が入らないので発酵が早く進み、炭酸ガスの発生量も多く、生地は軟化します。また、小麦粉の水和も十分に行われます。この種を残りの材料と合わせ、強めのミキシングを行うことで、伸展性（のび広がりやすさ）をもつグルテンがで

きます。よって、ガス保持力が高まって、ボリュームのあるパンが焼き上がります。

　もともとは1950年代にアメリカで開発された製法（sponge dough method〈スポンジ ドゥ メソッド〉）で、その後、日本に技術とプラント（工場設備）が輸入され、「中種法」とよばれて定着しました。主に量産型の工場や大手製パンメーカーで多用される製法ですが、リテイルベーカリーでも使われています。中種法の主な特徴は次の通りです。

中種法の長所

① 種を発酵させる分、全体の発酵時間が長く、粉が十分水和するので、焼成における水分の蒸発量が少なくなる。その結果、水分量が多くなり、パンが硬くなるのが遅くなる

② 種を発酵させる分、全体の発酵時間が長く、乳酸菌などが発生させる有機酸類の量が多くなる。そのため生地の伸展性（のび広がりやすさ）が増し、機械によるミキシングでも生地が傷みにくくなる（機械耐性に優れる）

③ ストレート法に比べて強いミキシングが可能。そのため、伸展性のよさがありつつ、弾力の強い生地になり、ソフトでボリュームのあるパンになる

中種法の短所

① 種の使用量が多いので、その状態が生地のでき上がりに大きくかかわる。種の温度管理を適切に行わないと、本生地の発酵がうまく行われない

② 種作りを含むすべての工程を1日で行うことが多いため、パン製造の所要時間が長い（一般的な発酵種法では、種作りは別の日に行い、本生地のミキシングから始めることが多い）

Q 154　天然酵母パンとはどういうものですか？
=自家培養酵母で作るパン

A　自然界に存在する野生酵母を利用して作るパンのことです。

　天然酵母という言葉をよく聞くようになりましたが、酵母は自然界に生息する微生物であり、本来、すべて天然のものです。その天然の酵母（野生酵母）の中から製パンに適したものを探し、純粋培養して工場で生産されているのが市販のイースト（パン酵母）で、つまり、もともとは天然の酵母です。

　しかし、一般的に「天然酵母」という場合、パンの作り手が自ら酵母を培養したものを指すことがほとんどで、市販のイーストと区別するために、この名称が使わ

れています。

　本書では「天然酵母」というあいまいな言葉は使用せず、「自家培養酵母」としています。

参考 ⇒ Q155

「天然酵母パン」は安全？ 安心？

現在、日本で販売されている「天然酵母パン」とよばれているものには、主に次の3つがあります。

① 自然界に生息する酵母を利用して昔ながらの方法でパン種を作り、それを使用して作られたパン

② 「天然酵母」という名称で市販されているパン種（その製造元で培養されたもの）を使用して作られたパン

③ ①や②の発酵種と市販のイーストを併用して作られたパン

① は古代のパン作りに通ずるものであり、長所と短所があります。（⇒Q157）

② は市販品を利用することで、①の短所を補います。③は主に①や②の発酵力を補う目的でイースト（パン酵母）を添加しています。

しかし、「天然酵母」という言葉や表示は、消費者に「安全」「安心」「健康的」など、自家製パン種でパンを作る本来の目的（手間ひまかけてパン種を作ることにより、市販のイーストで作られたパンにはない、特有のおいしさや食感、風味をもたせる）とは異なるイメージや、市販のイーストが人工的に作られた、体によくないものであるというイメージを与えるおそれがあり、このことがパン関連の業界でも危惧されています。

（平成19年「天然酵母表示問題に関する見解」一般社団法人日本パン技術研究所）

自家製パン種って何ですか？
=自家培養酵母を利用した発酵種

自然界に存在する酵母（野生酵母）を利用して起こした種を自家製パン種といいます。

　自家製パン種とは、発酵種を作る際に市販のイースト（パン酵母）を使わず、自然界に存在する酵母（野生酵母）を利用して作った種のことです。自家製パン種のように、穀物や果物、野菜の表面や空気中に自然に存在している酵母や菌類を利用する場合、パン作りに必要な発酵力を得るためには、まず酵母や菌類を培養して数を増やす必要があります。

　酵母を培養するには、酵母が付着した材料と水を混ぜ、場合によっては酵母の栄養となる糖類を加えて、適温を維持します。そうすることで発酵が促され、酵母が増殖するのです。この作業を種起こしといいます。ここに新しい粉や水を継ぎ足してこねる種継ぎとよばれる作業を数日〜1週間程度繰り返しながら、パン

作りに利用できる種に仕上げます。

　本書では、こうして作り手が自ら培養した酵母を「自家培養酵母」とよび、種起こし、種継ぎを経てパン作りに利用できる状態になったものを「自家製パン種」とよんでいます。また、「小麦種」や「レーズン種」といった名称は、種起こしに用いた素材の名前を冠したもので、これらはすべて自家製パン種です。つまり、ライ麦から酵母を起こすサワー種（⇒Q159）も自家製パン種のひとつということになります。

 Q 156　果物で自家製パン種を作りたいのですが、種起こしの方法を教えてください。
＝自家製パン種の作り方

 A　果物と水を混ぜた液体を発酵させて種起こしをします。

　自家製パン種を作るには、まず酵母を得るためのもととなる材料（穀物、果物、野菜など）が必要です。その材料をもとに種起こしを行い、種継ぎを繰り返して培養した酵母（自家培養酵母）をもとにパン種を作ります（⇒Q155）。

　この自家培養酵母を得るのに使われる素材として代表的なものに、小麦やライ麦などの穀物や、レーズンやりんごなどがあります。酵母はそれ以外にもいろいろな材料から培養することができ、その酵母を用いて自店独自の特徴をもたせたパンを作っているベーカリーもあります。

　一般的に種起こしは、穀物を使う場合はその穀物の粉と水をこねた生地状のものを作るところから、レーズンやりんごなどの場合はそれらを水と混ぜ合わせた液体を作るところから始まります。

　りんご種を例に挙げてみましょう。りんごはまず、皮つきのままフードプロセッサーにかけ、5倍程度の水を加えてよく混ぜます。そして、ラップフィルム（穴を数か所開ける）をかけて25〜28℃で60〜72時間おいて培養します。この間、数回かき混ぜて酸素を入れて酵母の増殖を促します。これを漉して培養液をとり、この培養液に小麦粉を加えてこね、発酵させます。でき上がったこの種をもとにして、何度か種継ぎを行ってパン種が完成します。

りんご種の培養液作り

りんごをフードプロセッサーにかけ、水を加える。

60〜72時間培養する。酵母の増殖を促すために途中で何度か混ぜて酸素を入れる。

炭酸ガスが発生してきたら漉して用いる。

自家製パン種を使うと、どんな特徴のパンができますか？
＝自家製パン種を使用したパンの特徴

 独自の食感や風味（特に酸味）のあるパンを作れます。ただし、安定した品質を保つのが難しい面があります。

　自家製パン種を使ったパン作りは、市販のイースト（パン酵母）でパンを作るよりも大変多くの手間と時間がかかる上、よいパンができるという保証はありません。何から種を起こしたかによってパンの風味は異なりますし、生地の状態も様々（軟化しやすい、発酵力が弱いなど）なため、種の管理や製造工程をコントロールするための経験や技術も必要となってきます。

　しかし、その手間ひまやリスクを承知の上で、多くのパンの作り手が自家製パン種ならではの特徴をもつパンに魅了されています。

　また、自然界にある様々なものに酵母は付着しているため、めずらしい材料によるパン種に挑戦し、特徴ある製品を生み出すことも可能です。しかし、食べ物である以上、めずらしいだけではなく、「食べておいしいもの」にすることを忘れないでください。

　自家製パン種を使用したパンの特徴として、以下のような点が挙げられます。

自家製パン種の長所

①市販のイーストで作ったパンにはない、特有のおいしさや食感、風味（特に酸味）を出せる

②他にはないオリジナルなパンを作ることができる

③自分で酵母を「育てる」楽しみがある

自家製パン種の短所

①毎回同じ品質のパンを安定して作ることが難しい

②パン種の管理（種起こし、種継ぎ、温度管理など）がうまくできないと、おいしいパンができない

③有益な菌（パン作りに適した酵母や乳酸菌など）以外の菌（雑菌）が繁殖すると、パン種がだめになる（異臭がする、異常発酵など）

自家製パン種に雑菌が入った場合、種にどんな変化が現れますか？
雑菌が入ってしまった種でパンを作ることはできますか？
=自家製パン種の雑菌混入

 **腐敗臭が出て、いつもと違う色になったり、糸を引くようであれば、
使用してはいけません。**

　雑菌が種に入っても、種継ぎを繰り返すうちに、酵母や乳酸菌などの有益な菌が働く環境に変化していき、雑菌は繁殖できなくなります。しかし、種継ぎがうまくいかず雑菌が繁殖すると、多くの場合は腐敗臭が出てきます。また、色がいつもと違ったり、軟化して糸を引くようになる場合もあります。このような種で作られたパンを焼くと、熱に弱い雑菌ならば菌そのものはパンの焼成時に死滅しますが、食べておいしいパンにはなりません。

　また、芽胞を形成するカビや菌などの場合は、カビや菌そのものが熱で死滅しても、熱に強い芽胞は焼き上がったパンに残る場合があります。

　いつもの種とにおいや色が違ったり、生地にした時に状態が違うなどの異変を感じたら、パン作りに使用してはいけません。

 サワー種の種起こしと種継ぎの方法を教えてください。
=サワー種の作り方

 **小麦粉やライ麦粉を水でこねて種起こしをしたあとで、種継ぎを
行ってから使用します。**

　サワー種は、種起こしの材料に小麦やライ麦を使用した自家製パン種の一種です。

　小麦粉やライ麦粉と水をこねた種を発酵・熟成させたもので、種継ぎ（新しい粉と水を継ぎ足してこねる作業）を何度か行いながら4〜7日間程度かけて作ります。こうしてでき上がった種を「初種」とよびます。

　次に、この初種をもとにしてサワー種を仕上げていきます。仕上げるまでに何度か種継ぎが必要で、その回数によって、1段階法（種継ぎ1回）、2段階法（種継ぎ2回）、3段階法（種継ぎ3回）などとよばれます。こうして作られたサワー種を使って本生地を作り、ようやくパンになるのです。

　種継ぎを繰り返すうちに、種は徐々に酸を蓄え、その間の発酵・熟成によって生成された副産物（主に乳酸と酢酸）が、サワー種を添加したパンに独特な酸味と風味を与えます。

　なお、サワー種はライ麦を使用したライサワー種と、小麦を使用したホイートサワー（ホワイトサワー）種に大きく分けられ、それぞれ生地種と液種のどちらもあります。

ライサワー種とホイートサワー種の使い分けについて教えてください。
＝サワー種の種類

ライサワー種はライ麦パンの発酵種であり、ホイートサワー種は小麦のパンの発酵種です。ともに酸味があるのが特徴です。

　サワー種にはライ麦粉で作るライサワー種と、小麦粉で作るホイートサワー（ホワイトサワー）種があります。主に、ライサワー種はライ麦パンに、ホイートサワー種は、小麦のパンに用いられています。

● ライサワー種

　ライサワー種は主にライ麦の配合の多いパンを作る時に使用されます。ライサワー種にはパンへの風味の添加だけでなく、パン生地のボリュームを改善する役割もあるからです。
　国や地方、土地によって様々な種類があります。なお、伝統的にライ麦パンが作られているのは、ドイツ、オーストリアをはじめとする北ヨーロッパおよびロシアで、これらの地方は寒冷地でも比較的安定して育つライ麦を主食としてきた歴史があります。

● ホイートサワー（ホワイトサワー）種

　ホイートサワー種にもいくつもの種類があり、代表的なものにイタリア・ミラノの伝統的なクリスマス菓子であるパネットーネや、外観がフランスパンに似たアメリカ・サンフランシスコ生まれのサンフランシスコサワーブレッドなどがあります。
　ライ麦でパンを作る場合とは異なり、小麦で作るパンには本来、サワー種は必要ありません。しかし、独特の酸味と風味があって日持ちのするパンができるので、昔からパン作りに利用されてきたのでしょう。それらのサワー種はその土地の空気や水、小麦だけでなく、気候風土によっても異なり、今も特徴的なパンが作られています。

ライ麦パンにライサワー種を添加するのはなぜですか？
＝ライサワー種の役割

炭酸ガスを保持する力が生じて膨らんだパンになり、独特の食感と風味のあるライ麦パンができるからです。

　小麦には、グルテンのもととなるグリアジンとグルテニンという2種類のタンパク質が含まれていますが、ライ麦のタンパク質にはグリアジンが多く、グルテニンはほとんど含まれていません。そのため、ライ麦粉で生地を作ると、小麦粉で作った時とは違ってグルテンはできないので、膨らんだボリュームのあるパンにはなりません。

　実際にライ麦粉に水を加えてこねてみると、弾力がなく、粘りだけが強いベタベタの生地になります。その要因としては以下のようなことが考えられます。

ライ麦粉の生地がべたつく要因

① グリアジンは水と結びつくと粘性が強くなる

② ライ麦にはグリアジンと似た粘りを出す性質をもつセカリン（プロラミンの一種）というタンパク質も含まれていて、グリアジンと同様に粘りを出す

③ ライ麦にはペントザンという水和力が高い多糖類が含まれており、これが水と結びついて粘りが強まる

　粘りだけが強すぎて、グルテンができないとなると、まったく膨らまないのでは？と思われるでしょうが、実際は少しだけ膨らみます。

　このようなライ麦の生地にライサワー種を添加するとどうなるか。それは酵母の他に、ライ麦に多く付着している乳酸菌の働きが大きくかかわってきます。

　ライ麦粉に水を加えて種起こしをすると、乳酸発酵が活発に起こり、種継ぎを繰り返す間に乳酸菌、酵母の数が増えます。最初は乳酸菌以外の菌が優勢でも、乳酸発酵が進むにつれて乳酸菌の方が増え、発生する乳酸によって生地のpHが低下して酸性が強くなっていきます。

　その間に遊離アミノ酸が増加したり、酵母の増殖が活発になったりするなど、各種の菌や酵素が働いて影響し合いながら、4〜7日間程度かけてライサワー種ができ上がっていきます。最終的にpHが4.5〜5.0にまで低下すると、ライ麦のグリアジンは粘性が抑えられ、わずかながらガスの保持性が生じてきます。

　そのため、十分に酸を蓄えたライサワー種を配合して生地を作ると、酸が生地に作用します。グルテンによる生地のつながりはないのでもろさがあり、膨らみは乏しく目が詰まったクラムにはなりますが、それが特徴的な食感となって口当たりがよいパンになります。

　風味も独特で、乳酸や酢酸などの有機酸が酸味のある風味を生み出し、遊離アミノ酸がこうばしさや旨味を作り出します。

老麺とはなんですか？
＝老麺とは

日本では、イーストを使った長時間発酵の生地種、または前日に作ったパン生地の一部を残して長時間発酵させたものをいいます。

老麺（ろうめん）とは、もともとは中国で饅頭や点心などの生地に使用する発酵生地（種）の

ことをいいます。作った生地の一部を残しておいて、次の生地を作る時に発酵種として使用する「残し生地」のため、市販されているわけではなく、レストランや店ごとに受け継がれているものです。

　一方、日本のパン作りにおいての老麺は、イースト（パン酵母）を使用して作ったリーンな生地を長時間発酵させたフランスのルヴァン・ルヴュールと同様のものか、フランスパンのようなリーンなパンを作る際に発酵後の生地を取り分けて残しておき、低温または冷蔵で長時間発酵させたものを指します。

　これらは、本生地を仕込む際に10〜20%程度使用します。長時間発酵させた生地が入ることにより、本生地の発酵時間の短縮やパンの風味の改善が期待できますが、その反面、生地のべたつきやだれなどに注意が必要です。

　なお、現在は老麺という言葉が使われることは減り、同じものを指して「残し種」や「残し生地」という言葉が使われることも多くなりました。

なぜ、パン生地を冷凍するのですか？　また、上手に冷凍するにはどうしたらよいですか？
＝パン生地に適した冷凍方法

冷凍保存により、労力を軽減しつつ、焼きたてのパンを提供できます。−30〜−40℃以下で急速冷凍し、−20℃で保管しましょう。

　ベーカリーでは日々焼きたてのパンを提供するため、深夜や明け方からパン作りを始めて朝には店頭に並べます。焼きたてのパンはよい香りがし、見た目にも魅力的で、お客さんの購買意欲を高めますが、焼きたてにこだわるのは、それだけが理由ではありません。

　パンは焼き上がってから時間が経過すると、パリッとしたクラストは湿気を吸ってしんなりし、柔らかいクラムはデンプンの老化（β化）によって硬くなり（⇒Q38）、パサついて、おいしさが損なわれていきます。これも理由のひとつです。しかし、焼きたてのパンを提供するには、大変な労力を必要とします。

　その労力を軽減するための方法のひとつとして「冷凍」が挙げられます。ベーカリーが同じ品質の焼きたてのパンを提供できるように、冷凍生地の研究は進められてきました。

　ここでいう「冷凍生地」は、家庭用冷蔵庫で冷凍した生地のことではありません。家庭用冷蔵庫の冷凍室の温度は、JIS規格により−18℃以下と定められています。この温度は、市販の冷凍食品など、すでに凍っているものの品質を維持して保存するのには適していますが、常温帯の食品の中心まで急速に温度を下げること（急速凍結）はできません。家庭用冷蔵庫の冷凍室で常温帯の食品を凍らせると、食品の温度はゆるやかに下降し（緩慢凍結）、組織の中で氷の結晶が大きくなり、細胞を傷つけるなど、品質が低下する要因が出てきます。

パン生地においては、グルテン膜が氷の結晶によって損傷することで、解凍後に生地がだれてしまい、パンの膨らみが悪くなります。また、イースト（パン酵母）にとっても発酵がさまたげられる環境になります。そのため、家庭でのパン生地の冷凍はおすすめできません。

工場で生産された冷凍のパン生地は、−30〜−40℃以下で急速冷凍するので、氷の結晶が小さい状態でパン生地の中に分散します。小さな結晶はイーストの細胞を傷つけにくく、イーストへのダメージを抑え、パン生地としての品質の低下をできるだけ防ぐことができます。急速冷凍後は、この温度で保管するとイーストの活性を著しく阻害するため、−20℃で保管します（⇒**Q166**）。

現在、ますます冷凍生地のニーズは増え、冷凍パン生地の製パン性を高めるさらなる研究開発が進んでいます。

急速凍結と緩慢凍結

水はゆっくり凍ると大きな結晶になります。これを「緩慢凍結」といいます。水を入れたペットボトルを凍らせると、ボトルが膨らむのはこのせいです。特に温度が低下する際に、−1〜−5℃の温度帯が長く続くと、それだけ氷の結晶が大きくなります。この温度帯を最大氷結晶生成温度帯といいます。緩慢凍結では、食品の細胞の内外にある水分が大きな氷の結晶となって、細胞や食品組織を傷つけます。それを解凍した時に、傷ついた細胞から水分が流出するのがドリップで、水分を保持できなくなった食品は品質が劣化します。

一方、「急速凍結」では、最大氷結晶生成温度帯を短時間で通過するので、氷の結晶が小さく分散し、細胞を傷つけにくいため、凍結前の品質を保持しやすいのです。

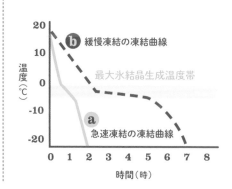

Q **164** ベーカリーでは冷凍生地をどのように活用しているのですか？
＝冷凍生地の利点

A **スペースや費用、労働力の削減、品揃えの充実などに活用しています。**

セントラル工場をもつ大規模ベーカリーの場合は、店舗に供給する各種冷凍生

地は工場で生産され、適切に凍結されて、保存、流通を経て各店舗に配送されます。そこで冷凍の状態で保存されながら、必要に応じて解凍〜焼き上げが行われ、同じ品質のパンを充実した品揃えで店頭に並べられるようになっています。

　このようにセントラル工場と店舗での役割を分けることで、それぞれに必要な設備やスペースを絞り込むことができ、費用の節減となる上に、技術者の数も少なくて済み、労働時間の短縮や効率化がはかれます。

　一方、小規模ベーカリーでは品揃えを充実させるために冷凍生地を活用することが多く、自店で製造したパン生地を短期間、冷凍保存する方法や、工場生産された冷凍生地を販売業者から購入する方法がとられています。

 冷凍生地の製品には、どのような種類がありますか？
＝冷凍生地の種類

 製造工程ごとの冷凍生地製品があるので、各店の用途に合ったものを使うことができます。

　現在、製パン業界で利用されている冷凍生地の製品には、大きく分けて以下の3種類があります。

①ミキシング後に冷凍したもの
・生地を大きな生地玉に分割して冷凍したもの（解凍後、分割・丸め〜焼成）
・生地を製品の大きさ（重さ）に分割して、丸めて冷凍したもの（解凍後、成形〜焼成）
・クロワッサンやデニッシュのような折り込み生地を冷凍したシート状のもの（解凍後、カット・成形〜焼成）
②成形後に冷凍したもの
③最終発酵後に冷凍したもの

　冷凍生地は、基本的に解凍後に使用しますが、最終発酵後に冷凍した製品には、凍ったまま焼成できるものもあります。

 パン生地を冷凍すると、製パン性が低下するのはなぜですか？
＝生地組織と酵母における冷凍障害

 凍結時と保存時に生じる障害のため、イーストの炭酸ガス発生力が落ちるうえ、生地のガス保持力も弱くなるからです。

　冷凍生地の製パン性の低下には、生地組織が冷凍によって損傷を受けるということと、発酵の要となるイースト（パン酵母）が冷凍（凍結）障害を起こすという2つ

の原因があります。それによって、イーストの炭酸ガス発生力、生地のガス保持力が低下しやすくなります。また、冷凍による障害には、凍結することによって起こる障害と、凍結したものを保存することによって起こる障害があります。

● 生地組織の冷凍障害

パン生地の組織が凍結によって受ける損傷には、以下のようなことが挙げられます。

氷の結晶の増大による、グルテン膜の損傷

食品を凍結すると、細胞の内外にある水分が氷の結晶となり、その体積が増大し、食品の細胞や組織を傷つけます。特にパン生地の場合には、氷結晶の増大によってグルテン膜が損傷し、解凍後に生地がだれて発酵や焼成時に膨らみが悪くなります。

これは無発酵の生地玉よりも、発酵後の生地を凍結した場合に顕著に起こります。なぜなら、グルテン膜が発酵によって薄い層状となって広がるため、氷結晶の損傷を受けやすくなるからです。

タンパク質の変性

タンパク質は凍結により、立体構造が変化して性質がかわります（変性）。肉や魚を冷凍した際に表面の一部がスポンジ状になるといったことが起こりますが、こうした損傷と同じことが、パン生地でも少なからず起こります。グルテンはタンパク質であるため、氷の結晶の増大による損傷を受けるだけでなく、グルテンそれ自体が変性して機能が低下することもあるということです。

氷の結晶の増大による、生地の水和成分の脱水

パン生地には水となじんで溶けて生地中に存在している成分がありますが、凍結によってその水分が氷の大きな結晶となり、パン生地の組織を傷つけます。その氷は、生地を解凍した時に水となって流出してしまうため、冷凍前と解凍後では生地中の水分分布の状態が変化してしまいます。

冷凍障害を受けた酵母から流出したグルタチオンの影響

凍結によりイーストの細胞が損傷して、イーストの細胞内にあった還元型グルタチオンという物質が流出します。グルタチオンは、グルテンのつながり（S-S結合）を切ってしまうので、生地がだれてガスの保持力が低下します。(⇒ **Q**69)

● イーストの冷凍障害

一般的に使用されているイーストの場合、イーストを製品のまま冷凍したものと、イーストを使って発酵させた生地を冷凍したものを比較すると、生地にしたものの方が、イーストの冷凍障害が著しく進みます。

つまり、イーストが休眠状態であれば高い冷凍耐性があります。しかし、イーストが発酵開始後すぐに代謝活動を始め、やがて細胞が活性化状態となると、冷凍

障害を受けやすいと考えられています。

　そのため、生地の凍結前にイーストがなるべく活性化しないようにその活動を抑える必要があります。しかしながら、イーストの発酵を抑えると、それと並行して起こる生地の熟成（⇒p.214・215「発酵 ～生地の中ではどんなことが起こっているの？～」）が不足するため、生地の風味が弱くなってしまうという問題点が出てきます。

　そこで、生地が発酵したあとの冷凍耐性が高く、低温環境のストレスに対する耐性にも優れている、冷凍耐性酵母（凍結耐性酵母）の研究、開発が進められており、製品化されています。

材料を工夫して、冷凍パン生地が冷凍による障害を受けないようにすることはできますか？
＝冷凍障害を緩和する配合

冷凍耐性のあるイーストや小麦粉の選択や、砂糖の使用が有効ですが、一般的には添加物も使用されています。

　冷凍生地には、冷凍耐性酵母が使われる他、タンパク質量が多く、損傷デンプン（⇒**Q37**）が少ない冷凍生地用の小麦粉が使用されます。

　また、副材料に砂糖を用いることで、生地の状態をよくすることができます。冷凍（凍結）による障害には水分に関わる問題もあります。たとえば、生地中の水和成分が冷凍によって脱水し、生地中の水分分布に変化が生じるといったことです。しかし、砂糖の吸湿性や保水性（⇒**Q100・101**）によって、水分に関わるこれらの障害が改善すると考えられます。

　一般的には、添加物（⇒**Q139~142**）を加えて生地の物性や品質を調整、改良しています。添加物はその種類や効果も様々で、研究、開発が進められており、新しい製品も出てきています。

Chapter **6**

パンの工程

プロセスで追う
構造の変化

　パンの製法は、生地に物理的な力を加えて生地を引き締める工程（ミキシング、パンチ、丸め、成形）と、生地を休ませる工程（発酵、ベンチタイム、最終発酵）とが交互になるように組み合わされており、それは「緊張」と「弛緩」の繰り返しだともいえます。

　たとえば、丸めの工程で物理的な力が加わると、グルテンの構造が密になって強化されます。こうしてグルテンが「緊張」すると、生地の粘弾性（粘りと弾力）や抗張力（引っ張り強さ）が強まります。一方、次のベンチタイムでは、生地を休ませ、グルテンを「弛緩」させて、生地の伸展性（のび広がりやすさ）を回復させます。すると、その後の成形で、再び物理的な力が加わっても、生地が切れたり裂けたりせずに、しなやかにのびることができるようになります。なお、ベンチタイムでグルテンが「弛緩」するからといって、生地の粘弾性や抗張力が丸めの工程を行う前の状態に戻るわけではありません。あくまでも、次の成形の作業がしやすくなるよう、グルテンの「緊張」を少しゆるませるというイメージです。

　このように、パン作りでは「緊張」と「弛緩」の工程を交互に行うことで、徐々に粘弾性、抗張力、伸展性のバランスがとれた状態に生地を変化させて、ボリュームのあるパンの完成に一歩ずつ近づけていきます。最後の工程となる焼成において、窯のびしたよい状態のパンに焼き上がるのは、焼成に至るまでの工程で、生地の状態を常に見極めながら、「緊張」と「弛緩」をコントロールできてこそなのです。

　それでは、各工程で、どのような作業をするのか、そしてその時に生地にはどのような構造の変化が起こるのかを、順を追って見てみましょう。

ミキシング

第1段階 〈材料を混ぜる〉

材料が水和し、イーストが活性化する。まだベタベタとした状態

● 作業と生地の状態

小麦粉、イースト(パン酵母)、塩、水などの材料を混ぜる。生地の状態はまだベタベタしていてつながりはほとんどない。

● サイエンスで見る生地の変化

水が生地全体に分散し、水に溶けやすい成分が水和する。イーストは水を吸収して活性化し始める。

第2段階 〈生地をこねる〉

グルテンが形成され、粘りが増す

● 作業と生地の状態

材料が混ざったら生地を台にこすりつけるようにしてこねる。はじめは材料が均質に混ざっていないので、生地がちぎれやすい。また、まだ水が完全にはなじんでおらず、生地の表面はべたついている。こねていくうちに全体が均一に柔らかくなり、さらにこねると粘りが増して弾力が出てくる。

● サイエンスで見る生地の変化

小麦粉に含まれるタンパク質のうち、グリアジンとグルテニンの2種類は、こねるという物理的刺激によって粘りと弾力をもつグルテンに変化する。なお、塩はグルテンを強化する働きをする。

第3段階 その1 〈さらに生地をこねる〉

グルテンが薄い膜を形成し、弾力とつやが出る

● 作業と生地の状態

生地を作業台に叩きつけながらさらにこねる。そうすることで弾力が増し、表面のべたつきがなくなってなめらかになる。

● サイエンスで見る生地の変化

こねることによって、生地が断ち切られる(グルテンの構造が一時的に崩壊する)ことと、つながる(グルテン同士がつながりを取り戻す)ことが繰り返され、その過程でグルテンが強化されて弾力が増す。グルテンは網目状の構造をしており、しっかりこねると生地中に広がっていく。これが次第に層になり、グルテンがデンプンを包み込みながら薄い膜を形成していく。

第3段階 その2 〈バターを混ぜる〉 ※バターを使わない生地では不要な工程

バターがグルテン膜にそって広がり、なめらかな生地になる

● 作業と生地の状態

バターを使う場合は、この段階で混ぜ込む。はじめは生地に弾力があってなじみにくいが、生地を細かくちぎって表面積を増やしたり、バターを小さくして混ぜ込むと、生地とバターが接する面が増えてバターがなじみやすくなる。こね終わりには、生地はなめらかになり、つやが出た状態に。

● サイエンスで見る生地の変化

ここまでこねた生地は弾力が強く、バターが入っていきにくいが、すでにグルテンが層状になっているところに

バターを混ぜ込むので、グルテンの形成をさまたげることなく、油脂によるのびのよさとなめらかさを生地に与えることができる。

バターには可塑性があるため、生地が押されると粘土のように形をかえて薄い膜状になり、グルテンの膜にそって（またはデンプンの粒子の間に）のび広がって分散する。その状態で生地を引きのばすと、薄い膜状になったバターが、グルテンが引きのばされるのと同じ方向にのびていき、かつグルテン同士がくっつくのを防ぐ潤滑油の役割をする。そのため、生地に伸展性（のび広がりやすさ）が出て、バターを加える前よりも生地がのびやすくなる。

第4段階 〈生地をのばして状態を確認する〉

グルテンの網目構造が密になり、弾力のある膜状に薄くのびる

● 作業と生地の状態

生地の弾力が十分に出たと感じたら、生地の一部を取って指先でのばして生地の状態を確認する。すると、弾力のある膜状となって薄くのびる。バターを加えた場合には、より薄くのびるようになる。

● サイエンスで見る生地の変化

グルテンが強化されて網目構造が密になった生地は、弾力のある薄い膜状に引きのばすことができる。バターが加えられた生地は、バターがグルテンの膜の間で潤滑油の役割をするので、生地がよりなめらかに薄くのびる。

第5段階 〈表面を張らせて発酵容器に入れる〉

張らせることで表面のグルテンが強化される

● 作業と生地の状態

こね終わったら、生地の表面が張るようにまとめて、なめらかな面が上になるようにして発酵容器に入れる。

● サイエンスで見る生地の変化

生地の表面が張っていると、特にその部分のグルテンが強化されて緊張した状態になる。よって、次の工程となる発酵中に発生する炭酸ガスを保持できるようになり、だれることなく膨らむ生地になる。

発酵

第1段階 〈発酵前半〉

アルコール発酵により、生地が膨張し始める

● 作業と生地の状態

発酵容器に入れた生地を、25〜30℃の発酵器に入れて発酵させる。

● サイエンスで見る生地の変化

イースト（パン酵母）のアルコール発酵により、炭酸ガスとアルコールが発生する。生地中に無数の炭酸ガスの気泡ができ、その気泡が大きくなると、周りの生地が押し広げられて生地全体が膨らんでいく。

第2段階その1 〈発酵中盤〉

有機酸やアルコールにより、生地が軟化してゆるみ、弾力が弱まる

● 作業と生地の状態

発酵が進んで生地が膨らんでくると、適度な張りを保ちながらも、弾力は弱まって柔らかくゆるんでくる。

● サイエンスで見る生地の変化

生地中に混入した乳酸菌や酢酸菌が、乳酸発酵や酢酸発酵などを行い、有機酸（乳酸、酢酸など）を発生させる。それらや、イーストのアルコール発酵で発生したアルコールがグルテンを軟化させて生地がゆるむ。

第2段階その2 〈発酵中盤〉

グルテンの形成と軟化が同時に起こり、ボリュームが増す

● 作業と生地の状態

生地がよりしなやかにのびながら、さらに大きく膨らんでいく。

● サイエンスで見る生地の変化

炭酸ガスによって押し広げられることが、グルテンにとっては弱いながらも刺激となり、自然にグルテンが形成されていく。それとは逆に、有機酸やアルコールによってグルテンが軟化する作用も同時に起こるため、生地に伸展性（のび広がりやすさ）が生まれる。

第3段階 〈発酵後半〉

アルコールや有機酸が芳香成分としても働き、生地の熟成が進む

● 作業と生地の状態

発酵時間が長くなると香りや風味が出てくる。

● サイエンスで見る生地の変化

イーストが発生させるアルコール、細菌やイーストが発生させる有機酸などは、パンの香りや風味のもとにもなる。それらがより多く産出されることで香りや風味が増す。

第4段階 〈発酵状態を確認する〉

グルテンの強化と軟化のバランスが保たれ、膨らみがピークに達する

● 作業と生地の状態

生地は十分に膨らみ、かつ軽く押さえると跡が残るくらいにゆるんだ状態。

● サイエンスで見る生地の変化

生地のグルテンが強化されることで生まれる弾力と、有機酸やアルコールによる軟化の作用のバランスがとれ、ゆるみつつも十分な膨らみを保った状態となっている。

パンチ

第1段階 〈生地を押さえてガスを抜く〉

ガスが抜け、生地内の気泡は細かく分散。イーストは活性化し、グルテンは強化される

● **作業と生地の状態**

発酵のピーク時に発酵容器から生地を取り出し、手のひらで押さえたり折りたたんだりして内部の炭酸ガスを抜く。すると、発酵で膨らんでゆるんでいた生地から炭酸ガスが抜けて、生地が引き締まる。

● **サイエンスで見る生地の変化**

パンチによって生地中の炭酸ガスの大きな気泡はつぶされ、小さい無数の気泡となって分散する。これにより、焼き上がりのクラムのきめが細かくなる。

また、イースト（パン酵母）は、発酵中に自らが発生させたアルコールにより生地中のアルコール濃度が高くなった結果、活性が低くなってしまうが、パンチを行うと、炭酸ガスとともにアルコールも放出され、同時に酸素が若干混入するため、再び活性化する。

そして、押さえるという強い刺激を与えることによって、生地中のグルテンが強化される。

第2段階 〈表面を張らせて発酵容器に入れる〉

生地表面のグルテンが強化される

● **作業と生地の状態**

形を整え、表面を張らせて、発酵容器に戻し入れる。生地の表面がなめらか、かつ張って緊張している状態。

● **サイエンスで見る生地の変化**

表面を張らせることで、特にその部分のグルテンが強化される。

第3段階 〈再び発酵させる〉

アルコール発酵により、生地が膨らむ

● **作業と生地の状態**

25 〜 30℃の発酵器に入れて発酵させる。生地が再び膨らみ、その膨らみがピークに達したら発酵状態を確認する。軽く押さえてみて、跡が残るくらいにゆるんだ状態であればよい。

● **サイエンスで見る生地の変化**

イーストがアルコール発酵を活発に行って炭酸ガスを発生させ、グルテンが強化された生地がそれを受け止め、生地内に保持しながら膨らんでいく。

分割

第1段階 〈生地を切り分ける〉

切り口が押しつぶされ、グルテンの配列が乱れる

● 作業と生地の状態
作りたいパンの重さに生地を切り分ける。その際、生地を傷めないよう、スケッパーを使って押し切る。きれいに切れたとしても、切り口の生地は押しつぶされて少し引きつれ、べたついた状態になる。

● サイエンスで見る生地の変化
切り口のグルテンは断ち切られて、配列が乱れた状態。

丸め

第1段階 〈切り口を内部に入れ込んで丸める〉

表面のグルテンが強化され、内部のグルテン配列がしだいに整う

● 作業と生地の状態
生地の切り口を内部に入れ込み、生地を引き締めるようにしながら丸める。丸めが終了した生地の表面はなめらかで、弾力と張りが出る。

● サイエンスで見る生地の変化
分割によって生地の切り口のグルテン配列は乱れるが、切り口を内部に入れ込むと、時間の経過とともに自然に配列が整っていく。また、丸めるという物理的な刺激により、生地の表面のグルテンが強化される。

ベンチタイム

第1段階 〈生地を適温で休ませる〉

アルコール発酵が少しずつ進んでひとまわり膨らみ、生地がゆるむ

● 作業と生地の状態
丸めた生地をしばらくおくと（小型のパンは10〜15分、大型のパンは20〜30分）、ひとまわり大きく膨らみ、球状だった生地はゆるんでやや平たくなる。

● サイエンスで見る生地の変化
イーストのアルコール発酵が、ガスの発生は少ないながらも続き、生地はやや膨らむ。同時に、乳酸などが発生させる有機酸やイーストのアルコール発酵で発生したアルコールによって、グルテンは軟化して生地がゆるむ。また、グルテンの網目構造が乱れていた部分は自然に配列が整っていく。
これらの変化により、のばすなどして力を加えても縮みにくい、成形しやすい生地になる。

成形

第1段階 〈でき上がりの形にする〉

形を整えてなめらかで張りがある状態にすることで、表面のグルテンが強化される

● **作業と生地の状態**

生地をのばす、折りたたむ、巻く、丸めるなどして丸形や棒状といった形を作る。生地の表面に張りを出すようにしながら、でき上がりの形にする。

● **サイエンスで見る生地の変化**

生地の表面は、張らせることでグルテンが強化されて緊張した状態になる。よって、次の工程となる最終発酵では、生地内に発生した炭酸ガスを保持して膨らみ、だれることなく、形と弾力を保つ。

最終発酵

第1段階 〈最終発酵前半〉

アルコール発酵が活発に行われ、生地が膨張し始める

● **作業と生地の状態**

30〜38℃の発酵器に入れて発酵させる。高い温度で発酵させることで、生地がさらに膨らむ。

● **サイエンスで見る生地の変化**

最終発酵では、ミキシング後の発酵よりも高い温度で発酵させる。そうすることで、生地内部の温度が、イースト（パン酵母）が最も活性化する40℃に近づき、アルコール発酵が活発に行われ、炭酸ガスが発生して生地が押し広げられる。

第2段階 〈最終発酵中盤〉

有機酸やアルコールが生地を軟化させ、生地はゆるみつつも形と弾力を保つ

● **作業と生地の状態**

発酵温度が高いため、大きく膨らんで生地が引きのばされる。

● **サイエンスで見る生地の変化**

イーストや酵素が高い温度で活性化して、有機酸やアルコールを多く発生させることによって、生地が軟化する。すると、生地の伸展性（のび広がりやすさ）が増し、炭酸ガスが増大するのに合わせて、よりしなやかに膨らむようになる。

第3段階 〈最終発酵後半〉

有機酸やアルコールが芳香成分としても働き、生地の熟成が進む

● 作業と生地の状態

生地の香りや風味が豊かになる。

● サイエンスで見る生地の変化

乳酸菌や酢酸菌が発生させる有機酸、イーストが発生させるアルコールや有機酸は、生地を軟化させる（左ページ参照）だけでなく、パンの香りや風味のもとにもなる。

第4段階 〈発酵状態を確認する〉

生地を適度にゆるませ、膨らみのピークより少し手前の状態にする

● 作業と生地の状態

最終発酵は、膨らみのピークに達する少し手前の、生地の緊張を残した状態で終了とする。指の腹でそっと押さえると、かすかに弾力が感じられる状態が終了の目安。

● サイエンスで見る生地の変化

次の工程となる焼成の前半では、イーストのアルコール発酵が最大に活発化して大量の炭酸ガスが発生するため、最終発酵は膨らみのピークに達する前に切り上げ、生地に緊張を残し、だれずに膨らみを保持し続けられる状態にとどめる。

焼成

第1段階 〈焼成前半〉

アルコール発酵が活発に行われ、生地が大きく膨張する

● 作業と生地の状態

180 〜 240℃で焼成する。オーブンに入れて少し経つと生地が大きく膨らむ。

● サイエンスで見る生地の変化

この段階ではイーストのアルコール発酵が盛んに行われ、炭酸ガスの発生量が増え、生地が膨張していく。内部温度が 55 〜 60℃になると、熱によってイーストが死滅し、アルコール発酵による生地の膨らみはほぼ止まる。

第2段階 〈焼成中盤〉

クラムが完成し、クラストができ始める

● 作業と生地の状態

生地はさらに膨らみ続け、グルテンが熱凝固すると膨張が止まる。

● サイエンスで見る生地の変化

イーストの死滅後は、熱による炭酸ガスなどの膨張やアルコールの気化が起こり、続けて水の気化が起こる。それにより、生地がさらに膨張する。

グルテンは75℃前後で完全に凝固し、デンプンは85℃で糊化（α化）が完了する。その後、糊化したデンプンから水分が蒸発していき、スポンジ状のクラムになっていく（⇒ p.178 「クラムの形成」）。

第3段階 〈焼成後半〉

クラストが完成して焼き色がつき、こうばしい香りが出てくる

● 作業と生地の状態

茶色い焼き色がつき始め、こうばしい香りがしてくる。

● サイエンスで見る生地の変化

生地からの水分の蒸発が少なくなると、生地の表面が乾いて温度が上昇する。表面温度が140℃になったくらいからクラストが色づき始め、160℃からよく色づき、こうばしい香りが出てくる。表面温度は180℃くらいまで上昇し、クラストが完成する。

クラムの形成

40℃～	・イースト(パン酵母)のアルコール発酵は40℃で最も活発になり、炭酸ガスの発生量が多くなる
50℃～	・イーストの活動は50℃くらいまで続き、炭酸ガスを出し続け、約55〜60℃で死滅する。ここまでは生地はアルコール発酵によって膨らんでいく
	・炭酸ガスの熱膨張、アルコールや生地中の水に溶けた炭酸ガスの気化が起こり、続いて水の気化が起こる。そして、これらの体積が大きくなることによって生地が膨張していく
	・デンプンの分解酵素が働いて損傷デンプンの分解が起こる。また、タンパク質の分解酵素が働いて、グルテンの軟化が起こる。これらの変化によって、50℃くらいから生地が液化して、生地が窯のび(オーブンスプリング)しやすくなる
60℃～	・グルテンのタンパク質が熱によって固まり始め、保持していた水を離し始める
	・デンプンの緻密な構造が熱によって壊れて、タンパク質から離れた水や、生地中の水を吸収し、糊化し始める
75℃～	・グルテンのタンパク質が変性して完全に凝固し、それによってグルテン膜も固まって、生地の膨張がゆるやかになる
85℃～	・デンプンの糊化が完了し、パンのふっくらした食感が作りだされる
～100℃手前	・糊化したデンプンから水分が蒸発していき、タンパク質の変性との相互作用によって半固形の構造に変化し、パンの組織が形作られる

クラストの形成

焼成前半	オーブンの中には水分が充満しており、それが生地の表面に凝集して水蒸気の膜で覆われているような状態になっている。この間は焼き色はつかず、クラストもまだできていない
焼成中盤	オーブンからの熱によって、生地の表面が乾燥して、クラストが形成され始める
焼成後半	タンパク質やアミノ酸と還元糖が高温で加熱されることで、褐色の色素とこうばしい香りを発生させる反応（アミノ-カルボニル〈メイラード〉反応）が起こり、140℃くらいからクラストが色づき始め、160℃からよく色づく。さらに高温になるにつれて、糖類の重合によって起こる反応（カラメル化反応）に移行し、糖が色づき、カラメル様の香りを発生させる。生地の表面は180℃くらいまで温度が上昇してクラストが完成する

下準備

パン作りの準備

　「計量や器具の準備は、作業に入る前にすべて終わらせましょう」ということは、お菓子作りでよくいわれていますが、パン作りにおいても同様です。準備なしでパン作りを始めてはいけないといっても過言ではありません。

　パン作りは準備の段階からすでに始まっていると思って、しっかりと取り組みましょう。

●計量

　あらゆるパン作りに共通する大切な作業です。材料の計量は、基本的にパン作りを始める前にすべて済ませておくようにします。正確に行うために、液体を含む全材料は「重さ（質量）」で量ります（⇒**Q**170）。

●水温の調節

　パンを作る時の大切な要素に、こね上がった生地の温度（こね上げ温度）があり、パンの種類ごとに適切な温度が決められています。生地の中に練り込まれたイースト（パン酵母）は、パンが焼き上がるまでの間、ほとんどの時間働き続けますが、そのためには栄養と水、そして適切な温度が必要だからです。

　こね上がった生地は発酵器などイーストが働きやすい環境におきますが、まずはスタート時の生地の温度が大切になってきます。こね上げ温度は主に仕込み水の温度でコントロールするため、準備段階での水温の調節は欠かせない作業です（⇒**Q**172）。

●油脂の温度調節

　バターやマーガリン、ショートニングなど多くの油脂は、冷蔵庫など温度の低い場所で保存されています。パン生地を作る時に油脂の温度が低く、硬い状態だとうまく混ざらず、均質な生地にならないことがあります。それを防ぐために、あら

かじめ冷蔵庫などから取り出し、混ぜ込みやすい硬さに調節しておくことが大切です。

　バターの場合は13〜18℃前後、マーガリン、ショートニングの場合は製品によって10〜30℃と可塑性（かそ）が発揮できる温度には幅がありますが、押すと少し抵抗がありながらも、指が油脂に無理なく入っていくような状態が目安です（⇒**Q**109, 112, 114）。

　冷蔵庫から出した直後の冷たいものを使う時には、生地に混ざりやすいように麺棒などで叩いて強制的に柔らかくすることもあります。

● 粉乳の準備

　粉乳は、空気に触れた状態にしばらくおくと、湿気を吸収してダマになることがあります。そうなると生地の中にうまく分散することができず、そのままダマが残る場合があります。計量後すぐに、配合する粉かグラニュー糖に混ぜるか、ラップフィルムなどをかけて、ダマになるのを防ぎます。

　なお、粉乳に上白糖などのしっとりとした砂糖を混ぜるとダマになりやすいので、混ぜるのは避けます。もし、粉乳がダマになってしまった場合は、ミキシング時に配合の水の一部で溶かしてから使用します。

粉乳をグラニュー糖に混ぜたもの（左）、上白糖に混ぜてダマになったもの（右）

● オーブンプレートや型の準備

　オーブンプレートや食パン型などの焼き型を使用する場合は、パン生地の成形までに準備が必要です。あらかじめ油脂（ショートニングや離型油など）を塗っておきます（⇒**Q**181）。

ショートニング
刷毛などを使って、全体にまんべんなく塗る

離型油
オーブンプレートや焼き型に使う専用油脂。固形のものと液状のものがある。液状のものには、スプレー缶に入った製品もある

パン作りにはどのような環境が必要ですか？
=パン作りに適した温度と湿度

作業時の室温は25℃程度、湿度は50〜70％程度がよいでしょう。

　微生物であるイースト（パン酵母）の働きを利用して作るパンは、環境（主に温度と湿度）ができ上がりに大きな影響を与えるので、特に発酵の工程では温度と湿度の管理が重要になります。といっても、実際には発酵器に温度や湿度の調節機能があることが多いため、コントロールそのものは難しくありません。

　一方、ミキシング、分割・丸め、成形の工程は室温で行われることが多く、実は、その際の温度（室温）と湿度にも注意が必要です。

　室温は、ミキシングにおいて生地のこね上げ温度に影響を与える大きな要因であり、分割・丸め、成形では、生地温（生地の温度）の低下や上昇にかかわります。

　湿度は、高すぎるとミキシング時に生地がべたついたり、こね上げ温度が高くなる場合があります。分割・丸め、成形では、湿度が低すぎると生地の乾燥につながります。また、パンを作る人にとっても作業場所の環境は重要です。

　では、どの程度の温度、湿度がパン作りに適しているのでしょうか。おおむね温度は25℃程度、湿度は50〜70％程度であれば、問題なくパンを作ることができるでしょう。

　とはいえ、地域や季節などにより、この環境を設定することが難しい場合があると思います。その場合、分割・丸めや成形などの作業を手早く行うことで生地の温度変化を少なくします。また、生地の過度の乾燥を防ぐには、直接風が当たるのを防いだり、ビニールやポリ袋をかけたりするなどの工夫をすればよいでしょう。

ベーカーズパーセントとはどういうものですか？
=ベーカーズパーセントの考え方

パンの配合を表しています。

　ベーカーズパーセントとは、パンの配合を表す上で便利な表記法のひとつで、使用する粉の量を基準として、各材料の配合比率を表したものです。本来、パーセント（百分率）とは全体を100とした時の割合を示しているのに対し、ベーカーズパーセントでは配合中の粉の合計を100として、その他の材料を粉に対するパーセンテージで表しています。

　このような独特の表記法を採用しているのは、パン作りで最も使用量が多く不可欠な材料である粉の量を基準に、簡単な掛け算をするだけですべての材料の分

量が出せて合理的だからです。

　ベーカリーでは日によって仕込む生地の量が違う場合もありますし、その日に作りたいパンの個数から逆算して仕込み量を計算したい場合もあります。また、パン作りに慣れてくるとベーカーズパーセントで表される各材料の割合を見ただけで、そのパンの柔らかさの程度や口溶けのよさ、日持ちなどの特徴がわかるようになってきます。

例）

① 小麦粉2kgで生地を仕込みたい場合

強力粉と薄力粉の合計が2kgということになるので、ベーカーズパーセントの割合にあてはめると強力粉は1800g、薄力粉は200gとなる（右表赤字部分）。残りの材料の分量は、粉の総量である2kgにベーカーズパーセントを掛けて算出する。

② 40g分割で95個のパンを作りたい場合

生地の総重量は40g×95個＝3800g（右表青字部分）。これがベーカーズパーセントの合計である190％にあたる。そこから、ベーカーズパーセントを使って、各材料の必要な分量を計算する。

材料	ベーカーズパーセント (%)	分量(g)
強力粉	90	1800
薄力粉	10	200
砂糖	8	160
塩	2	40
脱脂粉乳	2	40
バター	10	200
卵	10	200
生イースト	3	60
水	55	1100
合計	190	3800

　ただし、実際のパン作りでは、生地の発酵による重量の減少（発酵ロス）や作業時のロスなどがあり、計算通りの生地総重量にはならないことがほとんどです。

計量にはどのような計量器(秤)が必要ですか？
＝パン作りのための秤

正確に重量を量れて、最少単位が0.1gの秤が便利です。

　材料の計量はパン作りにおいてとても大切です。計量が正確でなければ、きちんとしたパンを作ることができません。液体をmℓやccなどの「液体量（体積）」で計量することもありますが、基本的には液体も含めてすべての材料はgやkgの「重さ（質量）」で量ります。

　材料の計量に使用する秤は、最小単位が0.1gのものがあると便利ですが、粉を1kg以上使用するのであれば、最小単位が1gのものがあればよいでしょう。

機械式上皿秤

デジタル上皿秤。0.1g単位で計量できるタイプもある

上皿棹秤。左に重りをセットし、右の上皿に生地をのせ、棹の揺れ幅を見極めて重さを量る

　デジタル上皿秤は、正確な計量に適しています。最小単位が0.1g刻みで計量できるものや、最大10kg以上まで計量が可能なものもあります。家庭用では、最小1gから最大1〜2kgまで量れるものであればよいでしょう。

　なお、パン生地を分割する際に、ベーカリーでは上皿棹秤とよばれる特殊な秤を使用することが多いです。この秤は棹の一方に重りをセットし、その反対側にある上皿に分割した生地をのせ、重さが釣り合うと棹が水平になる仕組みです。

　例えば、生地を100gに分割する場合、デジタル上皿秤の場合、生地を上皿にのせるたびに「85gだから15g足りない」「110gだから10g超えた」などと数字を読み取り、差を意識する必要があります。

　一方、上皿棹秤の場合は、100gのおもりをセットしてしまえば、数字を意識することなく、棹の上下の揺れ幅が均等であれば重さが釣り合っていると判断して作業を進めることができるため、慣れてしまえばこの方が作業性がよいという利点があります。

Q171　仕込み水、調整水とは何ですか？
＝パン作りに使用する水

A　仕込み水は配合表に示されている水のことで、調整水は仕込み水の一部を取り分けたものです。

　仕込み水とは、パン生地を作る際に使用する水（配合表に書かれている材料としての水）のことを指します。調整水とは、パン生地の硬さを調節する水のことで、生地を仕込む際、仕込み水から一部を取り分けておいたものです。

　いつも同じ粉を使用していても、天候や季節、部屋の温度や湿度、粉の乾燥具合等により吸水量は変化します。そのため、常に同じ品質のパンを焼くためには、生地の硬さを調節する必要があります。

　ミキシングの最初から仕込み水をすべて入れて、生地が柔らかくなりすぎてしまうと取り返しがつきません。そのため、生地の状態を確認しながら、調整水を加えていくのです。なお、調整水はすべては入らない場合や追加する場合もあります。

Q172 仕込み水の温度は何℃くらいが適切ですか？ どのように決めたらよいですか？
＝仕込み水の温度の計算式

A 適温は計算で割り出すことができます。

仕込み水の水温を調節するのは、こね上がったパン生地の温度（こね上げ温度）を目標とする値に近づけるためです（⇒Q192,193）。生地のこね上げ温度は発酵に大きく影響するため、目標値に近づけることが必要です。そのため、ミキシング前に仕込み水の水温を決めなければなりません。基本的には次の式より水温を求めます。

①こね上げ温度
＝（仕込み水の温度＋粉の温度＋室温）÷3＋摩擦による生地の温度上昇分

この式はミキサーで生地をこねる場合に、目標とするこね上げ温度を求める際に使われるものですが、これを仕込み水の温度を求める式にかえたものが次の②です。

②仕込み水の温度
＝3×（こね上げ温度－摩擦による生地の温度上昇分）－（粉の温度＋室温）

摩擦による生地の温度上昇分は、ミキサーや生地の仕込み量、配合などによって変化しますので、実際に何度も同じ生地を同じ量で仕込んで見つけていきます。また、その値を蓄積することで、②の式を次の③に変化させることができます。

③仕込み水の温度
＝仕込む生地の定数－（粉の温度＋室温）

仕込む生地の定数とは、目標とする生地のこね上げ温度と摩擦による生地の温度上昇分から定めたもので、②の式の前半部分、つまり「3×（こね上げ温度－摩擦による生地の温度上昇分）」を定数化したものです。ほとんどの生地が、おおむね50〜70の範囲に収まります。

しかし、上記の計算だけではうまくいかない場合もあります。何より大切なのは、パン生地を仕込むたびに、その時のデータ（室温、粉温、水温、こね上げ温度など）を記録して蓄積していくことです。

まったくデータがない場合、まずは室温と粉の温度を測ります。そして仕込み

水の温度も測り、生地をこねます。こね上がった生地の温度も測り、生地のできあがりの状態とともに記録し、適切な水温を探っていきます。

ただし、前提としてイースト（パン酵母）には活動温度帯があるため（⇒**Q63,64**）、水温はおおむね5〜40℃の範囲内が望ましいです。

調整水は仕込み水と同じ水温でよいのですか。また、どれくらいの分量が必要ですか。
=調整水の温度と分量

温度調節した仕込み水を粉の2〜3%ほど取り分けておきます。

調整水は、温度調節した仕込み水から取り分けて使用します。仕込み水から取り分ける量は、生地の粉に対してベーカーズパーセントで2〜3%程度の量を目安にしてください。

取り分けた量を使い切ってしまい、さらに追加する場合も、仕込み水と同じ水温に調節したものを加えます。

いつも同じ配合でパンを作っているのに、生地の硬さがかわるのはなぜですか？
=粉の吸水量

粉のグルテン量や損傷デンプン量、部屋の湿度などの影響で吸水量がかわるためです。

常に同じ配合でパンを作っていても、小麦粉の状態や作業する場所の湿度など、様々な条件によって生地の硬さはかわります。生地の硬さには吸水量が大きく影響していて、ミキシングの時点で粉の吸水にかかわるのは次の条件です。

● タンパク質の量

生地中にグルテン（⇒**Q34**）を作り出すためには、水が必要です。小麦粉に含まれるグリアジンとグルテニンというタンパク質が水を吸収し、こねるという物理的刺激が与えられて、グルテンができるからです。使用する小麦粉によってタンパク質の量に違いがあり、タンパク質量の多い小麦粉を使用すると、吸水量が増えます。

● 損傷デンプンの量

小麦を製粉する際、小麦粒をロール機で砕く工程で「損傷デンプン」が生じます（⇒**Q37**）。本来、ミキシングではデンプンは水を吸収しませんが、損傷デンプンは通常のデンプン（健全デンプン）と違って緻密な構造が壊れているので、常温でも水を

吸収します。

そのため、使用する小麦粉に損傷デンプンが多いと、パン生地は柔らかくなり、生地がだれてしまったり、ひどい場合はネバネバになってうまくパンができません。

● 部屋の湿度

部屋の湿度が高く、粉類が湿気を吸っている時には、仕込み水を減らす場合があります。逆に、粉類が乾燥している場合には、吸水量を増やします。

水加減はミキシングの際に行います。生地の硬さを途中で調節できるように、分量の仕込み水を最初にすべては入れずに一部を取り分けて調整水として用意しておき、生地の状態（硬さ）を確認しながら加えていきます。

吸水量が製パンに与える影響

		吸水が少なすぎる場合	吸水が多すぎる場合
ミキシング	時間	短くなる	長くなる
	生地の温度	上昇しやすい	上昇しにくい
	作業性	生地が硬くてこねにくい	生地がべたついてこねにくい
発酵	時間	長くなる	長くなる
分割・丸め	作業性	生地が切れやすくて丸めにくい	生地がべたついて丸めにくい
成形	作業性	生地ののびが悪く、作業性が悪い	生地ののびはよいが、べたついて作業性が悪い
焼き上がり	体積	小さい	小さい
	クラストの様子	厚く色づきが濃い	厚く色づきが悪い
	クラムの様子	すだちが粗い、パサつく	すだちが粗いが、しっとりしている

 袋を開けた直後の小麦粉と、使い終わる間際の小麦粉では、仕込み水の量をかえた方がよいですか？
＝仕込み水の分量調節

 こね上がった生地の感触、焼き上がったパンの良し悪しで判断します。そのためには製造するたびに数値のデータをとることが大切です。

小麦粉の保存期間にかかわらず、パン作りのたびに仕込み水の調節は必要です。

小麦粉に含まれる水分量は、季節や作業する場所の温度や湿度によっても変化することがあります。また、小麦粉がいつ作られたか、どのくらいの期間どこに保管されていたか（乾燥した場所、湿度の高い場所、温度の高い場所など）といったことに

も左右されます。

　実際に仕込み水をどのくらい増減させるかは、ミキシング時に生地に触れてみて、それまでの経験に照らし合わせて決めるしかありません。そして、最終的にはでき上がったパンの良し悪しで、その水分量が適切だったかどうかを判断します。

　そのためには同じパンを何度も作り、データをとることが大切になります。最低限必要なデータは、室温、粉温、水温、生地のこね上げ温度ですが、同時にその日の仕込み量、日時、天候なども記録しておくとよいでしょう。

Q 176　かたまりの生イーストはどのように使ったらよいですか？
=生イーストの使用方法

A　細かくほぐして、仕込み水に溶かして使用します。

　生イーストは固形のため、そのままの状態ではミキシングに適しません。

　基本的には細かくほぐしてから使用すればよいのですが、粉に直接混ぜ込むよりも、仕込み水に溶かしてから使用した方が分散しやすくなります。

　具体的には、調温して調整水を取り分けたあとの仕込み水に生イーストをほぐし入れ、少しの時間おいてから、泡立て器でかき混ぜて溶かします。これをミキシングに使用すると、生イーストが水とともに生地全体に分散します。

　生イーストを水にほぐし入れてから少しの時間おくのは、すぐにかき混ぜてしまうと生イーストが泡立て器にまとわりついて溶けにくく、それを避けるためです。

生イーストをほぐし入れる　　　少しおいてから混ぜて溶かす

Q 177　ドライイーストの予備発酵とは何ですか？
=ドライイーストの予備発酵の方法

A　休眠しているパン酵母を活性化させる方法です。

　ドライイーストの予備発酵とは、ドライイーストに水分と栄養、適度な温度を与えて、乾燥によって休眠しているパン酵母を復水、活性化させて、生地の仕込みに

使用できる状態にすることです。

　具体的な一例として、ドライイーストの重量の1/5量程度の砂糖を溶かした湯（ドライイーストの重量の5～10倍量で約40℃に調温したもの）にふり入れ、温度が下がらないようにして10～20分程度おき、水分を吸収させつつ発酵力を回復させます。

　予備発酵は生地の仕込みを始める時間から逆算して準備します。なお、予備発酵に使用した水の分量は生地の仕込みに使用する水より差し引きます。

ドライイーストを湯に
ふり入れた直後（左）、
15分おいたもの（右）

ドライイーストの予備発酵

湯に砂糖を加え、泡立て器
でよくかき混ぜて溶かす。

ドライイーストをふり入れる。

混ぜずにそのまま10～20
分程度おく。

発酵して液面が膨らみ、表
面にごく小さな気泡が上
がってくる。

泡立て器で全体をかき混ぜ
てから使用する。

インスタントドライイーストを仕込み水に溶かして使うこともありますか？

＝インスタントドライイーストの使い方

ミキシング時間の短い生地などに使うことがあります。

　インスタントドライイーストは粉に混ぜて使用できる点が手軽で便利ですが、仕

込み水に溶かして使用しても構いません。その利点としては、生地中で分散しやすいことが挙げられます。

　特にミキシング時間の短い生地の場合、インスタントドライイーストをそのまま生地の仕込みに使用すると、生地中に分散しきらないことがあるので、あらかじめ水で溶きます。

　この時、仕込み水の温度が低い（約15℃以下）と発酵力が低下する場合があるので、仕込み水の一部を取り分け、水温を15℃以上にして溶かします。

　なお、粉に直接混ぜても水に溶いて加えても、パンの焼き上がりに違いは感じられません。

モルトエキスはべたついていて扱いづらいのですが、どのように使ったらよいですか？
=モルトエキスの使用方法

水に溶かして使用します。

　モルトエキス（モルトシロップ）（⇒**Q143**）は、非常に粘りが強いシロップ状で、そのままではミキシングの際、生地全体に均一に分散しづらいので、仕込み水に溶かして加えることが一般的です。

　また、その粘りゆえに計量もしづらいので、モルトエキスの使用頻度の高いベーカリーなどでは、あらかじめモルトエキスを同量の水で薄めた「モルト液」とよばれるものを使用することがあります。モルトエキスは水で薄めると保存性が悪くなるので、モルト液にして使う場合は冷蔵庫で保存し、なるべく早めに使用します。

　なお、モルトエキスと同様の目的で使用できるものに、モルトパウダーがあります。これは麦芽を乾燥させて粉砕、精製した製品で、粉末なので計量しやすく、ミキシングの際、粉に直接混ぜて使用することができます。

モルトエキス（左）、モルトパウダー（右）

モルトエキスに同量の水を加え混ぜて使いやすいように、薄める。右は薄めたモルト液

Q **180** パン作りに使う型にはどのようなものがありますか？
＝パンの型

A 焼成用の型と、発酵用の型があります。

　パン作りに使用する型には大きく分けて、オーブンに入れて使用するものと、オーブンに入れずに使用するものがあります。

●オーブンに入れるもの

　成形時から焼成終了まで使用するものです。食パン型やブリオッシュ型などがこれにあたります。「焼き型」とよばれます。
　主に金属製ですが、紙製やシリコン製のものなどもあります。基本的に金属製の型には使用する前に油脂を塗ります（⇒**p.181**「オーブンプレートや型の準備」）。

●オーブンに入れないもの

　成形時から最終発酵終了まで使用するものです。
　主にハード系で、焼成時に直焼き（⇒**Q223**）するパンに使用し、「発酵かご」や「寝かしかご」とよばれます。籐製が多いですが、プラスチック製もあります。
　使用する前に粉（小麦粉やライ麦粉など）を内側にふり、成形した生地がくっつかないようにします。かごにふった粉が生地の表面に残るため、焼き上がったパンにはかごの模様がつきます。

型（発酵かご）の内側に粉をふる

Q **181** 食パンをきれいに型からはずすには、どうしたらいいですか？
＝型の準備

A 型の内側に油脂を塗っておきます。

　パン生地を型（焼き型）に入れて作るパンの代表は、何といっても食パンでしょう。他にもブリオッシュ・ア・テットのように、特殊な形状の型を使用するパンもありますが、準備についてはほぼ同じです。
　焼き型は主に金属でできています。そのままではパン生地がくっついてしまうので、焼き上がったパンがはずれやすいよう、金属の型はあらかじめ内側に油脂を塗っておきます。その際には、塗り残しがないよう、むらなく均一に塗ることが大切です。
　通常、柔らかくした固形油脂をナイロン製などの刷毛を使って塗ります。刷毛

を使うと型の隅や角にもむらなく塗ることができます。また、型専用の油脂として離型油とよばれる油脂もあります。（⇒p.181「オーブンプレートや型の準備」）

なお、型の内側に生地がくっつきにくいように樹脂加工されたものは、基本的には油脂を塗る必要はありません。

左・中／固形油脂は柔らかくしてから刷毛で塗る　右／スプレータイプの離型油はむらなく吹きつける

 Q 型のサイズがレシピと異なる場合、どうすればよいですか？
182 ＝型に入れる生地重量の計算方法

 A 使用する型の容積を計算して生地量を割り出します。

レシピの型と同じサイズのものがない場合、型に合った生地の重量を以下のようにして計算で出すことができます。

① 使用する型の容積（cm³またはml）を求める
角型：縦（cm）× 横（cm）× 高さ（cm）
丸型：半径（cm）× 半径（cm）× 3.14（円周率）× 高さ（cm）

上記の計算式で求めることのできない、丸型や角型以外の型の容積は、型に水を入れてその重さを量ります。水1g＝1cm³＝1mlですので、量った値がそのまま容積となります。型が水もれしないか確認してから計量してください。

② 型生地比容積を求める
レシピの型の容積（cm³またはml）÷ レシピの生地の重量（g）

型生地比容積とは、型にどの程度の量の生地を入れて焼けば、そのパンに適正なボリュームを得ることができるかを示す指数です。

③ 実際に必要な生地の重量(g)を求める

使用する型の容積(①で求めた値)÷型生地比容積(②で求めた値)

これで、使用する型に対して適正な生地量を知ることができます。

ミキシング

ミキシングとは？

　材料を「混ぜて、こねる」ことを日本語で「混捏」といいます。英語の「ニーディング（kneading）」も同じような意味ですが、日本の製パン業界では英語の「ミキシング（mixing）」の方が多く使われています。いずれも、「パンの材料をこねて生地を完成させる」ことを意味します。

　言葉で表すと簡単ですが、ミキシングは最終製品としてのパンの良し悪しにつながる重要な工程です。パンの種類はもちろん、季節、天候、作り手のでき上がりのイメージなどによってもミキシングの仕方は変化します。ミキシングはまさにパン職人の最初の腕の見せ所といえるでしょう。

　ミキシングの目的は、各材料を均一に分散させて、空気とともに混合し、各材料に水を吸収させ、適度な粘弾性（粘りと弾力）と伸展性（のび広がりやすさ）、ガス保持力をもった生地を作り上げることです。ミキシングは進行度合いによって、大きく次の4つの段階に分けることができます。ここでは、生地の状態が確認しやすいよう、手ごねによるミキシングを例に挙げます。

ミキシングの手順

《その1》材料の分散および混合段階：ブレンドステージ（blend stage）

材料を分散させ、混ぜる

　各材料が均一に分散するように混合します。主材料である小麦粉の粒子の間に他の材料をかたよりなく分散させる工程です。

各材料と水が徐々に混ざり合い、ベタベタとした状態に。つながりはまだほとんどない

《その2》生地のつかみ取り段階：ピックアップステージ（pick up stage）

小麦粉の水和が進む

　小麦粉の粒子の間に分散した、砂糖や粉乳などの水に溶ける副材料、小麦粉の損傷デンプン（⇒**Q37**）などに、水が吸収され、生地全体に水がなじんでいきます。そして、小麦粉のタンパク質にも水が行き渡り、こねるという物理的な刺激が加わって、グルテン組織が徐々にでき始めます（⇒**Q34**）。

　生地をつかんで引っ張ると簡単にちぎれ、生地の表面はべたつき、粘着性を示します。

台からはがれにくかった生地が、徐々にはがれるようになってくる

《その3》生地の水切れ段階：クリーンアップステージ（clean up stage）

グルテン組織が形成される

　ミキシングを続けていくとさらにグルテン組織が強化され、粘弾性（粘りと弾力）と伸展性（のび広がりやすさ）が増し、網目状の組織ができてきます。生地表面のべたつきがなくなってきます。

生地のつながりが増してきて、台からはがれるようになる

《その4》 生地の結合・完成段階：デベロップメントステージ（development stage）・ファイナルステージ（final stage）

パン生地が完成する

　グルテン組織がさらに強化され、生地の一部を手に取って広げると、薄くなめらかな膜状にのびるグルテンを確認できます。生地の表面はやや乾いたつやのある状態です。作るパンにより、グルテン膜のほどよい薄さやのび具合はかわります。

広げると薄い膜状にのびる（左）、まとめた生地の表面はなめらか（右）

生地の状態を確認するためののばし方

① 卵1個分程度の生地を手に取る。

② 両手の指先や指の腹を使い、生地が破れないように注意しながら引っ張り、中央から外側に向かってのばす。

③ 生地を持つ位置を少しずらし、②と同様にして生地をのばす。

④ ③を何度か繰り返し、裂けるまで徐々に薄く広げるようにしてのばしていく。

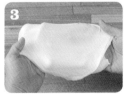

ソフト系とハード系におけるミキシングの比較

　ミキシングは、パン作りにとって最初の、かつ最大のポイントとなる工程です。ソフト系とハード系では、ミキシングの段階ごとの生地の状態が異なります。ここでは、ソフト系はバターロール、ハード系はフランスパンを例に挙げて、ミキサーを使ったそれぞれのミキシングの4段階を、順を追って比較してみましょう。

　生地の種類によって各段階での状態は異なりますが、大切なのは最終的にどこまでグルテンのつながりを作るかです。理想とするパンのでき上りを想像しながらミキシング工程を行うことが、よいパンを作るための最初の決め手です。

ソフト系（バターロール）／縦型ミキサー

《その1》 材料の分散および混合段階

1 　材料をミキサーボウルに入れ、ミキシングを開始する。

2　各材料と水が混合、分散される。調整水はこの段階で加える。

3 　生地のつながりはまだほとんどなく、生地表面はざらついていて、かなりべたつく。

《その2》 生地のつかみ取り段階

4  グルテンのつながりが徐々にできてくる。生地の表面は少しなめらかになっているが、まだべたついている。

5  生地をつかんで引っ張ると簡単にちぎれる。粘りと弾力が感じられる。

《その3》 生地の水切れ段階

6  グルテンのつながりが強くなり、粘弾性（粘りと弾力）と伸展性（のび広がりやすさ）が増し、表面のべたつきがなくなってくる。

7  グルテンの網目状の組織ができてきて、膜状にのばすことができるようになる。

8   ソフト系のパンは、基本的には、油脂をこの段階で加える。

《その4》 生地の結合・完成段階

9

さらにグルテンのつながりが増してひとかたまりになる。生地の表面はなめらかでやや乾いている。

10

生地をのばして下から指を当てると指紋が透けて見えるほど、ごく薄くなめらかな膜状にのびる。

ハード系（フランスパン）／スパイラルミキサー

《その1》 材料の分散および混合段階

1

ミキシング開始。各材料と水が混合、分散される。調整水はこの段階で加える。

2

生地のつながりはまだほとんどなく、生地表面はざらついていて、かなりべたつく。

《その2》 生地のつかみ取り段階

3 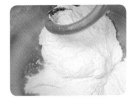 グルテンのつながりが徐々にできてくる。生地の表面は少しなめらかになっているが、べたついている。

4  生地をつかんで引っ張ると簡単にちぎれる。粘りと弾力が出てくるが、表面にはべたつきが感じられる。

《その3》 生地の水切れ段階

5  グルテンのつながりが強くなり、粘弾性（粘りと弾力）と伸展性（のび広がりやすさ）が増し、表面のべたつきが少なくなってくる。

6 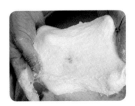 グルテンの網目状の組織ができ始め、膜状にのばすことができる。
※油脂を配合する場合には、基本はこの段階で加える。ただし、3%以下の場合は**2**までに加えてもよい。

《その4》 生地の結合・完成段階

7  さらにグルテンのつながりが増し、生地がひとまとまりになる。表面はなめらかでやや乾いている。

8

生地をのばして下から指を当てても、ソフト系のように指紋が透けるような薄い膜は張らないが、生地表面はなめらかになっている。

フランスパンのミキシングと発酵時間の関係

フランスパンやパン・ド・カンパーニュなどのリーンな配合のハード系のパンでは、イースト（パン酵母）の量を少なめにして、発酵時間を長くとります。粉のもつ味わいを最大限に活かし、かつ生地の熟成で得られる香りや風味を強く出したいからです。熟成の香りや風味とは、主に材料に付着していたり、空気中から生地に入ったりした乳酸菌や酢酸菌などが、生地が発酵する間に、有機酸（乳酸、酢酸など）を発生させることで生まれます。発酵時間が長いほど、有機酸が産生されるので、パンの香りや風味が増す

といえます。

少量のイーストで発酵を長時間行う場合、ミキシングで生地のグルテンが必要以上に強化されていると、生地の膨らみが悪くなってしまいます。フランスパンは、シンプルな配合で、しっかりと噛みしめて食べるパンとはいえ、焼き上がりに適度なボリュームがないと、フランスパンのもつ独特の食感も薄れてしまいます。そのため、フランスパンはタンパク質量がやや少なめの小麦粉を使い、ミキシングはできるだけ抑えめに行います。

Q 183 縦型ミキサーとスパイラルミキサーはどのように使い分けますか？
＝縦型ミキサーとスパイラルミキサー

A **縦型ミキサーはソフト系、スパイラルミキサーはハード系の生地のミキシングに向いています。**

　業務用としてパン作りに使用されるミキサーには数多くの種類があります。ここでは一般的なリテイルベーカリーで使われている2つのミキサーについて説明します。

● 縦型（たてがた）ミキサー

　主にソフト系のパンのミキシングに向きます。生地をこねるアームの形状が「かぎ状（フック状）」になっていて、ミキサーボウルの内側にパン生地を叩きつけるようにしてこねます。

　グルテンの形成を十分に行うことが必要なソフト系の生地に向きますが、ハー

ド系のパンのミキシングも、ミキシングの時間や強さを調整すれば可能です。

　また、アームをホイッパー（泡立て器）などにつけかえることもできるので、パン生地以外の用途にも使用できます。

●スパイラルミキサー

　主にハード系のパンのミキシングに向きます。生地をこねるアームの形状が「らせん状」になっていることから、「スパイラルミキサー」とよばれます。アームの回転に合わせてミキサーボウルも回転するので、生地を効率よくこねられます。

　縦型ミキサーに比べ、グルテンの形成が穏やかなので、強いミキシングを必要とする生地には向きませんが、ミキシング時間を長くすることで、ソフト系のパンのミキシングも可能です。

縦型ミキサー（左）、
スパイラルミキサー
（右）

縦型ミキサーはアームの形状がかぎ状（左）、
スパイラルミキサーはらせん状（右）

 最適なミキシングとはどういうものですか？

 ＝パンの特徴を左右するミキシング

A　作ろうとするパンの特徴を引き出せるミキシングです。

　最適なミキシングとは、パンの種類、製法、材料、配合、さらに作り手の意図などによって様々に変化します。ハード系のパンとソフト系のパンでは大きくかわりますし、クロワッサンなど折り込み生地では、またまったく考え方が異なります。

　ミキシングだけでパンの特徴が決まるわけではありませんが、ここでは4つのパンについて、主に使用する小麦粉と一般的なミキシングのポイント、こね上がりの状態を簡単に記しました。

　実際には作り手の思った通りのパンができた時のミキシングが、そのパンにとっての最適なミキシングだといえるでしょう。

生地別のこね上がりの状態

① 食パン（ややリーンでソフトなパン）

【使用小麦粉】強力粉

【ミキシング】パンに十分なボリュームを出し、きめ細かなすだちを作るため、強力なミキシングを行う。グルテンがしっかりとつながるようにこねる。

【こね上げた生地】グルテンの膜はごく薄くのび、指の腹を当てると指紋が透けて見える（左）。生地を指先で破ってみると、破れ口はなめらかに裂ける（右）。

② バターロール（リッチでソフトなパン）

【使用小麦粉】準強力粉、または強力粉と薄力粉を混合したもの

【ミキシング】パンに適度なボリュームと歯切れ、口溶けのよさを出すため、ミキシングはやや抑え気味に時間を短めにして行う。

【こね上げた生地】グルテンの膜は薄くのび、指の腹を当てると指紋が透けて見える（左）。生地を指先で破ってみると、破れ口はなめらかではなく、無理に破けたような状態に裂ける（右）。

③ フランスパン（リーンでハードなパン）

【使用小麦粉】フランスパン専用粉

【ミキシング】できる限り抑えたミキシングを行う。必要最小限のグルテンを形成させるにとどめる。

【こね上げた生地】グルテンの膜は厚めであまり薄くのびない（左）。生地を指先で破ってみると、破れ口はなめらかではなく、無理に破けたような状態に裂ける（右）。

④ クロワッサン（折り込み生地のパン）

【使用小麦粉】フランスパン専用粉、または準強力粉

【ミキシング】パン生地で油脂を包み、パイローラーでのばす工程があり、これが一般的なミキシングと同様の効果を生地に与えるので、ミキシングは材料がひとまとまりになる程度（生地のつかみ取り段階⇒p.195）で止める。

【こね上げた生地】グルテンをほとんど形成させないので、グルテンの膜はほとんどできない。

 ## ミキシング時に注意すべきことは何ですか？
=ミキシングのコツ

 ## 均一に混ざっているか確認し、目標のこね上げ温度になるように生地の温度を調節します。

生地のミキシング中に注意しなければならないのは、次のような点です。

●ミキサーボウルの中で材料がうまくこねられているか

材料が均一に混ぜ込まれているかどうかを目で確認します。例えば、途中で固形油脂を加える生地の場合、油脂の硬さが適切でないと生地全体に均一に混ざっていきません。

固形油脂が硬すぎる場合は、手で握りつぶすようにして柔らかくしながら加えます。適切な硬さよりも少し柔らかくなってしまった場合は、パン生地を手でちぎるようにして油脂を混ざりやすくして作業を進めます。

●生地を必要に応じてかき落とす

　ミキシング中にパン生地がミキサーのアームにまとわりつき、うまくこねられていないことがあります。その場合はカードなどを使い、生地をかき落とします。また、柔らかい生地の場合はミキサーボウルの内側にへばりついて、混ざっていないこともあるので、これも同様にかき落とします。

　なお、生地をかき落とす際は、ミキサーが完全に止まったことを確認してから、ミキサーボウルの中に手を入れ、手早く行います。

●生地の温度に注意する

　ミキシング終了時のパン生地の温度（こね上げ温度）を目標値に合わせることは、パン作りにとって大切です。ミキシング途中の生地の温度にも気を配りましょう。

　例えば、こね上げ温度が高くなりそうであれば、ミキサーボウルの下に水（氷水）を当てて生地の温度が下がるようにしたり、逆の場合は湯を当てて生地の温度が上がるようにします。

 調整水はいつ加えればよいですか？
=調整水を加えるタイミング

 生地の硬さが把握できたら、なるべく早く加えるとよいでしょう。

　調整水は基本的に、ミキシング開始後からなるべく早い段階（材料の分散および混合段階 ⇒p.194）で加えます。

　その理由は、ミキシングの早い段階では生地のつながりが弱く、グルテンの形成も進んでいないので、あとから加えた水も均一に混ざりやすいためです。また、グルテンの形成には水分が必要なので、できるだけ早く加えた方がよいのです。

　とはいえ、ミキシングの早い段階では生地の硬さがわかりにくい場合は、もう少しあとで調整水を加えても構いません。しかし、こね上がり直前に加えると、余分にミキシング時間をとらないと十分にグルテンが形成されないことがあるので注意が必要です。

 固形油脂は、ミキシングの早い段階で加えることもありますか？
=固形油脂を加えるタイミング

 グルテンの形成を抑えたい時は、早い段階で加えてミキシング時間を短くします。

　固形油脂を加えてパンを作る時には、こね始めには油脂を加えません。ミキシ

ング中盤になり、生地にグルテンが形成され、生地がある程度つながってから油脂を加えます。なぜなら、はじめから油脂を加えると、油脂が小麦粉のタンパク質同士の結合を阻害して、グルテンができにくくなるからです（⇒**Q117**）。

とはいえ、例外もあります。ハード系のパンの中でも少量のイースト（パン酵母）で長時間発酵を行うものは、ソフト系のパンほどにはグルテンを必要としません。そのため、油脂の配合量が3%程度までであれば、ミキシングの早い段階から油脂を加えても構いません。（⇒**p.199~201**「ハード系（フランスパン）／スパイラルミキサー」）

また、クロワッサンなどの折り込み生地のパンでは、グルテンの形成を抑えるようにミキシングを行うのが特徴です。その理由は、折り込みの工程とかかわりがあります。

折り込み生地を作るには、冷蔵発酵させたパン生地で、シート状の固形油脂（バター）を包み込み、パイローラーで薄くのばしてから、三つ折りにして再びのばすという折り込み作業を数回行います（⇒**Q120,212**）。こうして生地を何度ものばすことが物理的な刺激となり、グルテンが強化されます。グルテンの力が強まると、のばした生地がもとの形に戻ろうとして縮んでしまうので、ミキシングではグルテンの形成を極力抑えておくのです。

よって、折り込み生地に使うパン生地はミキシングの早い段階で油脂を加え、主に低速でこね、ミキシング時間を短くします。さらに、一般的なパンよりも油脂を多くすることで伸展性（のび広がりやすさ）をより高め、薄くのばしやすくします。なお、**p.204**のクロワッサンの生地では、油脂の配合量を10%と、一般的なパンの倍量弱に増やしています。

 レーズンやナッツなどを生地に混ぜ込む場合、どの段階で混ぜたらよいですか？
=レーズンやナッツを混ぜるタイミング

 パン生地が完成した後に混ぜます。

基本的にはパン生地が完成した後に混ぜ込みます。生地全体に均一に混ざるよう、混ぜ込む量が多い場合には2回以上に分けることもあります。

ミキサーでは主に低速で混ぜ込みます。手ごねの場合は台に生地を広げ、混ぜ込む材料を全体に散らし、生地と一緒に折りたたんだり、台に軽くすりつけるようにして混ぜます。

なお、生地に混ぜ込むものの温度もパン生地の温度に影響を与えるので、なるべくこね上げ温度と同じくらいにしておきます。低すぎる場合は発酵器などに入れて温度を上げ、高すぎる場合には冷蔵庫に入れて温度を下げるとよいでしょう。

ミキシング終了はどのように見極めたらよいですか？
=ミキシング終了の目安

 生地がなめらかにのび、作りたいパンに合ったグルテンが形成できたら終了です。

　ミキシングにおいて、生地のつながりがどの程度できているか、つまり、グルテンがどれくらい形成されているかは非常に重要です。

　グルテンには粘りと弾力をもつ性質（粘弾性）があるため、ミキシングが進むにつれて、生地を引っ張ると薄くのびるようになります。これを利用し、生地がどの程度つながっているかを目と手で確認しながらミキシングを進め、終了（生地のこね上げ）のタイミングを見極めます（⇒**Q**184）。

　パン生地中でグルテンが十分に形成されて生地がつながってくれば、生地を薄くのばすことができます。強力粉や準強力粉のようにタンパク質含有量の多い粉はグルテンが多くできるので、しっかりとこねれば、生地が透けるくらいまで薄くのばすことができます。引きのばしている途中で切れてしまう場合は、グルテン形成がまだ不十分なのでミキシングをさらに続けます。

　生地を引っ張るとできる膜を「グルテン膜」とよびますが、ミキシングの最初のうちはどうにか膜状にのびるようになっても、生地の表面はざらざらとしてなめらかではなく、厚い膜にしかなりません。また、簡単に破れて穴が開いたり、ちぎれたりします。これは、グルテンのつながりがまだ弱いためです。

　さらにミキシングを続けると、なめらかに薄くのびるようになります。この状態になれば、グルテンのつながりが十分にできたということになります。ただし、グルテンのつながりを十分に強くするのがよいパンばかりではありません。パンによってミキシング終了のタイミングは異なります。

　最初のうちは、生地の状態が変化していく過程を知るためにも、ミキシングの途中で何度か生地の一部を手に取って確認するようにしましょう。グルテン膜だけでなく、生地を引っ張った時の抵抗感が増していくことや、生地を触った時のべたつきが少なくなっていくことも、生地のつながり具合を判断する目安となります。

 こね上げた生地に適した発酵容器の大きさと形を教えてください。
=発酵容器のサイズ

 パン生地の3倍程度の容量の容器を用意してください。

　こね上がったパン生地は容器に入れて発酵させますが、この時の容器の大きさはパン生地の発酵に影響を与えます。小さすぎると窮屈で生地が十分に発酵する

ことができず、大きすぎると生地がだれてしまうおそれがあります。

　発酵容器は、パン生地の3倍程度の容量のものが適切です。ボウルのように丸い形が、生地が均等に膨らむのでよいとされます。しかし実際には、発酵させる設備や環境によって四角い容器も多く使われており、特に問題はありません。

生地の量に対して容器が小さすぎる（左）、適正（中央）、大きすぎる（右）

 こね上がった生地をまとめる時はどんなことに注意したらよいですか？
　=こね上げ生地のまとめ方

 表面全体に張りが出るようにまとめ、なめらかな面が上になるようにして発酵容器に移します。

　ミキシングが終了したら、こね上がった生地をミキサーボウルから取り出し、表面に張りが出るようにまとめて発酵容器に移します。まとめ終わった生地は、表面がなめらかな1枚の皮で覆われているような状態です。

　生地をまとめる際、生地の表面をやや引っ張るようにして張りを出すと、その部分のグルテンの構造が緊張して、発酵でイースト（パン酵母）が発生させる炭酸ガスを保持しやすくなります。また、こうしておくと、発酵の状態を見極めやすくなります。

　ボウルの中で発酵させるならば、丸くまとめます。四角い容器の場合でも、基本的には同様に丸くまとめますが、容器の形に合わせてまとめる場合もあります。

一般的な生地のまとめ方

1

こね上がった生地を取り出す
生地をミキサーボウルから取り出し、重みで垂れてのびるのを利用して、右手と左手で生地を持ちかえながら、表面がなめらかになるように丸くまとめていきます。

2

表面に張りが出るようにまとめる
生地の表面全体がなめらかで張りのある状態になるように丸くまとめます。

3

発酵容器に入れる
油脂を塗った発酵容器に、なめらかな面が上になるようにして入れます。

柔らかい生地のまとめ方

1

こね上がった生地を取り出す
生地をミキサーボウルから、発酵容器に取り出します。

2

表面に張りが出るようにまとめる
生地の片方の端を持ち上げるようにして引っ張り、のばした部分を折り返して生地にかぶせます。反対側も同様に行います。

3

発酵容器に合わせて生地を整える
向きをかえて発酵容器の中央に置きます。

硬い生地のまとめ方

1

こね上がった生地を取り出す
生地をミキサーボウルから作業台に取り出し、生地の端を向こう側から中心に向かって折り返すようにして手のひらのつけ根で押します。

2

表面に張りが出るようにまとめる
生地の向きを少しずつかえながら、折り返しては押す動作を数回繰り返し、丸くしていきます。

3

発酵容器に入れる
油脂を塗った発酵容器に、なめらかな面が上になるようにして入れます。

Q 192 こね上げ温度とは何ですか？
＝生地のこね上げ温度とは

A ミキシングが終了した時の生地の温度のことです。

　こね上げ温度とは、ミキシング終了時の生地の温度のことで、パンの種類によって大体決まっています。
　こね上げ温度は、ミキシング後に生地をきれいにまとめて発酵容器の中に入れた状態で、生地の中心に温度計を差し込んで測ります。

　こね上げ温度に影響を与える要因として、まず、粉や水などの材料の温度が挙げられます。

　また、室温も大きく影響します。エアコンなどで調節しないと、暑い時期には室温が上がるのでこね上げ温度も高くなり、寒い時期にはその逆になります。

　その他、ミキシング中に生地とミキサーボウルがこすれ合うことで生じる摩擦熱によって、生地の温度が上がります。特にミキシング時間が長い生地や、こね上げ温度が低めのブリオッシュなどの生地の場合は、温度が高くなりすぎないように気をつけましょう。

 こね上げ温度はどのように決めるのですか？
193 ＝生地のこね上げ温度の設定

 パンの種類によって決まっていて、発酵時間が長いほどこね上げ温度は低めになります。

　生地のこね上げ温度は、パンの種類によって大体決まっており、その多くは24〜30℃です。

　ミキシングでこね上がった生地は25〜30℃の発酵器に入れて発酵させますが、通常は生地のこね上げ温度よりも発酵器の温度を高く設定するので、徐々に生地の温度は上昇します。分割から成形の工程を経たあとの最終発酵では、最初の発酵よりも高い温度で発酵させるため、生地の温度はさらに上昇します。このように生地の温度を徐々に上げていくのは、オーブンに入れる時の生地の温度が32℃あたりになっていれば、よいパンが焼き上がることがわかっているからです。そのため、ミキシングの段階でのこね上げ温度は、その後の発酵時間の長さや発酵させる環境を考慮し、オーブンに入れる時に32℃あたりになるよう逆算して決められているのです。

　生地がこね上がってから分割までは、おおむね発酵1時間につき1℃程度、生地の温度が上昇します。一般的に発酵時間の長いパンはこね上げ温度を低めに、短いパンはこね上げ温度を高めに設定します。

Q 194 こね上げ温度が目標からずれたらどうすればよいですか？
＝目標通りのこね上げ温度にならなかったときの対処法

 A 発酵器の温度を上げ下げしたり、発酵時間を増減して発酵状態を管理します。

　実際のパン作りでは、目標のこね上げ温度よりも低く（高く）なる場合があります。その場合の対処法は、以下の通りです。

●±1℃以内

　ほぼそのままの工程で作業を進めます。発酵時間を数分程度、長く（短く）する必要が生じることもありますが、こね上げ目標温度通りにこね上がったものと、ほぼ遜色ないパンができるでしょう。

●±2℃程度

　発酵器の温度を2℃程度、高く（低く）することで良い状態にもっていけます。発酵の様子によっては、時間の増減が必要になることもあります。発酵時の温度調整をしない場合は、よいパンにはなりにくいです。

●それ以上

　±2℃程度と同様に対処しますが、よいパンにすることはかなり難しくなるといえます。
　こね上げ温度を目標値に近づけることは、よいパンを作る上で大切です。仕込み水の温度調節のみではこね上げ温度のコントロールが難しい場合は、ミキシング中に生地の温度を測り、必要に応じて生地の温度を上げ下げします。具体的にはミキサーボウルの底に水（氷水）や湯を当てて、生地の温度を調節します。

発酵とは？

　パン作りにおける発酵とは、イースト（パン酵母）が生地中の糖類を取り込んで発生する炭酸ガス（二酸化炭素）を利用して、生地全体を膨らませることを指します。このイーストの活動はアルコール発酵といい、炭酸ガスの他に、アルコールも発生させます（⇒**Q**61）。

　また同時に、材料に含まれていたり、空気中から混入したりした乳酸菌や酢酸菌などが、生地中で有機酸（乳酸、酢酸など）を発生させます。

　これらのアルコールや有機酸は、パンの伸展性（のび広がりやすさ）に影響を与え、生地ののびをよくします。発酵により炭酸ガスが増えて生地が内部から押し広げられて膨らむ際に、生地がしなやかにのびやすくなるのです。

　また、アルコールや有機酸に加えて、イーストの代謝物によって発生した有機酸も、香りや風味となってパンの味わいに深みを与えていきます。

　これらのことを十分に理解した上で、イーストという生き物の活動であるアルコール発酵をいかにコントロールするかが、食品としてのパンの良し悪しに深くかかわってきます。

　それは発酵の段階から気をつけることではなく、パンの配合を決めるところからすでに始まっています。というのも、使用する小麦粉のタンパク質含有量によって、生地中にできるグルテン量は変わってきますし、それに見合った膨らみ方をするようにイーストの量を決めていく必要があるからです。また、ミキシング後の生地のこね上げ温度が目標値通りになるように調節することも大切です（⇒**Q**193）。発酵の際、発酵器の温度を生地の温度に応じて調節するなど、生地の温度コントロールも同様に大切です（⇒**Q**194）。

発酵食品 〜発酵と腐敗〜

発酵食品とは何かをごく簡単に説明すると、「微生物（酵母、カビ、細菌など）を利用して発酵させた食品」となります。

古くから、日本では醤油、味噌、納豆、漬物など、世界各国ではパン、ヨーグルト、チーズなど、多くの発酵食品が作られてきました。また、穀物や果物を発酵させて作る日本酒、ビール、ワインなどの醸造酒も発酵食品です（⇒ **Q** 58）。

発酵と腐敗は紙一重といわれます。微生物の働きによって、人間にとって役立つ、有益な物質が作られる場合を「発酵」といい、人間にとって有害となる物質が生まれると、それを「腐敗」とよびます。

つまり、微生物の活動を、人間の立場から見て「発酵」と「腐敗」に分けているのです。

発酵 〜生地の中ではどんなことが起こっているの？〜

発酵中の生地の内部で起こる変化は、大きくは次の2つです。

● 生地ののびがよくなるなどの物理的な変化が起きる

パンが膨らむためには、イースト（パン酵母）による炭酸ガスの発生が欠かせません。そして、それと同じく大切なのが、発生したガスを生地の中に保持し、ガスの体積増加につれて、生地がのびて膨らみを保てるような状態にしておくということです。

ミキシングの工程で生地をよくこねて、グルテンを十分に作り出しておくと、発酵の工程で炭酸ガスが発生した時に、グルテンの膜は炭酸ガスでできた気泡を取り囲むようにして、生地の中に炭酸ガスを保持する働きをしてくれます。

発酵が進んで気泡が大きくなると、グルテンの膜は内側から押し広げられ、まるでゴム風船のように膨らみながらしなやかにのびていき、生地全体が膨らみます。

このように生地がしなやかにのびるのは、グルテンの形成によって生地に弾力が出る一方で、発酵中に発生するアルコールや有機酸などによってグルテンの軟化がわずかながら起こるからです。また、有機酸の中でも特に乳酸の生成によって生地のpHが酸性に傾き、グルテン組織の軟化が進みます。

もし、生地にこうしたしなやかにのびる力がなければ、炭酸ガスの発生にともなって生地が膨らむことができず、グルテンの膜が破れて隣の気泡と合体し、膜が厚くて気泡が大きい、すだちの粗いパンとなります。

つまり、ミキシングによって形成されたグルテンが、発酵中にわずかに軟化するという状態変化が、炭酸ガスの発生と同時に起こるからこそ、パンは炭酸ガスを保持しながら膨らんでいけるのです。

ただし、単にしなやかにのびればよいというわけではありません。生地の膨らみを保つには、伸展性（のび広がりやすさ）だけでなく、抗張力（引っ張り強さ）も必要となります。つまり、生地がゆるみすぎないように、張りも必要となるのです。

● 香りや風味のもととなる物質が作られる

発酵中に発生するアルコールは、パンの香りや風味になります。また、同時に発生する有機酸のうち、乳酸はサワー種の主成分としても知られるように特有のフレーバーがありますし、酢酸やクエン酸なども香りに関与しています。

発酵時間が長いほど、生地中の乳酸菌や酢酸菌などから有機酸が産生されるので、長時間発酵させたパン生地は芳香物質が多くなり、パンの香りや風味が増すといえます。これを生地の熟成ともいいます。

発酵器とは何ですか？
=発酵器の役割

パン生地の発酵に適した温度と湿度を作ることができる専用の機器です。

パン生地を発酵させる専用の機器を、発酵器（発酵機）またはホイロといいます。温度と湿度を設定でき、パン生地の発酵に適した環境を作り出せます。発酵器を使用することで安定したパン作りを行うことができるので、製パン業では必ずといってよいほど使用される機器です。家庭でのパン作りの場合も、家庭向けの発酵器を使用すると、パンの発酵が安定します。

専用の発酵器が用意できない場合は、工夫によって代替する必要があります。オーブンにパン生地発酵機能がある場合はそれを利用できますが、ない場合は、食器の水切りかごや発泡スチロール製の箱、プラスチック製の衣装ケースなど、できれば蓋つきの容器を使います。

温度と湿度の調節は、容器の底に直に湯を注ぐか、湯を入れた別の容器（カップやボウルなど）を中に入れるなどして行います。容器の中の温度は、温度計で確認してください。湿度は湿度計で見ますが、温度計がなければ発酵させている生地表面の状態で判断します。基本的には、乾燥していなければ問題ありません。蓋の開け閉めで温度と湿度の調節を行い、温度が下がってきたら湯を交換します。

なお、成形した生地は、基本的にオーブンプレートにのせて最終発酵をとります。よって、発酵器には、焼成に使用するオーブンプレートが水平に入る大きさが必要となります。

発酵室は大型の発酵機
で、写真は冷凍から発酵
までの温度帯を設定でき
るドウコンディショナー

家庭用発酵器
（日本ニーダー株式会社）

蓋つきの食器の水切り
かごも発酵器として代
用可能

 Q 196

発酵に適した温度はどれくらいですか？
＝最適な発酵温度

 A

ミキシング後、発酵器は25〜30℃に設定します。

　イースト（パン酵母）は、40℃前後で炭酸ガスを最も多く発生します。それよりも高くても低くても、適温から遠ざかるほど活動は低下します。

　ミキシング後の発酵の工程では、炭酸ガスが急にたくさん発生すると、生地が無理に引きのばされて傷んでしまうため、あえてイーストが最大に活性化する温度よりも低めの24〜30℃程度になるように生地をこね上げ、25〜30℃に設定した発酵器に入れて、イーストの活動をやや抑えます。

　時間をかけて発酵させると、生地温度は1時間に約1℃程度のペースで上昇していきます。また、アルコールや乳酸などの生成によって生地のpHが低下し、グルテンが軟化してくるので、生地に伸展性（のび広がりやすさ）が出てきて、炭酸ガスの発生量とバランスがとれた状態で生地が膨張していくことができます（⇒**Q63**）。

 Q 197

パン生地とpHの関係について教えてください。
＝発酵と生地のpH

 A

生地のpHは、イーストの働きや生地の状態に影響を与えます。

　通常、パン生地はミキシングから焼き上がりまでpH5.0〜6.5の弱酸性に保たれています（⇒**Q63**）。パン作りに使用する材料の多くが弱酸性であるため、ミキシング直後の生地はpH6.0付近です。その後、生地の発酵・熟成によって生み出される有機酸、中でも乳酸菌が乳酸発酵によって乳酸を生成し、それが生地のpHを低下

させるので、発酵終了時にはpHは5.5付近まで下がります。

このpH値のもとでは、酸によってグルテンが適度に軟化するため、生地ののびがよくなります。また、生地の炭酸ガスの保持力は、pH5.0〜5.5の時が最も大きく、それよりも下回ると急激に低下します。

イースト（パン酵母）が活性化するのに最適なpHは4.5〜4.8といわれていますが、ここまで生地のpHを下げると、生地の状態自体が悪くなってしまいます。発酵においては、イーストが活発に炭酸ガスを発生することも大切ですが、そのガスを生地が保持して、膨らみにともなって生地がしなやかにのびることができる状態であることも必要で、このバランスがとれていてこそ、生地は膨らんでその形を保つことができます。また、炭酸ガスがどんどん発生すると、生地が急に引きのばされることになって、かえって生地に無理がかかります。

イーストによるガスの発生量は、生地のpHがイーストの活動に最適な値から多少ずれていても、著しく低下するわけではありません。よって生地の状態を保つのに最適なpHは5.0〜6.5だとされています。

よい状態に焼き上がったパンの生地のpH値は、たいてい、ミキシングから焼成まで、この範囲に自然に保たれています。

生地の膨張力に及ぼすpHの影響

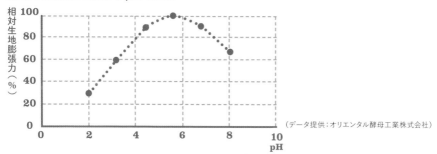

（データ提供：オリエンタル酵母工業株式会社）

 発酵終了はどうやって見極めたらよいですか？
=フィンガーテスト

 生地の表面に指で穴を開けて、その穴の状態で判断します。

パン生地は、十分に膨らみ、適度な熟成が行われるまで発酵させるというのが基本ですが、発酵終了のタイミングは、配合や生地の温度、発酵器の温度など様々な要因によってかわるので、単純に時間だけでは決められません。

生地の発酵や熟成具合は、見た目のボリュームや香りなどで判断することも必要ですが、ここでは一般的に行われている、物理的な面から見た発酵状態の確認

方法を説明します。

なお、ここで紹介した方法は基本的な方法のひとつであり、パンの種類や作り手の考え方などによって見極めの方法やタイミングはかわります。

フィンガーテスト（指穴テスト）

最も知られている方法です。指1本に打ち粉をつけて生地に差し込んですぐに抜き、穴の様子を確認します。

生地に指を差し込んだところ

発酵不足	適正な発酵	発酵過剰

生地がもとに戻ろうとして、穴が小さくなる

穴は若干小さくなるが、ほぼそのまま残っている

穴の周りがしぼんだり、生地の表面に大きな気泡が出てくる

指の腹で生地を軽く押さえる

打ち粉をつけた指の腹で、生地をそっと押さえて生地の弾力を確認します。

次に手を離し、指の跡の様子を確認します。

生地の表面を指で押さえているところ

発酵不足	適正な発酵	発酵過剰

押し戻されて指跡が消えてしまう	指跡がほぼそのまま残る	生地の表面がしぼんだり、表面に大きな気泡が出てくる

 低温発酵とはどういうものですか？
=パン生地の低温発酵

 こね上げた生地の温度よりも低い温度帯で発酵させる方法です。

　通常、パン生地の発酵は、こね上げ温度より高めの温度帯で行います。しかし、こね上げた生地の温度よりも低い温度帯で発酵させる低温発酵といわれる方法もあります。

　低温発酵には2つの方法があります。ひとつは5℃以下の冷蔵による方法で、生地をこねてからひと晩冷蔵し、翌日に分割、成形して製品に仕上げます。主に水分や油脂などの配合量が多い柔らかい生地で、通常の温度帯の発酵では作業性が悪い場合に行われます。

　この方法は、生地の温度がイースト（パン酵母）の活動温度の下限に達するまではゆっくりと発酵します。生地を発酵させるというよりも、作業性を重視したものといえます。冷蔵して冷えた生地は扱いやすくはなりますが、そのままではグルテンのつながりが弱くなっていて伸展性（のび広がりやすさ）も悪いので、生地の温度を上げて回復させる必要があります。

　もうひとつは、生地のこね上げ温度よりも低めの温度帯で長時間発酵させる方法（低温長時間発酵）で、生地のこね上げ後、数時間から十数時間ゆっくりと発酵させ、十分な炭酸ガスの発生と有機酸類の生成を行います。主にハード系のパンで行われる方法です。イーストの配合量を減らして長時間発酵させるため、生地は柔らかくなりグルテンの力も弱まるので、複数回のパンチを行って生地に力をつけたり、逆にあえて弱いままパンに仕上げたりすることもあります。

　なお、低温長時間発酵でも、イーストはゆっくりではありますが、ずっと発酵し続けているので、過発酵にならないよう、温度と時間を管理することが大切です。

　また、折り込み生地では発酵後の折り込みの工程で温度が高いと、バターが柔らかくなり、きれいな層状に焼き上がらないため、低温発酵（冷蔵）を行います。

パンチ

パンチとは？

　こね上がったパン生地は分割までの間、発酵させます。その発酵の途中で膨らんだ生地を折りたたんだり、手のひらで押さえたりします。この工程をパンチとよんでいます。

　パンチと聞くと、強い力で生地を叩くイメージをもつかもしれませんが、実際は生地を強く叩くことはほぼありません。生地によって異なりますが、生地を傷めないよう十分注意して行います。

　なお、パンチは生地の種類だけでなく、発酵状態によっても方法や強さをかえて行います。

　パンチを行う目的は、主に以下の3つです。

① 発酵中に発生したアルコールを炭酸ガスとともに生地から抜いて、新しい酸素を混入させる。それにより、イースト（パン酵母）の活性を高める。なぜならイーストは自らが発生させたアルコールにより生地中のアルコール濃度が上がると、活性が低下する。そこでアルコールを生地の外に放出して、活性を上げる。

② 物理的な力を加えることで、グルテンの網目を密にしてグルテンを強化し、ゆるんだ生地の抗張力（引っ張り強さ）を強める。

③ 生地中の大きな気泡をつぶして細かくし、気泡の数を増やす。

パンチの手順

　パンチは発酵させた生地を作業台に取り出してから行います。多くの場合、生地の表面はしっとりと湿っているので、発酵容器から生地を取り出す際は、生地がくっつかないように作業台に軽く打ち粉をふるか、作業台の上に布を敷き、そ

の上に生地を取り出します。

　パンチを行ったあとは、発酵時に上になっていた面が再び上になるようにして発酵容器に戻し、さらに発酵を続けます。

生地を発酵容器から取り出す

1 　生地の入った容器を発酵器から取り出す。

2 　なめらかな面（発酵時に上になっていた面）が下になるように、発酵容器を傾けて、打ち粉をした作業台に生地をていねいに取り出す。

3 　生地が容器にくっついている場合は、カードなどを使って少しずつはがしながら取り出す。

生地中のガスを抜き、発酵容器に戻す

1 　生地全体を手のひらでまんべんなく押さえる。

2

左右から折りたたみ、その都度、折りたたんだ部分を手のひらで押さえる。

3

なめらかな面（パンチ中は下になっていた面）が上になるよう、上下を返して発酵容器に戻す。

酵母は自分が作ったアルコールに弱い生き物!?

酵母が活発にアルコール発酵を行うには、水、温度、pHといった環境の条件が整っており、かつ糖があることが必要です（⇒**Q63**）。

ワインを例に挙げると、ワインは原料のブドウがもつ糖分によってアルコール発酵が行われ、一般的にはアルコール度数が14度程度になります。ブドウの糖度にはある程度の限界がありますが、仮に糖度を高めたブドウ果汁を用いればアルコール度数が20度を超えるようなワインが造れるかというと、そうではありません。酵母は自らアルコールを発生させるにもかかわらず、アルコール発酵が進んでアルコール濃度が高くなると、死滅するからです。そのため通常のワインであれば、アルコール度数は14度程度におさまります。

パンでも同じことが起こっています。発酵で膨らんだ生地の中にはアルコールが増えていて、酵母は自身が発生させたアルコールによって弱っています。しかし、パンチや分割・丸め、成形の工程で、生地から炭酸ガスとともにアルコールが抜けることによって、酵母は再び活発に発酵を行えるようになるというわけです。

パンをする生地と、しない生地があるのはなぜですか？
＝パンチの役割

比較的ゆっくり発酵・熟成させたい生地はパンチを行い、発酵時間が短い生地はパンチをしません。

　基本的にパンチは、ハード系などのリーンな生地や、イースト（パン酵母）の使用量を少なくし、生地の発酵・熟成をゆっくりと進めたいタイプのパンなどで行います。また、生地の種類を問わず、製品のボリュームを出したい場合（フランスパン、食パンなど）にもパンチを行います。

　パンチを行わない生地の多くは、主にソフト系でリッチな配合の生地や、イーストの使用量が多めで発酵時間が短め（60分程度まで）の生地です。これらは発酵・熟成による香りや風味よりも、配合された材料の風味、香りをストレートに出したいパンといえます（バターロール、スイートロールなど）。

パンチはいつ頃、何回くらい行えばよいのですか？
＝パンチのタイミングと回数

例外もありますが、通常は発酵が進んだ段階で1回行います。

　パンチは、ミキシング終了時と分割の間にとる発酵の途中に行いますが、そのタイミングと回数は目的によって異なります。通常はこね上がったパン生地が、十分に発酵した段階で1回行います。

　他には柔らかい生地や、ミキシングであまり強くこねたくない生地に対して、生地の強度を増すために行うこともあります。この場合、パンチのタイミングは発酵の中盤までに行うことが多く、パン生地はまだ十分に膨らんでいない状態です。この場合も回数は通常1回ですが、2回以上行うこともあります。

パンチを強めに行うか、弱めに行うかは、何によって判断しますか？
＝パンチによる生地の変化

パンの種類やパンチの目的によって選択します。

　パンチの強弱は、パンの種類とパンチの目的によってかわります。基本的には、強めのパンチは主にソフト系でリッチな配合のパンや、食パンのようにしっかりと膨らませるパンに行い、弱めのパンチは主にハード系でリーンな配合のパンや、イー

スト（パン酵母）の使用量が少ないパンに行います。

　また、同じパンでも生地の強さや発酵の具合によって強弱をつける場合があります。具体例を挙げると、ミキシングが弱く、パンチ時に生地がだれ気味な場合は、通常よりも強めにパンチを行って、グルテンを強化します。

　過発酵気味の生地の場合には、通常よりも弱めにパンチを行って、炭酸ガスが抜けすぎたり、生地が傷んだりするのを防ぐこともあります。

強めのパンチの方法（例：食パン）

1  なめらかな面（発酵時に上になっていた面）が下になるように、打ち粉をした作業台に生地を取り出し、全体を手のひらでまんべんなく押さえる。

2   生地の端を持って折りたたむ。

3  折りたたんだ部分を手のひらで押さえる。

4  反対側からも同様に折りたたみ、手のひらで押さえる。

5

生地の手前と向こう側からも同様に行う。

6

なめらかな面（下にしていた面）が
上になるようにして、発酵容器
に戻す。

パンチ前（左）と比較し、パンチ後（右）の生地は
ひとまわり小さくなる

弱めのパンチの方法（例：フランスパン）

1

打ち粉をした作業台に生地を取
り出し、生地の端を持って折り
たたむ。折りたたんだ部分を手
のひらで押さえる。

2

反対側からも同様に折りたたみ、
手のひらで押さえる。

3

なめらかな面（下にしていた面）が
上になるようにして、発酵容器に
戻す。

パンチ前（左）と比較し、パンチ後（右）の生地は
やや小さくなるが、強めにパンチをした場合ほど
の大きさの差はない

分割・丸め

分割とは？

　作りたいパンの大きさ、重さ、形に合わせて、生地を切り分ける工程です。正確に重さを量ること、生地が乾燥したり、生地の温度が下がったりしないように手早く行うことが大切です。

分割の手順

1

上皿棹秤（⇒**Q**170）の重りを分割重量に合わせてセットし、利き手の反対側に置く。生地をのせやすいよう皿は手前にする。作業台に打ち粉をし、生地を発酵容器から取り出す。このとき、生地はスケッパーを持つ利き手側に置く。

2

スケッパーで生地を押し切り、切り口同士がくっつかないように、切り分けた方の生地をすぐに手前に引いて離す。分割重量に合わせて、なるべく大きく四角く切り分ける。

3

切り分けた生地は、その都度、秤にのせて重さを量り、分割重量になるように微調整を行う。

Q 203 上手な分割方法を教えてください。
＝分割のコツ

A 生地を切る時、重さを量る時に生地を傷めないようにします。

　分割する時は、なるべく生地を傷めないように気をつけます。

　スケッパーで生地を切る場合は、真上から真っ直ぐに押し切ります。前後に動かしながら切ると、切り口がスケッパーにくっついて切りにくくなり、生地が傷んでしまいます。上から押し切った生地の方が、断面の状態がよいです。

　切った生地は秤で重さを量り、目的の重さになるように生地を足したり、切り取ったりして調節します。こま切れの生地が多くならないよう、なるべく少ない回数で目的の重さにすることを目指します。

生地を切る

スケッパーを前後に動かしながら切った生地（左）、真上から押し切った生地（右）

重さを量る（良い例）

1回で分割重量に切り分けられたベストな状態（左）、生地を足して分割重量にしたが、足す回数が少なくて済んだベターな状態（右）

重さを量る（悪い例）

何度も生地を足したり減らしたりして重さを調節したため、小さな生地がいくつもくっついた状態（左）、中途半端な重さや形の生地をいくつか寄せ集めた状態（右）

丸めとは？

分割した生地の形を次の工程である成形に向けて整えることです。文字通り生地を丸くまとめますが、成形によっては、楕円形や棒状などにまとめる場合もあります。

丸めの目的は、一定方向に動かして丸めることで、グルテンの配列を整えつつ、同じ形の生地にすることです。また、分割によって生じた、べたついた断面を生地の内部に入れて扱いやすくし、同時に生地の表面に張りを出すことで、炭酸ガスを生地内部に保持しやすくします。

生地の種類や発酵状態によって丸めの強さはかわりますが、どの場合も生地全体が均一な状態になるよう、また、生地表面が破れたりしないよう、十分に注意します。

丸めの手順

生地の種類や分割重量によって丸めの方法、強さ（力の入れ方や回数など）は異なります。また、生地の発酵状態によっても、丸めの強さをかえます（⇒**Q204**）。

●小さい生地の丸め（右手で行う場合）

1  きれいな面を上にして作業台に置き、手のひらで生地を包み込む。

2  手を反時計回りに動かしながら、生地を丸める。

3  生地の表面が張ってなめらかになれば終了する。

均一な状態になっていない（丸くない、丸めが弱い）もの（左）、丸めが適度なもの（中央）、丸めが強すぎて生地の表面が破れたもの（右）

●大きい生地の丸め（右手で行う場合）

1

生地を手前から向こう側に半分に折り返し、表面が軽く張った状態にする。

2

90度向きをかえ、生地をつかむようにして生地の向こう側に親指以外の指先をあてて、生地の端を下側に送り込むようにする。

3

写真のように手を生地にあて、指先を生地の右下に向かって弧を描くように動かしながら、手を手前に引いて生地を回転させる。生地から手を離し、再び生地の向こう側に同様に指先をあてて、同じ動作を繰り返す。

4
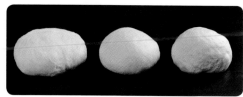

生地の表面が張ってなめらかになれば終了する。

均一な状態になっていない（丸くない、丸めが弱い）もの（左）、丸めが適度なもの（中央）、丸めが強すぎて生地の表面が破れたもの（右）

●棒状の生地の丸め（まとめ）

1
分割した生地を手前から向こう側に半分に折り返す。

2
生地の向こう側に両手を添えて軽く手前に引いて、生地を軽く締める。

3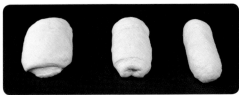
生地の締め方で丸め（まとめ）に強弱をつけることができる。

丸めが弱め（左）、通常（中央）、強め（右）

Q 204 丸めの強弱は、どのような基準で決めたらよいですか？
＝丸めとボリューム調整

A **パンのボリュームを出したい場合は丸めを強くし、ボリュームを抑えたい場合は丸めを弱くします。**

　分割した生地を丸めるという工程は、ほとんどのパン生地で行われますが、丸めの強さは、パンの種類や生地の発酵状態によってかえます。どのパン生地も、ベンチタイム後にその生地が成形に合ったゆるみ具合になり、最終的に思った通りのパンが焼き上がるように丸めの強さを調節することが大切です。

●ソフト系のパン

　製品のボリュームを出したいので、ミキシングをしっかりと行って、たくさんのガスを保持できるグルテンを形成して生地の力を強くし、丸めも強めに行います。ただし、丸めた生地の表面が破れないよう注意します。

●ハード系のパン

　ソフト系のパンよりも時間をかけて徐々に発酵させます。グルテンの形成が進みすぎないようミキシングは弱めにし、イースト（パン酵母）の量は少なくして発酵する力も弱めにします（⇒p.201「フランスパンのミキシングと発酵時間の関係」）。製品に過度なボリュームを出したくない場合などは、丸めは弱めに行います。パンの種類によっては、ほとんど丸めることをせず、軽く折りたたんでまとめる程度にとどめるものもあります。

フランスパン（バゲット）
生地の丸め（まとめ）

● 発酵が過剰な場合

　通常よりも生地がゆるんでいる場合は、発酵過剰の可能性が考えられます。その場合は、生地に力を加えすぎて傷んでしまわないよう、弱めに丸めます。

● 発酵が足りない場合

　通常よりも生地が締まっている場合は、発酵不足の可能性が考えられます。その場合は、丸めによってさらに生地が締まらないように力加減に注意し、弱めに丸めます。また、成形できる状態に生地がゆるむまで、ベンチタイムは長めにとります。

 丸めた生地はどこに置くとよいですか？
=丸めた生地の置き場所

 丸めた生地は発酵器の中で休ませるので、移動させやすいように板の上にのせます。

　丸めが終了した生地は、基本的にはベンチタイムをとります。

　ベンチタイムは、分割前の生地を入れておいた発酵器をそのままの温度設定にしておいて、そこに戻すことが多いので、板など移動できるものに生地をのせます。生地がくっつかないように板には軽く打ち粉をふるか布を敷き、その上に生地をのせるようにします。

　また、室温においてベンチタイムをとる場合には、生地が乾燥しないようにビニールやポリ袋などをかけておきます。

ベンチタイム

ベンチタイムとは？

　丸めによって引き締まった生地は、次の工程である成形がやりやすくなるよう、適度に休ませる必要があります。その休ませる時間のことを、ベンチタイムとよびます。

　ベンチタイム中は、時間の経過によってグルテンの配列が整っていくだけでなく、少しずつ発酵が進んでいるため、アルコールや乳酸が生成されて、グルテン組織の軟化が進みます。そうすると、丸めで緊張したグルテンの構造がゆるんで（**⇒p.214・215「発酵～生地の中ではどんなことが起こっているの？～」**）、生地がもとに戻ろうとする弾力が弱まるので、成形しやすくなります。

　ベンチタイム中にも生地は発酵します。分割前の発酵と同じ条件の場所で休ませることが多いですが、分割前までと比べて生地表面が乾燥しやすくなっているので、湿度の設定に注意します。湿りすぎると成形時に多くの打ち粉を必要とし、それによって生地表面が乾燥してしまうこともあるので、適度な温度と湿度を保つことが大切です。

　おおむね、小型のパンは10～15分程度、大型のパンは20～30分程度のベンチタイムが必要です。

ベンチタイムの前と後の生地の状態の変化

それぞれ、ベンチタイム前の生地（左）と、ベンチタイム後の適度にゆるんだ生地（右）を比較

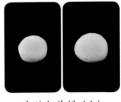

丸めた生地（小）

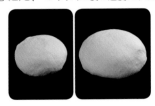

丸めた生地（大）

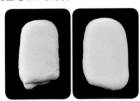

棒状に丸めた（まとめた）生地

生地がどんな状態になったらベンチタイムを終えてよいのですか？
=適切なベンチタイムの見極め

 生地が少しゆるんで成形しやすくなったら終了です。

　ベンチタイムは、次の工程である成形をスムーズに行うためのもので、丸め（まとめ）によって生じた弾力がゆるむまで生地を休ませます。どのくらいの時間休ませればよいかは、パンの種類や分割した生地の大きさ、丸めの強さによってかわります。

　具体的な方法としては、生地の様子を目で見て、手で触って判断します。見た目では、丸め終わった直後と比べると、少し膨らんでいて若干だれて見える場合もあります。触って判断する場合は、手や指で生地を軽く押さえて離した時に、その跡がそのまま残る程度にゆるんでいれば、ベンチタイムを終えます。

　成形時に生地の弾力が強くて縮んだりする場合、その生地はベンチタイム不足といえます。

ベンチタイム中のグルテン

　分割し、丸めた直後の生地は、麺棒でのばしても縮みます。しかし、丸めた後に、ベンチタイムをとってからのばす生地が縮みにくくなります。これはなぜでしょうか。ここではグルテンの構造の変化に焦点を当てて考えてみましょう。

　グルテンは網目構造をもち、生地の中で広がっています。生地をこねたり、生地の形をかえたりする力を加えると、グルテンの網目構造が無理に引きのばされたり、切れるなどして、構造に乱れが生じます。

　グルテンの網目構造は、本来は規則正しい網目状であるため、構造が乱れても、そこで再構築が起こり、自然と規則正しい配列に変化していきます。しかし、それにはある程度の時間が必要です。

　仮に、グルテンの構造が乱れた状態の時に生地をのばそうとすると、グルテンの構造の乱れが助長されるため、もとの大きさや形に戻ろうとする力が働き、生地は縮んでしまうのです。ただし、しばらく経って、グルテンの配列が整ってから生地をのばすと、すでに配列が再び整っているので、ある程度まではグルテンに無理がかからずにのびていきます。

　このグルテンの再配列は、発酵させないクッキーや麺類などの生地でも同様に起こります。パンの生地では、この他に発酵によって、アルコールや各種の有機酸が発生してグルテンの軟化が起こることも、生地がのばしやすくなるもうひとつの理由です。

成形

成形とは？

　成形は、作りたいパンのイメージに合わせて生地を形作る工程です。

　ベンチタイムで休ませた生地は、丸めで緊張したグルテンの構造がゆるみ、弾力が弱まって成形しやすくなっています。パン作りの工程では、生地の「緊張」と「弛緩」を繰り返すことで作り手が望むボリュームや食感のパンへと変化させていきます（⇒p.170「**プロセスで追う構造の変化**」）。成形は生地を緊張させる最後の工程であり、望む形に焼き上がるよう、生地の粘弾性（粘りと弾力）を強化していきます。

　生地の状態をみながら、力を加減して成形しましょう。

成形の手順

　多くのパンの形は丸形か棒状が基本となっています。丸形に成形した生地はさらに薄く円盤状にのばしたり、折りたたんでから巻いて食パンにしたりもします。棒状に成形した生地は薄くのばして端から巻いたり、数本使って編んだりすることもあります。

● **丸形の成形**（右手で行う場合）　│　小型のもの

1

手のひらで押さえて炭酸ガスを抜き、生地の上下を返してなめらかな面を下にする。

2  生地を手前から向こう側に折り返す。

3  手のひらで包み込むようにして、手を反時計回りに動かしながら、表面を張らせるようにして生地を丸める。

4  表面が張りのある、なめらかな状態になったら、底をつまんでしっかりと閉じる。閉じ目を下にして置く。

●丸形の成形(右手で行う場合) ｜ 大型のもの

1  手のひらで押さえて炭酸ガスを抜き、生地の上下を返してなめらかな面を下にする。

2  生地を手前から向こう側に折り返す。

3  90度向きをかえ、生地の向こう側に指先をあて、生地の端を下側に送り込むようにして、表面を張らせる。

4
指先を生地の右下に向かって弧を描くように動かしながら手を手前に引いて生地を回転させる。生地から手を離し、再び生地の同様に向こう側に指先をあてて、同じ動作を繰り返す。

5
表面が張りのある、なめらかな状態になったら、底をつまんでしっかりと閉じる。閉じ目を下にして置く。

●棒状の成形

1
手のひらで押さえて炭酸ガスを抜き、生地の上下を返してなめらかな面を下にする。

2
生地を向こう側から手前に⅓程度折り返し、手のひらのつけ根で生地の端を押さえてくっつける。

3
向きを180度かえ、同様に⅓程度折り返し、押さえてくっつける。

4
向こう側から手前に半分に折り返しながら、手のひらのつけ根で生地同士の端をしっかりと押さえて閉じる。

5  生地の中央部分に片手をのせ、軽く力を加えながら生地を転がし、中央部分を細くする。

6  続いて、生地に両手をのせ、同様に力を加えながら転がし、両端に向かってのばしていく。

7  表面に張りのある、均一な太さになればよい。

●丸形からの成形バリエーション │ 円盤状の成形

1  生地の中央から手前に向かって麺棒を転がして炭酸ガスを抜く。

2  続いて中央から向こう側に向かって同様に行う。

3   必要であれば生地の向きをかえ、麺棒を転がして炭酸ガスを抜く。

4  均一な厚さになり、ほどよく炭酸ガスが抜ければよい。

●丸形からの成形バリエーション ｜ 俵形の成形（食パン型などに入れて焼く時）

1  円盤状の成形（⇒**p.237・238**）を行い、しっかりと炭酸ガスの抜けた状態にする。

2  生地の上下を返してなめらかな面を下にする。生地を向こう側から手前に⅓程度折り返す。

3  手前からも同様に⅓程度折り返し、手で押さえてくっつける。

4  90度向きをかえ、向こう側の端を少し折り返して軽く押さえて芯を作る。

5  向こう側から手前に向かって、表面に張りが出るように親指で軽く生地を締めながら巻く。

6

巻き終わりの端を手のひらのつけ根でしっかりと押さえて閉じる。

7

閉じ目を下に向けて焼き型に入れる。

●棒状からの成形バリエーション │ バターロールの成形

予備成形（涙形）

1

棒状の成形（⇒**p.236・237**）を行い、表面に張りがある均一な太さの棒状にする。

2

生地の中央部分に片手を当て、小指側に向かって徐々に細くなるように転がし、片方の端が細い涙形の棒状にする。室温で5分休ませる。

本成形

3

休ませた涙形の生地の太い方を向こう側に向けて置き、生地の中央から向こう側に向かって麺棒を転がして炭酸ガスを抜く。

4

生地の細い方の先を手で持ち、手前に引っ張りながら、中央から手前に向かって麺棒を転がして炭酸ガスを抜く。均一な厚さになるようにのばす。

5

棒状にした時の閉じ目（⇒p.236「棒状の成形**4**」）を上にして置き、生地の幅の狭い方の端を手で持ち、幅の広い方の端を少し折り返して軽く押さえて芯を作る。

6

向こう側から手前に向かって巻く。

7

巻き終わりの端と本体をつまんでとめる。

8

巻いた生地の各層の厚みが均一であれば、よい状態。

●棒状からの成形バリエーション ｜ 三つ編みの成形

1　棒状の成形（⇒**p.236・237**）を終えた生地を、両端が細くなるように転がしてのばす。

2　同じものを3本作り、三つ編みを行い、生地の端をつまんでとめる。

 成形時はどんな点に注意したらよいですか？
207 ＝成形時の力加減

 生地を傷めないように注意しながら、適度に力を加えてグルテンを強化し、形を整えます。

　パン生地の種類や作りたいパンのイメージに合わせて、生地に加える力を加減します。

　生地に加える力が強すぎると、パン生地に無理がかかり、生地切れを起こしたり、最終発酵時や焼成時に生地の膨張にともなって生地がのびていくことができず、ボリュームが不足したパンになります。

　逆に、生地に加える力が弱いと生地の緊張が弱くなり、最終発酵時に発生する炭酸ガスをしっかりと受け止めて膨らんでいくことができません。そして、ボリュームの不足した焼き上がりになります。

　また、成形の力加減がバラバラだと、最終発酵に要する時間や焼成時の生地の膨らみ具合に影響し、均一な製品ができません。成形したあとについては、丸めの時と同じく、表面をなめらか、かつ張りのある状態にすることと乾燥させないことが大切です。

 成形した生地はどのような状態で最終発酵させますか？
208 ＝成形後の最終発酵

 オーブンプレートにのせる、焼き型に入れる、布にとる、発酵かごに入れるなど、作るパンに合わせた方法で最終発酵させます。

　パンによって焼成の仕方は異なり、それに応じて最終発酵をどのような状態で行うかが決まります。主な方法は、次の通りです。

●オーブンプレートにのせる

　成形後、多くのパンはオーブンプレートにのせます。

　その際に注意する点は、成形した生地同士の間隔を十分にとることです。成形したパン生地は、最終発酵で体積が2〜3倍程度まで膨らみます。次の工程である焼成時にもさらに膨らむので、それを考慮して生地同士の間隔を決めます。

　間隔が狭いと生地同士がくっついたり、くっつかないまでも焼成時に生地同士が近接している部分にオーブンの熱が行き渡りにくくなってむら焼けになったり、火通りが悪くなったりすることがあります。

　間隔が広めの場合は特に問題はありませんが、製造効率を考慮する必要はあるでしょう。1枚のオーブンプレートにのせるパン生地の個数を考えることは大切です。また、1枚のオーブンプレート上で生地同士の間隔がまちまちだと、パンの焼き上がりに差ができるので注意します。

成形直後（左）、最終発酵を終えた状態（右）。2〜3倍に膨らむ

●焼き型に入れる

　食パンやブリオッシュのように決まった形に焼き上げたいものは型に入れます。食パンのように、型に成形した生地を複数個入れる場合は、すべて同じ大きさにして、均等な間隔で入れます。

3分割にして専用の型に詰めた食パン生地

専用の型に詰めたブリオッシュ生地

●布どりする

　フランスパンなどハード系のパンの多くは、成形後は麻布やキャンバスなど毛羽立ちの少ない布にのせます。これは焼成時に、直接オーブンの床（炉床、窯床）にパン生地をのせて焼く「直焼き」といわれる方法で焼くパンの場合に行われます

（⇒**Q223**）。

　最終発酵を布にのせた状態で行うのは、発酵させたパン生地を焼成前に「スリップベルト」とよばれる専用の窯入れ装置に移しかえるためです（⇒**Q224**）。

　注意する点は、パン生地の形状によってかわります。主に棒状に成形した生地の場合は、布にのせる際、布でひだを作って生地同士を隔てながら、のせていきます。生地が膨らむことを考慮して、生地と布ひだの間隔、布ひだの高さを調節します。

　丸形に成形した生地の場合の注意点は、オーブンプレートにのせる場合とほぼ同じで、生地同士の間隔を十分にとることです。しかし、布どりの場合は最終発酵で膨らむ分だけを考慮すればよいです。

　どちらの場合も、発酵器に移動させることを考え、布は板などの上に敷いておきます。

棒状のパン

成形後の生地をのせるための布と板。布は折り目がつかないよう、広げた状態か、筒状に巻いた状態で保管する

生地をのせたら、次の生地をのせる前にひだを作る

生地の両脇に適度な間隔をあけてひだを作る。ひだの高さは生地よりも1〜2cm程度高くする

丸形や小型のパン

膨らむことを考慮して、生地同士の間隔をあける

● 発酵かごに入れる

　ハード系のパンの中で、パン・ド・カンパーニュなどのように生地が柔らかく、最終発酵中に生地がだれて形を保ちにくいものは、発酵かご（バヌトン、バックコルプなど）に入れます。焼成時に型を裏返して生地を取り出すので、なめらかな面を下にして入れます。

バヌトン(左)、バックコルプ(右)。いずれも生地のなめらかな面を下にして入れる

 山食パンは、なぜ山をいくつかに分けて成形するのですか？
209 ＝食パン生地を型に複数個詰める理由

 ひと山に成形するよりも気泡の数が多くなってよく膨らみ、ソフトな食感になるからです。

　本書では、分割して成形した生地を型に3つ入れて、3つの山を作る山食パンを例に挙げていますが（⇒p.238・239「丸形からの成形バリエーション｜俵形の成形（食パン型などに入れて焼く時）」）、山食パンでも角食パンであっても、ワンローフとよばれるひと山に成形する場合や、2つの山に成形する場合もあります。

　同じ大きさの型の場合、複数個の生地を詰めた方が全体の気泡の数が多くなって膨らみがよくなり、ソフトな食感になります。また、生地の力（グルテンの強度）が増し、生地全体の強度も増すので、ケーブイン（腰折れ⇒**Q229**）しにくくなります。

　ワンローフに成形した場合は、複数個に分けるよりも気泡の数が少ないので、やや噛みごたえのある食感になります。

食パンの成形バリエーション例

※生地を2分割して2つの山のある食パンにする場合、型に生地を詰めた時に隙間ができます。型と生地の間、生地同士の間の、どちらに隙間を作っても構いませんが、間隔を均等にあけるようにします

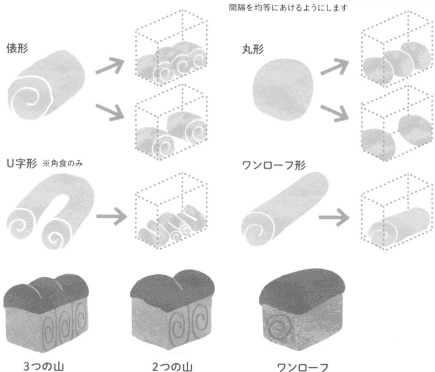

俵形

丸形

U字形 ※角食のみ

ワンローフ形

3つの山　　　2つの山　　　ワンローフ

 Q 210 角食パンは、なぜ蓋をして焼き上げるのですか？ 食べた時、山食パンとどのような違いがありますか？
＝角食パンと山食パンの違い

 A 角食パンの方が弾力が強くなって歯ごたえが増し、しっとりとしたクラムになります。

　もともとはイギリス生まれの山食パンがアメリカに渡り、工場生産に向いた形にかわったのが角食パンだといわれています。現在の日本でも、角食パンは工場生産のものが大半を占めています。

　しかし、ただ効率を求めるためだけではなく、食感や形の違いを出すことを目的として蓋をすることもあります。また、リッチな配合でソフトに焼き上げたい場合にも蓋をします。

角食パンは、蓋をすることによってクラムの目（気泡）が縦にのびるのをさまたげるため、丸く揃った気泡になり、山食パンと比べると弾力が強くなって歯ごたえが増します。

また、焼成時に水分が飛びにくいので、焼き上がったパンの水分量が、山食パンよりも多く、しっとりとしたクラムになります。そのため、サンドウィッチにするなど、トーストせずにそのまま食べるのに向くともいえます。

 メロンパンのように別の生地を上に貼りつける場合、最終発酵で下のパン生地の膨張はさまたげられますか？
=メロンパン生地の貼りつけ方

 完全にメロン生地で覆うと、膨らみが悪くなるので、底面までは覆いません。

パン生地を別の生地で包み込むように成形すると、パン生地だけの場合よりも膨張がさまたげられます。特にメロンパンの場合、メロン生地（ビスケット生地）で完全に底までパン生地を覆ってしまうと、パン生地の膨らみが悪くなるので、多くの場合、底まで覆うことはしません。また、メロン生地が分厚くて重い場合も、膨らみはやや悪くなります。

メロンパンを作る時に注意したいのは、成形後にメロン生地のバター（油脂）が溶けない温度で最終発酵をとることです。なお、メロンパンの特徴である表面のひび割れは、最終発酵にともなってメロン生地がのばされ、さらにその後の焼成でパン生地が窯のび（オーブンスプリング）することで生じます。

 クロワッサンの折り込みと成形では何に注意すればいいですか？
=クロワッサンの折り込みと成形

 バターが柔らかくなりすぎないよう、生地を冷やしながら作業することが重要です。

クロワッサンは可塑性（⇒Q109）をもつ油脂（主にバター）を、発酵させたパン生地に折り込んで作る特殊なパンです。菓子のパイ生地と同じ技法で作られますが、異なる点はイースト（パン酵母）で発酵させた生地を使うところです。

パン生地は、はじめに25℃程度で短時間発酵させたあと、5℃の冷蔵庫に移して18時間ほど低温発酵（⇒Q199）させて生地を冷やし、あとで折り込むバターが柔らかくなりすぎないようにしておきます。次に、シート状にのばしたバターを生地で包みます。それをパイローラーで薄くのばして三つ折りにし、冷凍庫で30分ほど休ませてから、再度薄くのばして三つ折りにするという作業を数回繰り返します

（⇒**Q**120）。その後、成形していきます。以下では、さらに詳しく「折り込み」と「成形」について説明します。

●折り込み

三つ折りにするたびに、いったんパン生地を冷凍庫で休ませるのは、柔らかくなったバターを冷やして可塑性が発揮できる13〜18℃の温度帯にし、適度な硬さに保つためです。

また、薄くのばすことによって、こねるのと同じ刺激が与えられてパン生地に弾力が出て、もとの大きさに縮もうとする力が強く働いてしまいます。生地を休ませることによって、こうしたグルテンの弾力がゆるみ、次の折り込みがスムーズに行えるようになるのです。

その他、パン生地の温度が上がると、発酵によって発生する炭酸ガスで生地中の気泡が大きくなり、生地をのばす際に穴があいて油脂が外にはみ出したり、生地の表面がなめらかではなくなったりします。これらも生地を冷やす理由です。

一般的なイーストの場合、理論的には4℃以下であれば休眠しますが、そこまで生地の温度を下げて発酵を抑えると、油脂の可塑性が失われてしまいます。柔らかくなった油脂を適度な硬さにし、かつグルテンをゆるませるには、30分程度冷凍庫で休ませるのが有効です。こうすると、イーストの活動を抑えつつ、油脂の可塑性が発揮できる状態となり、次の折り込み作業をスムーズに行えます。

なお、長時間冷凍庫に入れると凍るので、すぐに作業できない場合は、適宜冷蔵庫に移すなどの管理が必要になります。また、10℃近辺で活動を停止する冷蔵生地用イーストを使用して冷蔵庫で休ませることも、ひとつの方法といえます。

●成形

一般的なクロワッサンは、薄くシート状にのばした生地をナイフで二等辺三角形に切り分け、生地の底辺の方から頂点に向かって巻いて成形します。

その際にも生地はよく冷やしておき、かつナイフはよく切れるものを使用し、折り込みによってできた生地の層を壊さないようにすることが大切です。そして、層になった切り口にはなるべく触れないようにして巻いていきます。カットした生地の温度が上がると、層がずれたり、つぶれてしまうので手早く成形します。

最終発酵

最終発酵とは？

　成形によって引き締まったり、緊張した生地の伸展性（のび広がりやすさ）を回復させ、このあとの工程である焼成で十分に窯のび（オーブンスプリング）してボリュームのあるパンになるように行う、発酵・熟成の最終段階です。

　ここでは、成形によって引き締まった生地を、グルテン組織を軟化させることによってゆるめていきます（⇒p.170「プロセスで追う構造の変化」）。最終発酵による、生地の状態や物性の変化のメカニズムは、ミキシング後の発酵時（⇒p.214・215「発酵〜生地の中ではどんなことが起こっているの?〜」）と同様で、アルコールや乳酸などの有機酸が生成されることによってグルテン組織が軟化して、生地ののびがよくなるというものです。また、これらのアルコールや有機酸は、パンの香りや風味となっていきます。

　ミキシング後の発酵との違いは、発酵器の温度を高めに設定することです（ミキシング後の発酵では25〜30℃程度）。短時間で生地の温度を上げて、イースト（パン酵母）や酵素の活性を高めていきます。

Q 213 最終発酵に適した温度はどれくらいですか？
＝最終発酵の役割

A イーストの活性が高まるよう、30〜38℃と高めの温度で、短時間発酵させます。

　パンの種類によって、最終発酵時の温度は異なります。主に、発酵による風味を重視するようなハード系の生地では、やや低めの30〜33℃程度にします。ふんわりさせたいソフト系の生地は、やや高めの35〜38℃程度にします。

　特殊なものとして、ブリオッシュのようにバターをとても多く練り込んだ生地や、バターを折り込んだクロワッサンは、バターが溶け出さない、30℃以下の温度

にします。

　通常、前述の温度の発酵器で発酵させると、ハード系の生地の場合は3〜4℃、ソフト系の生地の場合は5〜6℃上昇し、発酵終了時の生地の温度は32〜35℃程度になります。

　こうした発酵の際の温度設定について、イースト（パン酵母）の生態から考えてみましょう。イーストは40℃前後で炭酸ガスを最も多く発生し、適温から遠ざかるほど活動は低下します（⇒**Q63**）。

　ミキシング後の発酵では、炭酸ガスが一気に多く発生すると、生地が無理に引きのばされて傷むので、あえてイーストの活性をやや抑えるために、発酵器の温度を25〜30℃程度に保ちます。時間をかけて発酵させていく過程で、グルテンが軟化し、それにともなって生地にのびのよさが出てくることをふまえて、炭酸ガスの発生とグルテンの軟化のバランスがとれた状態で生地を膨らませていきます。

　しかし、最終発酵では、ミキシング後の発酵とは少し違った考え方をします。最終発酵の段階では、成形によって生地内の気泡は細かく分散しています。これらの気泡を大きくし、その後の焼成で熱膨張して大きく膨らんでいく核となるものを、最終発酵で作っていかなければなりません。

　そのため、イーストの活性が高まるよう、温度を高くした発酵器に入れます。ただし、温度が高い状態が長く続くと生地がだれてしまうので、時間は短く設定します。そうすることで、ミキシング後の発酵よりも生地の緊張を残し、焼成で生地が大きく窯のび（オーブンスプリング）できるようにします。

　なお、湿度は70〜80％程度が中心となりますが、パンによっては湿度50％程度の乾燥ホイロとよばれるものや、湿度85％以上の高湿ホイロとよばれるもので発酵させる場合もあります。

最終発酵終了の見極め方を教えてください。
＝最終発酵終了時の状態

成形時からの膨らみ具合、生地の表面のゆるみ具合で判断します。

　最終発酵終了時の生地には、まだ膨らむ余地が残っていなければなりません。生地はこのあとの焼成工程で、さらに膨らまなければならないからです。とはいえ、この段階で発酵が不足していると、生地の伸展性（のび広がりやすさ）の回復が不十分になり、焼成時にボリュームが出ず、小さくて食感の悪いパンになってしまいます。

　反対に発酵が過剰だと、グルテンの組織が軟化しすぎて生地が過度にゆるんでしまうため、オーブンの中での膨張に生地が耐えられず、発酵不足のときと同様にボリュームは出ません。また、過剰に発酵すると、ひとつひとつの気泡が大きくなりすぎて、焼き上がったパンのクラムのきめが粗くなります。その上、イースト（パ

ン酵母)は糖分を栄養にしてアルコール発酵を進めるため、発酵に糖分を使った結果、生地に残存する糖分が少なくなり、焼き色がつきにくくなります。

　よいパンを作るには、適正な発酵具合を見極めることが必要です。まずは、成形時からどの程度生地が膨らんだか(パン生地の体積が成形直後からどの程度増えているか)を、目で見て確認します。次に、手で触れて、生地のゆるみ具合を確かめます。確かめるときは膨らんだ生地をそっと指先で押してみて、弾力や残った指跡の状態で生地のゆるみ具合を判断します。

最終発酵確認方法(例:バターロール)

●膨らみ具合を見る

発酵前(左)、適正な
最終発酵後(右)

●指で軽く押して指跡の状態を見る

発酵不足	適正な発酵	発酵過剰
		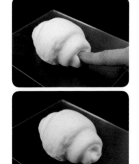

指先で押した跡が戻る	指先で押した跡が少し戻る	指先で押した跡がそのまま残る

Q 215 角食パンの角が丸くなってしまいます。どうしたらきれいな角が作れますか？

＝角食パンの最終発酵の見極め

A 最終発酵が不足していると、角が出ません。型の体積の7～8割程度まで膨らむのが、最終発酵終了の目安です。

　角食パンは焼成時に型に蓋をしてオーブンに入れますが、最終発酵がどのくらい進んだかによって、焼き上がりのボリュームのみならず、見た目にも違いが出ます。

　適正な最終発酵の目安は生地が型の容積の7～8割程度まで膨らんでいることです。発酵が適正であれば、焼き上がった角食パンの上面にほんの少し丸みを帯びた角が出ます。発酵が不足していると、この角が丸くなって焼き上がってしまいます。発酵過剰になると、角が出すぎる他、ケーブイン（腰折れ⇒**Q229**）してしまうこともあります。

発酵度合いによる角食パンの焼き上がりの違い

	発酵不足	適正な発酵	発酵過剰
最終発酵後	 型の体積の6割程度の膨らみ具合	 型の体積の7～8割程度の膨らみ具合	 型の体積の9割程度の膨らみ具合
焼成後	 上面の角が大きく欠けている	 上面の角が若干丸みを帯びているが、適正な状態	 上面の角が出すぎており、ケーブインもしている

Q 216 焼き上がったバターロールがしぼんで小さくなってしまったのはなぜですか？
＝バターロールの最終発酵の見極め

A 最終発酵が過剰だったと考えられます。

　バターロールの最終発酵の進み具合ごとに焼き上がりを比べてみました。

　最終発酵の時間が短すぎても、長すぎても、焼き上がりのパンのボリュームは適正なものよりも小さくなります。しかし、それぞれの原因は異なります。

　最終発酵の時間が短すぎるものは、そもそもイースト（パン酵母）の炭酸ガスの発生量が少なくて膨らみが悪いのですが、それに加えて、巻き目が裂けて焼き上がるのが特徴です。これは発酵不足による生地の伸展性（のび広がりやすさ）の悪さが原因です。焼成時に炭酸ガスの体積が大きくなって生地が押し広げられていく際に、生地ののびが悪くて無理に引っ張られるかたちとなり、巻き目が裂けてしまうのです。

　一方、発酵時間の長いものは、それだけ炭酸ガスが多く発生しているのにもかかわらず、焼き上がりがしぼんだように小さくなってしまいます。これは、発酵時間が長いとグルテンが軟化しすぎて生地の緊張がゆるんでしまい、ガスを受け止めるだけの適度な張りを保つことができず、だれて広がってしまうからです。また、生地が過度にゆるんでいるため、焼成時の窯のび（オーブンスプリング）が少ないことも、生地にボリュームが出ない要因となっています。

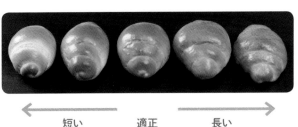

焼き上がったバターロール。左から右に向かって順に、最終発酵時間が長い。中央が適正な最終発酵時間のもの

← 短い　　適正　　長い →

焼成

焼成とは？

　ミキシングから始まり、長い時間をかけて発酵・熟成させてきたパン生地をいよいよ食品としてのパンに変化させる、パン作り最後の工程です。

　最終発酵で焼き上がりの80％程度まで膨張したパン生地をオーブンに入れると、どんどん膨らんでいきます。しばらくすると膨らみはおさまり、生地の表面は硬くなり始めます。

　次に色がつき始め、時間の経過とともに、さらに焼き色は濃くなっていきます。やがてパン生地はこんがりとこうばしく焼き上がり、特有の魅力的な風味と香り、食感をもつパンとなるのです。

温度の変化と焼成の流れ

　最終発酵終了時にパン生地の中心温度は32〜35℃になっています。オーブンに入ってから中心温度は徐々に上昇し、焼き上がり時には100℃弱まで上がります。その間、パン生地は刻一刻と変化していきます。

《1》生地が膨張する

①イーストのアルコール発酵による炭酸ガスの発生

　オーブンに入れてもすぐに発酵が止まるわけではなく、イースト（パン酵母）は40℃あたりで活性が最大になり、炭酸ガスやアルコールの産出が増加します。その後、50℃くらいまでは活発に働いて炭酸ガスやアルコールを発生させ、55℃あたりで死滅します（⇒**Q63**）。

②炭酸ガス、アルコール、水の熱膨張

　イーストが発生させた炭酸ガスは、そのまま生地中に存在し、熱膨張で体積が増えていきます。一部の炭酸ガスは、生地中の水分に溶けており、焼成によって気化して体積を増し、やはり生地を押し広げます。

　そして、炭酸ガスと同様に、アルコール発酵で発生したアルコールも気化することによって体積が大きくなり、やはり生地を膨張させます。また、アルコールに続いて気化する水も、熱膨張によって生地を膨らませます。

《2》 生地が窯のびする

　パン生地を高温のオーブンに入れると、生地の表面は薄い水の膜が張ったように湿った状態がしばらく続き、ただちに焼きかたまることはありません。

　生地の内部では、50℃あたりから酵素が活性化します。そして、タンパク質分解酵素がグルテンを分解して、生地が急速に軟化します。また、デンプン分解酵素が損傷デンプン（⇒Q37）を分解することで、生地が流動化していきます。

　と同時に、イーストによるアルコール発酵で炭酸ガスが活発に発生し、生地は大きく膨らみます。これを窯のび（オーブンスプリング）といいます。

《3》 膨張した生地が焼きかたまる

　グルテンが熱によって変性して完全に凝固するのは75℃前後ですが、すでに60℃くらいから構造が変化して、保持していた水を離し始めます。

　一方、デンプンは60℃前後から糊化（α化）し始めますが、それには水を必要とします。そのため、グルテンが離した水をデンプンが奪い、デンプンは生地中の水分も吸収して、さらに糊化を進めます。

　やがてグルテンは75℃前後で完全に凝固し、生地の膨張が止まります。凝固したグルテンは、パンの膨らみを支える骨組みになります。

　一方、デンプンの糊化は、85℃前後でほぼ完了します。85℃以上になると、糊化したデンプンから水分が蒸発し、パンの組織を形作る半固形の構造に変化し、クラムのふんわりとした質感を作り出していきます。

　これらをデンプンとグルテン（タンパク質）の変化に分けて、さらに詳しくお話ししましょう。

デンプンの変化

　デンプンは、水と熱によって「糊化（α化）」して、パンのふんわりとした組織を作り出す役目を担っています（⇒Q36）。

　小麦粉に含まれるデンプンは、粒の状態で存在しており、粒の中にはアミロースとアミロペクチンという2つの分子が存在し、結合して束の状態となっています。

　一部のデンプンは製粉の際に損傷デンプン（⇒**Q**37）となって、ミキシングの段階から水を吸収しますが、大部分のデンプンは健全デンプンといわれる、規則的かつとても緻密な構造で、水が入り込めません。そのため、デンプンのほとんどは焼成の前までは水を吸収することなく、生地の中に存在しています。

　焼成を開始して生地の温度が60℃を超えると、熱エネルギーが緻密な構造の結合を部分的に切り、構造がゆるんで水が入り込めるようになります。つまり、アミロースとアミロペクチンの束の間に水分子が入り込み、糊化していくのです。

　スープのような液体にデンプンでとろみをつける時には、糊化するのに十分な水があり、水を吸収したデンプン粒が膨らんで崩壊して中からアミロースやアミロペクチンが出てきて、液体全体に粘りを与えていきます。

　しかし、パン生地では、デンプンが完全に糊化するには水の量が不足しています。それで、糊化はしても粒子が崩壊するほど膨潤することはなく、ある程度、粒の形を保ったまま生地中に存在し、変性してかたまったグルテンとともに生地の組織を支えます。

焼成の進行によるデンプンの変化

50～70℃	酵素作用が活発になり、損傷デンプンがアミラーゼ（デンプン分解酵素）により分解され、それまで吸着していた水を離し、生地が液化して流動性のある状態になって、窯のび（オーブンスプリング）しやすくなる。損傷デンプンから遊離した水は、このあとにデンプン粒が糊化していくのに使われる。また、損傷デンプンが分解されてできた、デキストリン、麦芽糖の一部は、イースト（パン酵母）が熱によって死滅する約55℃まで、イーストの発酵に利用される
60℃前後	生地中の水の移動が起こり、それまでグルテンをはじめとするタンパク質に結合していた水分や生地中の自由水は、デンプンの糊化に使われるために、強制的にデンプン粒に吸収され始める。タンパク質が保持していた水を離す現象が起こるのは、タンパク質が60～70℃で熱変性し始めてかたまり、水和能力が低下することによる。その水が、糊化に水を必要とするデンプンへと移動して使われる
60～70℃	デンプンが水とともに加熱され、糊化が進む
70～75℃	グルテン膜中に分散しているデンプン粒がグルテン膜中の水分を奪って糊化し、グルテン膜自体はタンパク質の熱変性によってかたまって、生地の膨張がゆるやかになる
85℃～	デンプンの糊化が完了する。さらに高温になると、糊化したデンプンから水分が蒸発していき、タンパク質の変性と相互作用しながら、パンの組織を形作る半固形の構造に変化していく

グルテン（タンパク質）の変化

　グルテンは、小麦粉の2種のタンパク質（グリアジン、グルテニン）が水とともにミキシングされることによってできるものです。グルテンは、生地中で層状に重なって薄い膜を形成し、内側にデンプンを引き入れて、生地中に広がっています。この時、グルテンのタンパク質は、生地中の約30%の水と水和していると考えられます。

　このグルテンの膜は、弾力がありながらものびがよく、発生した炭酸ガスを受け止めて保持しながら、生地の膨張にともなってしなやかにのびていきます。

　生地の膨張は、55℃あたりでイースト（パン酵母）が死滅するまでは、イーストがアルコール発酵によって炭酸ガスを発生させることによって起こります。また、オーブン内が高温になるため、生地中に分散している炭酸ガスや生地中の水分に溶けた炭酸ガスとアルコールが熱膨張することや、水の一部が気化して体積が大きくなることによっても生地は膨らみます。

　そして、タンパク質が凝固する75℃前後になると、グルテンは変性してかたまって強固な骨格となり、これによって、生地の膨張が止まります。

　生地がかたまる前までは、グルテンがパンの膨らみを支えていましたが、デンプンが糊化（α化）した時点でその役割はデンプンへと移っていき、相互作用しながらパンのボディとなっていきます。

焼成の進行によるタンパク質の変化

50〜70℃	酵素作用が活発になり、グルテンがプロテアーゼ（タンパク質分解酵素）によって分解されて、軟化する。損傷デンプンの分解による生地の液化と相まって、生地が流動化することで、窯のびが起こりやすくなる
60℃前後	グルテンのタンパク質が熱によって変性し始め、グルテンのタンパク質に結合していた水は遊離し、デンプン粒に吸収されて、デンプンの糊化に使われる
75℃前後〜	グルテンのタンパク質が熱によって変性してかたまり、デンプン粒が糊化によって膨潤する。それらが相互作用しながらパンの組織を形作る半固形の構造に変化していく

《4》生地が色づく

　生地の表面部分では水分の蒸発も激しく、温度は内部よりも高くなります。100℃を超えるとクラストが形成されて、やがてこうばしく色づきます。

　パンに焼き色がつくのは、主にタンパク質やアミノ酸と還元糖が高温で加熱されることによって、アミノ-カルボニル（メイラード）反応という化学反応が起こり、メ

ラノイジン系色素という褐色の物質ができるためです。

　また、糖類の着色だけで起こるカラメル化反応も関連しています。

　これらの反応は、どちらも糖類が関与して、高温で反応が起こります。その結果、茶色の焼き色がついてこうばしい香りが生じ、食品においしさを与えます。しかし、大きな違いは、アミノ-カルボニル反応は糖類とタンパク質やアミノ酸が一緒に化学反応を起こしていますが、カラメル化反応は糖類のみで起こるというところです。

　焼成の前半では、生地中の水分が水蒸気となって生地の表面から気化していくため、表面は湿っており、温度も低く、焼き色はつきません。

　生地からの水分蒸発が少なくなってくると、生地の表面が乾いて温度が上昇し、アミノ-カルボニル反応が起こるようになり、160℃くらいからよく色づきます。

　アミノ-カルボニル反応に関係するタンパク質、アミノ酸、還元糖は、すべてパンの材料に由来しており、中には小麦粉やイースト（パン酵母）などに含まれる酵素によって分解されてから使われる成分もあります。

　タンパク質やアミノ酸は、主に小麦粉、卵、乳製品などに含まれています。タンパク質は何種類ものアミノ酸が鎖状につながったもので、タンパク質が分解されるとアミノ酸になります。また、アミノ酸はタンパク質の構成物としてだけでなく、単独でも食品の中に存在しています。

　還元糖とは、反応性の高い還元基をもつ糖類のことで、ブドウ糖、果糖、麦芽糖、乳糖などがこれにあたります。砂糖の大部分を構成するショ糖は還元糖ではありませんが、酵素によってブドウ糖と果糖に分解されて、この反応に関与します。

　表面温度が180℃近くに上がると、生地中に残っている糖類が重合によってカラメルを生成するカラメル化反応が起こります。パンはさらに色づき、甘くこうばしい香りが出てきます。

アミノ-カルボニル（メイラード）反応

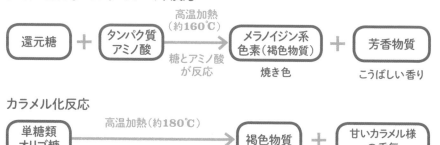

還元糖 ＋ **タンパク質 アミノ酸** → **メラノイジン系色素（褐色物質）** ＋ **芳香物質**

高温加熱（約160℃）
糖とアミノ酸が反応
焼き色
こうばしい香り

カラメル化反応

単糖類 オリゴ糖 → **褐色物質** ＋ **甘いカラメル様の香気**

高温加熱（約180℃）
脱水分解反応
焼き色
こうばしい香り

参考⇒**Q**98

Q 217 オーブンに予熱が必要なのはなぜですか？
＝オーブン予熱の意味

 A オーブンが指定の温度に上がるまでに生地の水分が必要以上に抜けてしまうからです。

　パンを焼く時には、オーブンを前もって温めておく「予熱」が必要です。基本的に予熱中はオーブンには何も入れません。オーブンがパンの焼ける温度にまで温まってから生地を入れてください。

　パンは200℃を超える温度で焼くものが多く、もし予熱しないで生地を焼き始めた場合、その温度に達するまでにかなりの時間がかかります。パンが焼き上がるまでの時間も長くなり、生地の水分が必要以上に抜けてクラムがパサついたり、クラストが分厚くて硬いパンになったりします。

　なお、予熱は焼成温度よりも高めに設定します。なぜなら、生地を入れるためにオーブンの扉を開ける際に、庫内の温まった空気が外に逃げてしまうからです。また、冷たいパン生地が入ることによっても庫内の温度は下がってしまいます。予熱の際は、焼成に必要な温度よりも10〜20℃高めに設定するとよいでしょう。

 Q 218 家庭用オーブンの発酵機能で生地を最終発酵させる場合、オーブンの予熱はどうすればよいですか？
＝家庭用オーブンでの発酵と予熱

 A 最終発酵終了とオーブンの予熱完了のタイミングを合わせます。

　家庭用オーブンで最終発酵させる場合は、最終発酵を早めに切り上げて生地を取り出し、残りの発酵はオーブンの外で行います。

　オーブンから取り出した生地は、最終発酵の温度に近い場所（オーブンの近くなど）に置いて、生地の温度が急激に低下するのを避けるようにしてください。

　しかし、オーブンの予熱完了と最終発酵終了のタイミングを合わせるのは難しく、予熱にかかる時間は機種によって異なることもあるので、どれくらい前にオーブンでの最終発酵を切り上げるかは経験によって判断するしかありません。

　もし、生地が発酵途中で冷えたり乾燥したりしてしまうと、焼成時の膨らみが悪くなるので注意が必要です。調整がうまくいかず、パンの品質に悪い影響が出るようであれば、発酵器などの使用も検討してみてください。

Q 焼成前にはどんな作業を行いますか？
219 ＝焼成前の作業

A パンがおいしく、きれいに焼き上がるように仕上げの作業を行います。

　最終発酵が終了したパン生地をオーブンに入れる前に行う作業には、以下のようなものがあります。パンのボリュームやつやを出す、焼き目をきれいに見せる、装飾をほどこすといったことが目的です。

・霧を吹く
・卵を塗る
・クープを入れる
・粉をふる
・その他（クリームを絞る、フルーツをのせるなど）

焼成前に粉をふっているところ

Q 焼成前に生地の表面をぬらすのはなぜですか？
220 ＝焼成時に生地の表面をぬらす理由

A 生地の表面が焼きかたまるのを遅らせ、生地が膨らむ時間を長くするためです。

　ほとんどのパンは、焼成前に生地の表面を「ぬらす」という作業を行います。生地の表面をぬらすと、生地の表面温度が急激に上がるのを抑えられるので、オーブンの熱で生地の表面がかたまるのを遅らせることができます。それによって、生地が膨張する「窯のび（オーブンスプリング）」の時間が長くなり、パンのボリュームを出すことができます。
　生地の表面をぬらす方法は、大きく分けて以下の2つです。

● 生地の表面を直接ぬらす

この方法には主に2つのやり方があります。

① 霧吹きで水を噴霧する

パンにつく焼き色は穏やかで、クラストは若干薄めになります。

② 刷毛で卵を塗る

焼き色が濃くなり、つやが出て、クラストはやや厚めになります（⇒**Q**221）。

● オーブンの中にスチーム（水蒸気）を噴出させ、生地の表面を間接的にぬらす

この方法は主にハード系のパンを焼く時に、スチームを出す機能がついているオーブンを使用して行います。

霧吹きを使った場合と比べてパンのボリュームが出やすく、表面のつやもしっかりと出ます。また、フランスパンのようにクープを入れるものは、この操作を行うことによってクープが開きやすくなります。

オーブンにスチーム機能がない場合、最終発酵後の生地の表面に、上記と同様に霧吹きで水を噴霧して代用とします。しかし、スチームで間接的にぬらしたものと同じ焼き上がりにはなりません。

 Q221 焼成前の生地に卵を塗るのはなぜですか？
＝焼成前に塗る卵の役割

 A パンのボリュームを出し、つやよく焼き上げるためです。

パンの焼成時に卵を塗る目的は、2つあります。

ひとつは前述の通り、生地の表面をぬらすことにより、オーブンの熱でパン生地の表面がかたまるのを少し遅らせるためです。それによって、生地が膨張できる時間が長くなり、パンのボリュームが出せます。水を噴霧しても同じ効果がありますが、卵を塗るのにはもうひとつ目的があります。それは、黄金色につやよく焼き上げる効果です。

黄金色になるのは、卵黄の色のもとであるカロテノイド系色素による作用です。つやが出るのは生地表面で薄い膜状にかたまるからで、これは卵白の成分によります。

　水を塗ったものと、卵を塗ったものを比べてみると、卵の方が粘度が高く、焼くと卵自体がかたまるので、クラストがやや厚く硬くなります。また、黄金色を強く出したい場合は卵黄を多くし、つやのみを与えたい場合は卵白だけを使用します。水を加えて薄めて、色やつやの効果を控えめにすることもできます。

　なお、卵を塗ると焦げやすくなるので注意が必要です。なぜ焦げやすくなるかというと、卵にはタンパク質やアミノ酸、還元糖が含まれており、これらが高温で加熱されると、アミノ-カルボニル（メイラード）反応が起こるからです（⇒**Q**98）。

 Q 222 焼成前に卵を塗ったらパンがしぼんでしまいました。なぜですか？
＝卵の塗り方

 A 過度な力が加わって生地がつぶれてしまったためです。

　最終発酵が終了した生地は大きく膨らんでいますが、発酵によってグルテンが軟化しており、成形終了時に比べると、衝撃に弱い状態になっています。

　過度な衝撃を与えると炭酸ガスが抜けてしぼんだり、つぶれてしまうおそれがあるのです。そうなると、オーブンに入れても十分に膨らまず、よいパンに焼き上がらなくなってしまいます。

　卵を塗る際にも、刷毛による衝撃で生地が傷んで、しぼんだりつぶれたりすることがあるので注意が必要です。

●刷毛の選び方
　卵を塗る刷毛は、毛がなるべく細くて柔らかなものを使用します。

　刷毛には主に動物の毛を使用したものと、ナイロンやシリコンなどの化学素材を使用したものがありますが、素材はどちらでも構いません。

●刷毛の持ち方
　刷毛は柄の毛の近くを親指と人指し指、中指で軽く挟むようにして持つと、余分な力をかけずに塗ることができます。

●卵の塗り方

刷毛を寝かせるようにして動かし、毛先だけでなく毛全体を使ってていねいに塗ります。

親指側、人指し指と中指側の両面を交互に使えるように、手首を柔らかく返しながら塗っていきます。刷毛の毛先でパン生地を突いたり力を加えすぎたりすると、パン生地がしぼんだりつぶれてしまうので気をつけます。

●卵液の作り方と塗り方の注意点

全卵を使うもっとも一般的な卵液の作り方は以下の通りです。

まず、卵は卵白のコシを切るようにしっかりと溶きほぐします。次に、茶漉しなどで漉して、なめらかな状態にしておきます。

こうして作った卵液を刷毛にたっぷりと含ませ、容器の縁で余分な卵液を落とします。卵液の量が多すぎると、塗りむらができたり、オーブンプレートに垂れてくっついたり、焼き上がったパンに卵液の垂れ跡が残ったりすることがあります。また、逆に少なすぎても、刷毛のすべりが悪くなり、パン生地の表面が傷むので、そういう場合は卵液を適宜つけ足します。

卵液が多すぎて、オーブンプレートに垂れてしまったもの

直焼きとはどういうものですか？ また、ハード系のパンはどうして直焼きするのですか？
=パンの直焼き

最終発酵させたパン生地を、直接オーブンの床（炉床、窯床）に置いて焼く方法です。強い下火が必要なハード系のパンに用います。

直焼きとは、最終発酵が終了したパン生地を焼成する際、直接オーブンの床（炉床、窯床）に生地をのせて焼く方法です。

ソフト系をはじめ、多くのパンは、成形後にオーブンプレートにのせて最終発酵を行い、焼成前に卵を塗るなどしてそのままオーブンに入れて焼成し、焼き上がったらオーブンプレートごと取り出します。このように、生地がずっとオーブンプレートにのっていれば、これら一連の作業をスムーズに行うことができます。

しかし、直焼きするパンの場合、成形した生地は布にのせたり、発酵かごに入れたりして最終発酵を行います。そのあと、焼成する際は、スリップベルトに移しかえてからオーブンに入れます。パンが焼き上がり、オーブンから取り出す際には、パンを取り出すための器具も使用しなければなりません。では、なぜわざわざそのような手間をかけて直焼きをするのでしょう。

　その一番の理由は、強い下火が必要だからです。直焼きするリーンな配合のハード系のパンは、油脂や砂糖などが入らないものが多く、生地の伸展性（のび広がりやすさ）が悪い上に気泡が大きめなので、強火でしっかりと膨らませた方がよいのです。オーブンプレートが炉床とパン生地の間に入ると、オーブンの下からの熱が生地に伝わりにくくなり、そのため、パン生地が膨らみにくくなります。

　そもそもオーブンでパンが焼かれるようになった当初は、石で作られたオーブンの炉床に、最終発酵の終わったパン生地を直に置いて焼いていたのです。ですから、昔から作られているパンに近いリーンな配合のハード系のパンは、現在でも、直焼きという昔ながらの方法で作られています。

　なお、ハード系のパンのすべてが直焼きという方法をとるわけではなく、オーブンプレートや焼き型を使用して作られるものもあります。また、大量にフランスパンを製造するベーカリーの中には、フランスパンも成形後から専用の焼き型を使用し、直焼きせずに焼き上げているところもあります。

 最終発酵を終えた生地をスリップベルトに移す時の注意点を教えてください。
224 ＝生地をスリップベルトに移す時の注意点

 最終発酵を終えた生地は膨らんでいると同時に、ゆるんでとても弱くなっているので、ていねいに扱います。

　主にハード系のパンで、オーブンの床（炉床、窯床）に生地を直接のせて焼く「直焼き」といわれる方法で焼くものは、「スリップベルト」とよばれる専用の窯入れ装置に、最終発酵を終えた生地をのせてオーブンに入れます。

　最終発酵後の生地を布や発酵かごなどからスリップベルトに移す際、注意すべきことがいくつかあります。

スリップベルトの上にパン生地をのせてオーブンに入れ、スリップベルトを手前に引くと、生地がオーブンの床の上に落ちる仕組み

●生地をていねいに扱う

　最終発酵が終了したパン生地は膨らんでいると同時に、グルテンが軟化して生地がゆるんでいるため、とても弱くなっています。

　オーブンプレートにのせて最終発酵させた場合は、そのままオーブンに入れることができるので、生地がつぶれてしまうことは少ないですが、布や発酵かごなどで最終発酵させたものは、スリップベルトに移す時にていねいに扱わないと、しぼんだりつぶれたりしてしまいます。

●等間隔に並べる

　パン生地を並べる位置と間隔にも注意します。オーブンプレートに成形した生地をのせる時と同様に、パン生地がオーブンで膨らむことを考慮する必要があります。

　また、パン生地同士の間隔にばらつきがあると、焼きむらができることもあります。スリップベルトをオーブンプレートに見立ててパン生地を並べるのがポイントです。

参考⇒**Q**208

生地のスリップベルトへの移し方

●布どりした棒状の生地

生地の両側の布ひだをのばし、取り板を生地の横に添える。

取り板を持っていない方の手で布を持ち上げ、生地の上下が反転するようにして取り板にのせる。

生地の上下がもとに戻るように、取り板にのせた生地を低い位置から再度反転させてスリップベルトに移す。

●布どりした丸い生地

　大きな生地は両手、小さな生地は片手で持ってスリップベルトに移す。

● 発酵かごに入れた生地

低い位置から発酵かごを裏返して、生地をスリップベルトに移す。

 フランスパンに切り込み（クープ）を入れるのはなぜですか？
=フランスパンのクープ

 パン全体のボリュームを均等に出し、火通りをよくするためです。またパンのデザインにもなります。

　フランス語で切り込みを意味する「クープ」から、パン生地に切り込みを入れることを「クープを入れる」といいます。
　バゲットなどハード系のパンにクープを入れる理由は大きく2つあります。
　ひとつはパンにボリュームが出るようにすることです。最終発酵が終了した生地に切り込みを入れると、生地表面の張りが切り込み部分で断ち切られます。このように意図的に生地の緊張が弱い部分を作ると、焼成時にその部分が開いてパン全体の膨張を助けるように働き、ボリュームも均等になりやすいのです。切り込みが入ることによって火通りもよくなります。
　もうひとつはデザイン性です。切り込みを入れた部分が開くことによって生まれる形の美しさや面白さは、そのパンの個性になります。
　なお、クープの入れ方によってパンのボリュームはかわります。クープが開いてボリュームが出たものはクラムが柔らかめで軽い食感になり、ボリュームが抑えられたものはクラムの目が詰まり気味で、重ための食感になります。

 フランスパンにクープを入れる時の注意点を教えてください。
=クープの入れ方

 適切な最終発酵をとったパン生地に、よく切れるクープナイフで一気に引くようにして切り込みを入れます。

　フランスパンには棒状や丸形など、様々な形やサイズのものがあり、クープの入れ方も様々です。ここでは棒状のフランスパンを例に挙げて、クープを入れる際の注意点を見てみましょう。

●最終発酵を適切に行う

　一番大切なことは、適切に最終発酵させた生地に行うということです。発酵不足の生地は膨らみが小さい分、切りやすく、クープをうまく入れることはできますが、パンとしてよいものにはなりません。逆に、発酵過剰な生地の場合は、膨らみすぎているため、切り込みを入れた際に生地がしぼんだりつぶれたりしてしまい、これもよいパンにはなりません。

●生地の表面の状態を整える

　最終発酵が適切に終了し、スリップベルトに移した生地は、表面がやや湿っている状態です。そのため、クープを入れる際にナイフが引っかかり、引きつれてうまく切ることができません。ですので、湿っている表面が少し乾燥するまで、そのまましばらくおいておきます。しかし、乾燥しすぎてパン生地の表面が硬くなりすぎても、ナイフの刃がうまく入らず、やはり引きつる原因になるので注意しましょう。

●よく切れるナイフを使用する

　最終発酵が終了したパン生地は、緊張がゆるんでいます。その表面にナイフで切り込みを入れるのは、パン生地にとって大変負荷がかかる作業です。ナイフの切れ味が悪いとパンに不必要な力が加わり、しぼんだりつぶれたりしてしまうことがあります。よく切れるクープナイフを用意することも、うまくクープを入れるためには必要です。

●ナイフは軽く持ち、一気に引き切る

　クープナイフは力を入れすぎないよう軽く持ちます。ナイフの刃を生地表面に対して少し寝かせるようにして当てて、必要な長さ（距離）を一気にすっと線を引くようにして引き切ります。切り込む深さはパンの大きさや太さ、発酵状態などによって多少異なりますが、基本的には皮1枚を削ぐようなイメージで、深くなりすぎないように注意します。

●パン生地の端から端までクープを入れる

　パンの形や大きさや太さによって、クープの数や傾きなどがかわってきます。バゲットのような棒状の生地の場合、クープの長さを揃えて全体に均等に入れます。2本目以降のクープを入れる際は、前のクープの長さの後半1/3程度が次のクープの前半1/3程度と重なるようにして、平行にずらして切り込みを入れます。

　なお、丸形のパンにクープを入れる際は、ナイフの刃を生地表面に垂直に立てて、クープの長さ（距離）を一気に引き切ります。

クープの入れ方

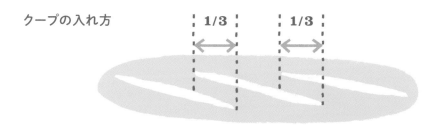

 クープの入れ方でパンの仕上がりはかわりますか？
227 ＝クープの入れ方による焼き上がりの違い

 クープの開き方に加えて、ボリュームや食感もかわります。

　生地を削ぐようにナイフの刃を寝かせて入れた時と、生地に対して垂直に入れた時、また、生地の中心線からの傾き具合など、クープの入れ方によって焼き上がりのボリュームや見た目はかわります。特にフランスパンのように棒状に成形したパンは、クープの入れ方による違いが特にわかりやすいです。

●切り込みを入れる角度の違い

生地の表面を削ぐようにして切り込みを入れた基本的なバゲット

断面

クープの開きが立体的

生地に垂直に切り込みを入れたバゲット

断面

クープの開きが平面的

断面の比較

生地表面を削ぐようにして切り込みを入れたもの（左）はよく膨らむ。気泡は不揃いで大小様々。生地に垂直に切り込みを入れたもの（右）は、膨らみがやや小さく、気泡は揃い気味で小さい

●クープの傾き（パンの中心線からの傾き具合）による違い

クープの傾きが、基本よりも小さいか大きいかで、焼成後のクープの間隔（帯）が狭くなったり、広くなったりします。

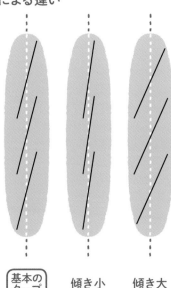

基本的な傾き具合のもの（左）、傾きが小さいもの（中）、傾きが大きいもの（右）

基本のクープ　　傾き小　　傾き大

●クープの重なり具合による違い

クープの重なり具合が、基本よりも多いか少ないかで、クープの長さがかわり、焼き上がりの様子もかわります。

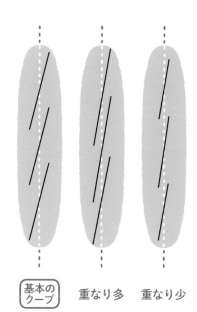

基本的な重なり具合のもの（左）、重なりが多いもの（中）、重なりが少ないもの（右）

フランスパンの表面のひび割れはなぜできるのですか？
＝フランスパンのクラストにひび割れが生じる理由

オーブン内と室内の温度差でクラムの気泡が縮むと、焼けてかたまったクラストにひびが入るのです。

パン生地はオーブンで加熱されると膨らみ、やがて中心まで火が通って全体がかたまります。焼き上がったパンはオーブンから取り出され、徐々に冷めていきますが、取り出された直後は急激な温度差により少し縮みます。

これは主に熱で膨張していたパン生地の中の気体（炭酸ガスや水蒸気など）が、温度が下がることによって収縮して起こりますが、その際、ソフト系のパンは表面（クラスト）に若干しわができることがあります。

フランスパンはソフト系のパンに比べて生地の配合がリーンなうえ、高温で長めに焼かれるのでクラストが乾燥し、厚めになります。柔軟性も乏しいため、しわができずにひび割れるのです。

なお、オーブンの中で十分に膨らまなかった場合、ひび割れができないこともあります。また、逆にボリュームが出すぎた場合は、クラストが薄くもろくなりやすいため、深く細かいひび割れが生じて、パンが冷めた時にクラストがはがれてしまうことがあります。

Q 229 食パンの焼成後、型から出しておいていたら、クラストがへこんでしまいました。なぜですか？
=食パンのケーブイン

A 焼きたてのパンの水蒸気でクラストが湿ると、側面の中心部がくぼんでしまうのです。

　焼成後、パンの側面が内側にへこむ現象を「ケーブイン（腰折れ）」といいます。ケーブインは、食パンなど深い型に入れて焼く大型のパンに多く見られます。

ケーブインした食パン

　パンは熱の当たる外側から焼け、徐々に内部に熱が伝わっていき、やがて全体が焼き上がります。焼き上がった直後のパンはクラストが乾燥しており、パン全体をしっかりと支えています。しかし、クラム（パンの内部）には熱い水蒸気が多く残っており、糊化（α化）したデンプンなどもまだ柔らかく、パン組織の構造は弱い状態です。このパン内部の水蒸気はクラストを通して外部に放出されます。そのため、クラストは時間とともにその水蒸気を吸収して柔らかくなってきます。

　食パンなどの深い型を使うパンは、パンの側面と底面が型で覆われた状態で焼成します。それで、水蒸気が外へ出ていきにくく、クラストも乾燥しにくいのです。また、自らの重みによって中心部が落ち込みやすい形状をしています。そのため、焼成後、冷ます間にクラストがたくさんの水蒸気を吸収して柔らかくなり、パン全体をしっかりと支えることができなくなり、側面の中央付近が内側に折れるようにへこんでしまうケーブインという現象が起こることがあるのです。

　これを防ぐためには、焼き上がり直後に型ごと台の上に打ちつけて衝撃を与え、型からすぐにパンを取り出すようにします。そうして、パンの内部に充満している水蒸気を少しでも早く外に出すと、ケーブインを起こりにくくすることができます。

　ただし、型を台に打ちつけたとしても、パン内部から放出された水分をクラストが吸うというパンの性質、および食パンの形状により、ケーブインを完全に防ぐことは難しいともいえます。また、ケーブインは、最終発酵の過剰で生地がゆるみすぎたり、焼成が不足していたりする場合にも起こりやすいので、それらにも注意が必要です。

型を台に打ちつけて生地中の熱い水蒸気を逃し、手早く取り出す

Q 230 焼き上がったパンをよい状態で保存するにはどうしたらよいですか？
＝パンの保存方法

A 室内で自然に25℃程度になるまで冷ましたら、乾燥しないように
ポリ袋などに入れて保存します。

冷める前にポリ袋に入れた食パン。袋の内側に水滴がついている

　焼き上がったパンは、オーブンから出すと、余分な水分やアルコールを放出しながら冷めていきます。基本的には室温（25℃程度）まで冷まします。強く風を当てるなどして急激に冷ますと、パンの表面にしわができたり、パサついた食感になったりしてしまうので注意します。

　ソフト系のパンは必要な水分が蒸発しないようポリ袋などに入れますが、冷める前に袋に入れてしまうと、袋の内部に水滴がついてパンが湿り、カビなどが繁殖しやすくなるので注意してください。

Q 231 焼きたてのパンはどうやったら上手に切れますか？
＝焼き上がったパンを切るタイミング

A パンは冷めてからだと上手に切れます。

　焼き上がってオーブンから出たばかりの熱いパンは、クラストは水分が蒸発して硬く、クラムは熱い水蒸気を多く含んだとても柔らかい状態です。このパンをナイフで切ろうとすると、クラスト部分は切りにくく、クラム部分は団子状になってつぶれてしまいます。

　パンを上手に切る秘訣は、パンを室温（25℃程度）まで自然に冷ましてから切ることです。パンの内部の水蒸気は、冷めていく間にクラストを通って、ある程度外部に抜けていきます。それによって、硬かったクラストは適度に柔らかくなり、柔らかすぎたクラムも適度な硬さになります。

　料理の場合「焼きたて」という言葉には「できたて」「熱々」というイメージがあり、それだけで「おいしい」という気がします。しかし、パンの場合、この「焼きたての熱々」＝「おいしい」はほとんどの場合、あてはまりません。というのも、焼きたて熱々のパンは食べてみると、歯切れも口溶けもどちらも悪いのです。

　パンは、無理をして熱いうちに切っても、決しておいしくはないですから、切りやすくておいしく食べられる、冷めた状態になってから切るようにしましょう。

山食パンを熱いうちに切ると、クラムが団子状につぶれ
たり(左)、パンそのものがつぶれたりする(右)

パンを保存する場合、冷蔵と冷凍のどちらがよいですか？
=パンの保存方法

一度に食べきれない場合は冷凍してください。

　一番よいのは、なるべく早く食べきってしまうことですが、どうしてもパンを保存しなければならない場合は、冷凍保存した方がおいしく食べられます。

　パンは、常温で保存すると、時間の経過とともに水分が蒸発し、硬くなり、弾力を失っていきます。これは、加熱によって糊化（糊化　α化）したデンプンが時間の経過とともに水を離し、老化（β化）が進むために起こる現象です（⇒**Q**38）。

　冷蔵庫の温度帯である0～5℃はデンプンの老化が進みやすく、また、冷蔵はカビが発生する可能性もありますので、保存法としては向きません。

　冷凍時に注意することは、温度が下がるまでの間にパンの水分が飛ばないよう、しっかりとラップフィルムなどで包み、できるだけ早く冷凍温度（−20℃）まで下げることです。きちんと温度管理ができる冷凍庫であれば、長期保存ができます。

パッケージの中に乾燥剤を入れた方がよいパンと、入れる必要がないパンの違いを教えてください。
=乾燥剤の必要性

湿気を嫌うグリッシーニやラスクなど以外は、乾燥剤は入れません。

　一般的にパンは乾燥させてはいけません。パンは乾燥すると硬くなり、風味、食感が悪くなるので、乾燥剤を入れずに保存します。

　乾燥剤を入れるとすれば、水分をしっかりと飛ばして作るイタリアのグリッシーニのようなカリカリとした食感のものや、ラスクのように乾燥焼きして作る乾燥状態を保ちたい製品です。

　しかし、これらも、長期間乾燥剤を入れていると乾燥が進みすぎて製品ももろくなり、割れたり食感が悪くなる場合があります。

パンの工程
サイエンスチャート

「パンが膨らむのはなぜか?」

その答えとなる生地の中で起こる化学的、生物的変化のほとんどは、私たちの目には見えません。だからこそ、パンを作りながら、今まさに生地の中で、小麦粉やその他の材料の成分、イースト、乳酸菌などの細菌がどのように働いて、生地がどういう状態にあるのかを頭でイメージできることが、技術の助けとなっていくのです。1つの工程で、いくつかの変化が並行して起こり、関わり合っています。それらの変化をイメージしながらパン作りに取り組めるよう、簡単に図解してご紹介します。

| 1 | ミキシング | 緊張 |

▼

| 2 | 発酵 | 弛緩 |

| パンチ | 緊張 |

▼

| 3 | 分割 |

▼

| 4 | 丸め | 緊張 |

▼

| 5 | ベンチタイム | 弛緩 |

▼

| 6 | 成形 | 緊張 |

▼

| 7 | 最終発酵 | 弛緩 |

▼

| 8 | 焼成 |

1│ミキシング （緊張）

作業工程と状態

〈ミキシング開始〉

生地はべたつき、つながりは
ほとんどない

〈ミキシング終了〉

弾力が強まり、つやが出てな
めらかになる

〈終了後の生地の状態〉

生地の一部をとってのばすと、
むらなく薄くのびる状態に

Science Chart

Start ▶ ▶ ▶

構造の変化

〈グルテンの形成〉

グルテンは粘りと弾力があり、網目構造をとる

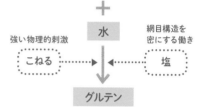

〈グルテンの強化〉

> グルテンの緊張

こねる（強い物理的刺激が加わる）ほどグルテンの網目は密になり、強度が増す

〈グルテンの膜ができる〉

グルテンは生地中に広がり、次第に層になり、デンプンや他の成分（糖タンパク、リン脂質など）を包み込みながら薄い膜を形成する

デンプン粒

グルテン

小麦粉生地中のグルテンとデンプン（走査型電子顕微鏡による）（長尾、1989）

内部で起こる変化

〈イーストの活性化〉

イースト（パン酵母）は生地中に分散し、水を吸収して活性化し始める

〈糖の分解〉

小麦粉や砂糖には複数の糖が結合した状態の糖質（糖類）が含まれている。小麦粉、イースト、砂糖が水と混合すると、小麦粉やイーストの酵素が活性化してこれらの糖質を段階的に分解し、イーストのアルコール発酵に利用できる状態になる

◎アミラーゼによる分解

◎インベルターゼによる分解

2 | 発酵 （弛緩）

作業工程と状態	構造の変化

作業工程と状態

〈発酵開始〉

発酵器（25〜30℃）で発酵させる

〈発酵終了〉

十分に膨らみ、発酵による香りや風味が出る

構造の変化

〈生地中での炭酸ガスの発生〉

生地中にイースト（パン酵母）が発生させた炭酸ガスの気泡が無数にできる

〈生地が炭酸ガスで膨らむ〉

炭酸ガスの気泡の体積が大きくなり、生地が押し広げられて全体が膨らむ

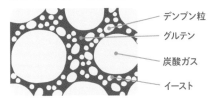

デンプン粒
グルテン
炭酸ガス
イースト

〈グルテンが軟化に傾く〉

グルテンの弛緩

生地が膨らむことでグルテンが引きのばされ、それが刺激となってグルテンの粘りと弾力は少しずつ強まる。また同時に、相反する反応として、発酵の副産物（アルコールや有機酸）により、グルテンの軟化が起こる

グルテンの強化

生地が膨らむことで引きのばされる（弱い物理的刺激が加わる）　アルコールや乳酸などの、発酵で生じた有機酸が作用する

グルテンの軟化

〈しなやかにのびる生地に〉

生地に伸展性（のび広がりやすさ）が出て、しなやかにのびるようになり、生地が大きく膨らむ

内部で起こる変化

〈有機酸の発生〉

乳酸発酵や酢酸発酵によって乳酸や酢酸などの有機酸が発生する。これらは生地のグルテンを軟化させ、香りや風味のもととなる

◎乳酸発酵

◎酢酸発酵

〈イーストによる炭酸ガスの発生〉

イーストの菌体表面にある透過酵素によって、糖類がイースト菌体内に取り込まれる。取り込まれた糖類は菌体内でアルコール発酵に使われ、炭酸ガスとアルコールが発生する。炭酸ガスは生地を膨らませ、アルコールはグルテンを軟化させたり香りや風味のもととなったりする

◎イースト菌体内でのアルコール発酵

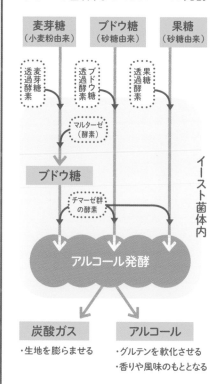

パンチ （緊張）

作業工程と状態

〈パンチ前〉

発酵により、膨らみがピークに達した状態

〈パンチ〉

手で押さえたり、折りたたんだりして、生地中の炭酸ガスやアルコールなどを抜く

〈パンチ後〉

発酵器に戻し、再び発酵させる

構造の変化

〈気泡が細かくなる〉

炭酸ガスの大きな気泡がつぶれ、細かくなって分散する。これにより、焼き上がったパンのクラムのきめが細かくなる

〈グルテンの強化〉

グルテンの緊張

パンチ（強い物理的刺激）により、グルテンの網目が密になり、強度が増す

〈生地の粘りと弾力が強まる〉

生地の粘弾性（粘りと弾力）が強まり、抗張力（引っ張り強さ）が高まる。よって、発酵でゆるんだ（弛緩した）生地が引き締まり、より多くの炭酸ガスを保持できるようになる

3｜分割

内部で起こる変化

〈イーストの活性化〉

イースト（パン酵母）が再びアルコール発酵を活発に行い、炭酸ガスを発生させる

パンチ前
- - - - - - - - - -

発酵のピークであるパンチ前は、イーストは自ら発生させたアルコール濃度が高まり、活性は弱まった状態

パンチ
- - - - - - - - -

発酵中に発生したアルコールが生地から抜け、生地に酸素が混入する

パンチ後
- - - - - - - - -

イーストが活性化する

作業工程と状態

〈分割〉

作りたいパンの重さに生地を切り分ける

〈分割後〉

切り口は押しつぶされてべたついている

構造の変化

〈切り口のグルテンの乱れ〉

切り口のグルテンは、断ち切られて網目構造が乱れた状態になる

4 | 丸め （緊張）

作業工程と状態

〈丸め開始〉

切り口を生地の内部に入れ込み、表面がなめらかになるように丸める

⬇⬇

〈丸め終了〉

生地の表面が張るように丸める

⬇⬇

〈終了後の生地の状態〉

表面はなめらかで弾力と張りがある状態

構造の変化

（グルテンの緊張）

〈グルテンの強化〉

生地の表面が張るように丸める（強い物理的刺激が加わる）ことで、特に表面のグルテンの網目構造が密になり、強度が増す

⬇⬇

〈生地の粘りと弾力が強まる〉

生地の粘弾性（粘りと弾力）が強まり、抗張力（引っ張り強さ）が高まり、生地が引き締まる

5 | ベンチタイム 〈弛緩〉

作業工程と状態

〈ベンチタイム開始〉

生地を10〜30分
ほど休ませる

〈ベンチタイム終了〉

生地は一回り大きく
膨らんでゆるみ、球
状だった形は少し
平たくなる

構造の変化

〈グルテンの軟化と
再配列〉

グルテンの弛緩

アルコール、乳酸などの有機酸がグルテン
を軟化させる。また、グルテンの網目構造
のうち、無理に引きのばされていた部分の
配列が自然に整っていく

〈しなやかにのびる生地に〉

生地に伸展性（のび広がりやすさ）が出て、
成形しやすい生地になる

内部で起こる変化

〈有機酸の発生〉

乳酸発酵や酢酸発酵によって乳酸や酢酸
などの有機酸が発生。これらがグルテンを
軟化させ、香りや風味のもととなる。しか
し、発酵や最終発酵の時ほどは発生しない

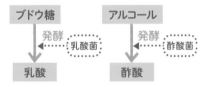

〈イーストによる炭酸ガスの発生〉

イースト菌体内でアルコール発酵が少しず
つ進行し、炭酸ガスとアルコールが少量発
生する

イースト菌体内

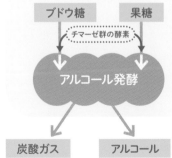

6 | 成形 （緊張）

作業工程と状態

〈成形〉

のばしたり、折りたたんだり、巻いたりして、でき上がりの形に整える

〈成形終了〉

でき上がりの形になる。生地の表面が張るように成形する

構造の変化

〈グルテンの強化〉

グルテンの緊張

生地の表面が張るように成形する（強い物理的な刺激が加わる）ことにより、特に表面のグルテンの網目構造が密になり、強度が増す

〈生地の粘りと弾力が強まる〉

生地表面の粘弾性（粘りと弾力）が強まり、抗張力（引っ張り強さ）が高まる。よって、最終発酵で、生地がだれることなく、膨らんだ形を保つことができる

---

7 | 最終発酵 （弛緩）

作業工程と状態

〈最終発酵開始〉

発酵器（30〜38℃）で発酵させる

〈最終発酵終了〉

焼き上がりの7〜8割程度まで膨らむ。発酵による香りや風味が出る

構造の変化

〈生地が炭酸ガスで膨らむ〉

生地中にイースト（パン酵母）が発生させた
炭酸ガスの気泡が増えて、その体積が大き
くなり、気泡のまわりの生地が押し広げられ
て全体が膨らむ

〈グルテンが軟化に傾く〉

発酵の副産物（アルコールや有機酸）により、
グルテンの軟化が起こる

```
        グルテンの強化
生地が膨らむことで      アルコールや乳酸な
引きのばされる（弱い      どの発酵で生じた
物理的刺激が加わる）      有機酸が作用する
        グルテンの軟化
```

〈しなやかにのびる生地に〉

生地に伸展性（のび広がりやすさ）が出て、焼
成で窯のび（オーブンスプリング）しやすい
生地になる

内部で起こる変化

〈有機酸の発生〉

乳酸発酵や酢酸発酵によって、乳酸や酢酸
などの有機酸が発生する。これらは生地のグ
ルテンを軟化させ、香りや風味のもととなる

〈イーストによる炭酸ガスの発生〉

イーストの活動に最適な温度に近づき、ア
ルコール発酵が活発に起こって、炭酸ガス
とアルコールが多く発生する

イースト菌体内

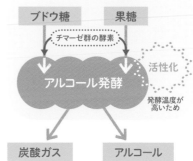

8│焼成

作業工程と状態

〈焼成前〉

オーブン（180～240℃）で焼成する

〈焼成後〉

焼き上がりは、さらに膨らんで焼き色がつき、こうばしい香りが出る

構造の変化

〈クラムの形成〉

イースト（パン酵母）によるアルコール発酵、熱による炭酸ガス・アルコール・水の気化や膨張で生地は大きく膨らむ。その後、グルテンが熱によってかたまり、デンプンが糊化（α化）してクラムが完成する。生地の内部は100℃弱で温度上昇が止まる

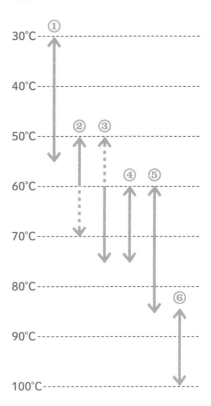

①30〜55℃
〈炭酸ガスが多く発生〉

イーストのアルコール発酵による炭酸ガスの発生量が多くなり、気泡のまわりの生地が押し広げられて膨らむ。ピークは40℃

②50〜70℃
〈生地の液化〉

損傷デンプンの分解、グルテンの軟化により、生地が液化して窯のび（オーブンスプリング）しやすくなる

③50〜75℃
〈熱による生地の膨張〉

生地中の炭酸ガスの熱膨張、水に溶けた炭酸ガスやアルコールの気化と、それに続く水の気化によって生地が膨張する

④60〜75℃
〈グルテンの熱変性〉

グルテンは60℃からかたまり始め、75℃で完全にかたまる（＝タンパク質の変性）。この温度以降は膨らみがゆるやかに

⑤60〜85℃
〈デンプンの糊化〉

デンプンは60℃から吸水を始め、85℃で柔らかくて粘りのある状態になる

⑥85〜100℃
〈クラムの完成〉

糊化したデンプンから水分が蒸発していき、タンパク質の変性との相互作用でスポンジ状のクラムになる

〈クラストの形成〉

熱で表面が乾燥してクラストが形成された後、クラストが色づく。また、こうばしい香りが出る2種類の反応（アミノ-カルボニル〈メイラード〉反応、カラメル化反応）が起こる

◎アミノ-カルボニル反応

> タンパク質　アミノ酸　＋　還元糖
>
> 約160℃　↓　高温加熱
>
> メラノイジン系色素（焼き色）　　芳香物質（こうばしい香り）

◎カラメル化反応

> 単糖類　オリゴ糖
>
> 約180℃　↓　高温加熱
>
> 褐色物質（焼き色）　　カラメル様の香気（こうばしい香り）

内部で起こる変化

〈イーストによる炭酸ガスの発生〉

イースト（パン酵母）が最も活性化する温度に達し、アルコール発酵が活発に起こり、炭酸ガスとアルコールの発生量が最大になる

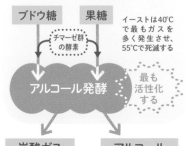

イースト菌体内

ブドウ糖　果糖

チマーゼ群の酵素

イーストは40℃で最もガスを多く発生させ、55℃で死滅する

アルコール発酵

最も活性化する

炭酸ガス　　アルコール

・生地を膨らませる　　・グルテンを軟化させる
　　　　　　　　　　・香りや風味のもととなる

〈高温加熱により、生地が膨らむ〉

高温加熱によって、生地中の炭酸ガス、アルコール、水の体積が大きくなり、生地全体が膨張する

◎生地を膨らませる要素

・炭酸ガスの熱膨張、水に溶けた炭酸ガスの気化
・アルコールの気化
・水の気化

Chapter **7**

テスト
ベーキング

「Test Baking（テストベーキング）」は直訳すると「試験焼き」です。日本では直訳そのままの「試験焼き」、または英語をカタカナ読みした「テストベーキング」という名称が使われています。ではテストベーキングとは、一体何でしょうか。

テストベーキングとは本来、オーブンなどで焼き上げる製品（主にパン、菓子類など）の製造全般にかかわる試験や実験のことです。実際には、サンプルとなるパンや菓子などの焼成中および焼成後の特性を調べ、その結果から材料の選択、配合、製法、生地作りから焼き上げに至るまでの調整を行います。また、新しい機器（オーブンなど）を使い始める前に、実際にパンや菓子などを焼いてみて、そのオーブンの焼け方のくせ（上火、下火の当たり方や、炉床の場所による焼きムラなど）を調べることも、テストベーキングとよんでいます。

本章では、3章と4章で解説したパン作りの基本材料と副材料について、各材料の特徴や特性をより深く知るために、写真で見て比較できるような条件を設定し、テストベーキングを行いました。例えば、基本の配合（右ページ）に特定の材料を配合してその量の違いや種類によってパン生地がどのようにかわるかを、時間の経過別に見たり、それぞれシンプルな丸いパンに焼き上げ、その外観および内部の様子を観察したりして、それらからわかる結果と考察をまとめています。

なお、本章のテストベーキングは、材料の特徴や特性を知ることを目的に、項目ごとに同一条件で行うことを優先しています。そのため、パン生地にとっては必ずしも最適な状態になっていないものもあります。実際のパン作りにおいては、今回の結果ほどはっきりとした差が出ないこともありますが、本章を読んで各材料の特徴や特性への理解を深めることは、材料の選択や配合量を検討する際に必ず役に立つことでしょう。

基本の配合・工程

本章のテストベーキングで用いた生地の配合と工程は以下の通り。
テストのテーマによって、材料や配合を適宜変化させる。

※以下の表や、テストベーキングの文中に表記されている数値(%)は、すべてベーカーズパーセント

生地の配合		
	強力粉(タンパク質含有量11.8%、灰分含有量0.37%)	100%
	砂糖(グラニュー糖)	5%
	塩(塩化ナトリウム含有量99.0%)	2%
	脱脂粉乳	2%
	ショートニング	6%
	生イースト(レギュラータイプ)	2.5%
	水	65%

ミキシング
(縦型ミキサー)　1速3分⇒2速2分⇒3速4分⇒油脂投入⇒2速2分⇒3速9分

こね上げ温度　26℃

発酵条件　時間60分／温度28〜30℃／湿度75%

分割　ビーカー用300g、丸パン用60g

ベンチタイム　15分

最終発酵条件　時間50分／温度38℃／湿度75%

焼成条件　時間12分／温度 上火220℃・下火180℃

小麦粉のグルテン量と性質

{ 強力粉と薄力粉の
グルテン含有量と性質を比較する }

使用小麦粉 ▶ 強力粉（タンパク質含有量11.8%）
薄力粉（　　　〃　　　 7.7%）

グルテンの抽出

1 小麦粉100gに水55gを加え、しっかりこねて生地を作る。

2 水をためたボウルの中でもみ洗いする。途中、何回か水をかえて、にごらなくなるまで続ける。

3 水に流れ出たものはデンプンとそのほかの水溶性物質。残ったものがグルテン（ウェットグルテン）。

4 重量および引っ張ってのばした状態を比較検証する。

グルテンの加熱乾燥

1 ウェットグルテンを上火220℃・下火180℃で30分加熱する。

2 その後、徐々に温度を下げながら6時間かけて乾燥させる。

3 膨らみ具合、重量を比較検証する。

※今回の簡便な実験では正確さには欠けるが、強力粉と薄力粉のグルテン量や性質の差を視覚的にとらえることができる

グルテン量の比較 （生地155g中）

	強力粉	薄力粉
ウェットグルテン	37g	29g
乾燥グルテン	12g	9g

グルテンの抽出

強力粉	薄力粉

◎ 結果

強力粉の生地からは、より多くのウェットグルテンが抽出された（強力粉は37g、薄力粉は29g）。また、強力粉のグルテンは粘りと弾力が強く、引きのばすのに力が必要で、切れにくい。一方、薄力粉のグルテンは粘りと弾力が弱く、簡単に引きのばせる。

◎ 考察

強力粉はグルテンのもととなるタンパク質の含有量が薄力粉よりも多いことから、グルテンが多く形成される。また、強力粉に含まれるタンパク質からできるグルテンは、薄力粉に含まれるタンパク質からできるグルテンよりも、粘りと弾力が強いという特徴があるため、引きのばしたときの強度がより強かった。

グルテンの加熱乾燥

強力粉	薄力粉

◎ 結果

ウェットグルテンを加熱乾燥させると、強力粉のものは、薄力粉のものよりも大きく膨らんだ。

◎ 考察

ウェットグルテンを加熱すると、グルテン中の水が水蒸気になったり、混入した空気が熱で膨張したりして体積が大きくなるため、加熱後はいずれもウェットの状態よりも膨らむ。強力粉のグルテンは薄力粉のグルテンよりも粘りと弾力が強いので、ウェットグルテン中の水や空気の体積が大きくなるにつれて、それらを保持しながらしなやかにのび、全体を大きく膨らませた。

小麦粉のタンパク質含有量

{ 小麦粉のタンパク質含有量が、生地の
膨張や製品に与える影響を検証する }

使用小麦粉　強力粉（タンパク質含有量11.8%）
　　　　　　薄力粉（　　　〃　　　7.7%）

ビーカーテスト　基本の配合・工程（p.289）のうち、小麦粉を上記のものに変更した2種類の
　　　　　　　　　生地で比較検証を行う。

丸パンテスト　　上記の2種類の生地で作った丸パンで比較検証を行う。

ビーカーテスト

	強力粉	薄力粉
発酵前		
60分後		

◎ **結果（60分後）**
強力粉の生地は、薄力粉の生地より大きく膨らんだ。

◎ **考察**
強力粉は薄力粉よりもタンパク質含有量が多く、より粘りと弾力の強いグルテンが多く形成される。よっ

て、ミキシング後の薄力粉の生地はべたつくが、強力粉の生地はしっかりとつながってまとまり、発酵ではよく膨らむ。このことから、小麦粉のタンパク質含有量が多いほど、イースト（パン酵母）が発生させる炭酸ガスを保持する能力に優れることがわかる。

丸パンテスト

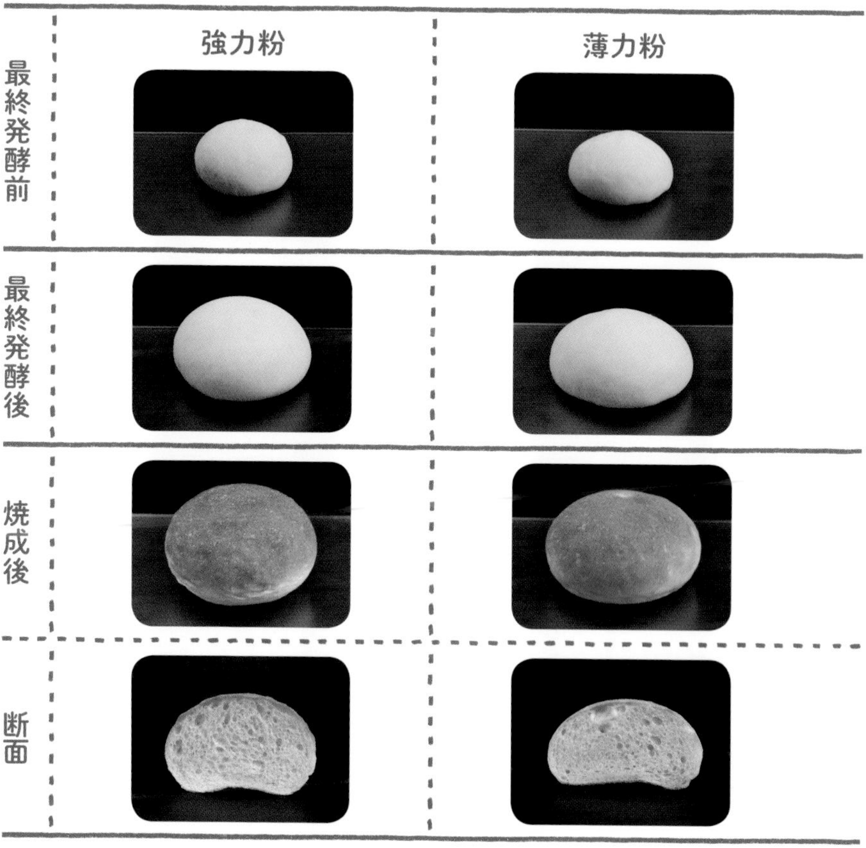

	強力粉	薄力粉
最終発酵前		
最終発酵後		
焼成後		
断面		

◎ 結果（焼成後）

強力粉の生地は上に向かって膨らんだ。ボリュームは大きく、クラムの気泡も大きかった。一方、薄力粉の生地は、ボリュームがやや小さめで、底部はやや扁平。生地がだれた焼き上がりで、気泡は小さく詰まり気味だった。

◎ 考察

最終発酵前の強力粉の生地は締まっていて、最終発酵においても膨らんでボリュームが増し、腰高である。一方、薄力粉の生地は最終発酵前も後もだれている。それが、焼成後の結果にもつながっている。このことから、小麦粉のタンパク質含有量が多いほど、パン生地の膨張において優れていることがわかる。

小麦粉の灰分含有量①

小麦粉の灰分含有量が、小麦粉の色に
与える影響を検証する（ペッカーテスト）

使用小麦粉 　小麦粉 **A**（灰分含有量 0.44%）
　　　　　　　小麦粉 **B**（ 〃 　　0.55%）
　　　　　　　小麦粉 **C**（ 〃 　　0.65%）

ペッカーテストの方法

1 比較したい小麦粉をガラスやプラスチックの板の上に並べてのせ、その上から専用のへらを使って粉をぎゅっと押しつける。

2 板ごと静かに水の中に浸けて10〜20秒おいてから、そっと板を引き上げる。

3 水に浸けた直後は粉に水分が均等に行き渡っていないため、しばらく時間をおいてから粉の色を比較する。

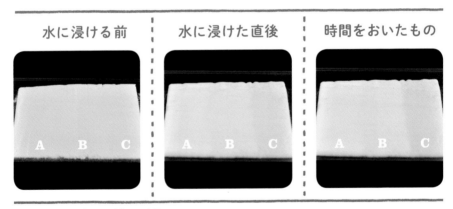

それぞれ、左から小麦粉 **A**、小麦粉 **B**、小麦粉 **C**

◎ **結果**
時間が経過するにつれて色の差がはっきりとわかりやすくなった。最終的に、小麦粉 **A** はややクリームがかった白色に、**B** は薄い黄土色に、**C** は薄茶色（点在している色の濃い粒状のものが確認できる）になった。

◎ **考察**
小麦粉の灰分含有量が多いほど、ペッカーテストでは色が暗く濃く出ることがわかる。

TEST
BAKING
4

小麦粉の灰分含有量②

小麦粉の灰分含有量が、クラムの色に与える影響を検証する

使用小麦粉　小麦粉**A**（灰分含有量0.44%）
　　　　　　　小麦粉**B**（　〃　　0.55%）
　　　　　　　小麦粉**C**（　〃　　0.65%）

基本の配合・工程（p.289）のうち、小麦粉を上記のものに変更した3種類の
生地で作った丸パンで比較検証を行う。

小麦粉**A**	小麦粉**B**	小麦粉**C**

※今回使用した生地には、クラムの色に直接影響を与えるもの（卵黄、黒砂糖などの色のついた砂糖、バターやマーガリンなどの油脂）は使用していない。クラムの色に差が出る要素として考えられるのは、小麦粉の灰分の含有量のみである
※同じ配合のパンでも、膨らみが悪く、クラムの気泡が詰まっていれば、色が暗く感じるが、このテストベーキングでは小麦粉のタンパク質含有量が色に与える影響を検証しているため、パンの膨らみ具合が色に与える影響については言及しない

◎ **結果**
小麦粉**A**のクラムは明るいクリーム色になった。**B**は
やや黄色みを帯びており、**C**はややくすんだ黄色で、
色は暗かった。

◎ **考察**
小麦粉の灰分含有量が少ないほど、焼成後のパンの
クラムの色は明るくなることがわかる。しかし、その
差は、ペッカーテスト（左ページ参照）で、小麦粉その
ものの色の差を比較したときほどはっきりとはあらわれない。フランスパンのように、副材料の入らない
リーンな配合の生地であれば、このテストベーキング
のように小麦粉の色の違いが直接クラムの色の差と
してあらわれると考えられる。

生イーストの配合量

{ 生イーストの配合量が、生地の膨張や
製品に与える影響を検証する }

使用イースト（パン酵母） 生イースト（レギュラータイプ）

ビーカーテスト 基本の配合・工程（p.289）のうち、生イーストの配合量を変更した4種類の
生地で比較検証を行う。**C**（配合量3％）を評価基準とする。

丸パンテスト 上記の4種類の生地で作った丸パンで比較検証を行う。

ビーカーテスト

＊黄色の地は評価基準

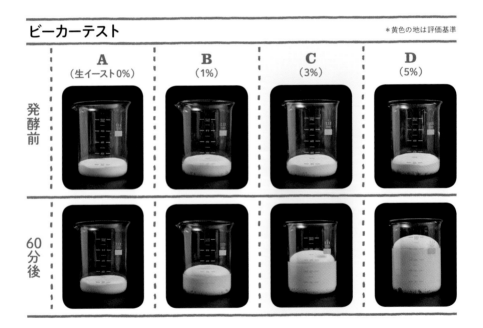

	A （生イースト0％）	**B** （1％）	**C** （3％）	**D** （5％）
発酵前				
60分後				

◎ **結果（60分後）**

Aは全く膨らまない。**B**、**C**、**D**はイーストの配合量
が増加するにつれて、生地が大きく膨らんだ。

◎ **考察**

今回テストした配合量（0〜5％）では、イーストの量
が増加するほど、アルコール発酵による炭酸ガスの
発生量が多くなり、生地は大きく膨らんだ。ただし、
配合量が3倍、5倍になれば、単純に膨張力も3倍、5
倍になるというわけではない。

丸パンテスト

＊黄色の地は評価基準

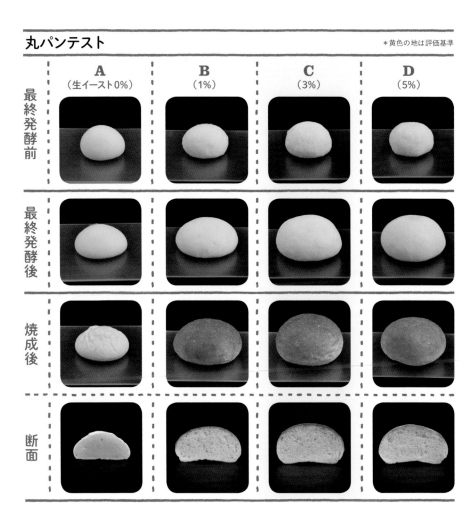

	A（生イースト0%）	**B**（1%）	**C**（3%）	**D**（5%）
最終発酵前				
最終発酵後				
焼成後				
断面				

◎ 結果（焼成後）

Aは火通りが悪く、生焼けで、膨らまなかった。焼き色もつかず、クラストはできていない。**B**は膨らみが悪く、クラストはやや濃い色。クラムは気泡が詰まり気味で、食べると歯切れが悪い。**C**はよく膨らみ、クラストの焼き色も良好。クラムは気泡が縦によくのび、食べると歯切れがよい。**D**はだれてしまい、底が大きく、上にボリュームがない。クラストの色は薄い。歯切れは悪く、パサついている。

◎ 考察

配合量3%（**C**）が、焼き上がりの状態が最も良好だった。0%・1%（**A・B**）は発酵不足。5%（**D**）はアルコール発酵が過剰。アルコール発酵が過剰だと、炭酸ガスが多く発生する一方、アルコールも多く発生する。そのため、生地の軟化が進んで張りがなくなり、ガスを保持しながら膨らむことができない。また、イースト（パン酵母）が過剰にアルコール発酵を行うと、生地内の糖分をそれだけ多く使うため、焼き色がつきにくくなる。

インスタントドライイーストの配合量

インスタントドライイーストの配合量が、
生地の膨張や製品に与える影響を検証する

使用イースト（パン酵母） インスタントドライイースト（低糖用）

ビーカーテスト 基本の配合・工程（p.289）のうち、生イーストを上記のものに変更し、配合量をかえた4種類の生地で比較検証を行う。**C**（配合量1.5%）を評価基準とする。

丸パンテスト 上記の4種類の生地で作った丸パンで比較検証を行う。

ビーカーテスト

＊黄色の地は評価基準

	A （インスタントドライイースト0%）	**B** （0.5%）	**C** （1.5%）	**D** （2.5%）
発酵前				
60分後				

◎ **結果（60分後）**

Aは全く膨らまない。**B**、**C**、**D**はインスタントドライイーストの配合量が増加するにつれて、ミキシングでは生地が締まり、発酵では生地が大きく膨らんだ。

◎ **考察**

今回テストした配合量（0～2.5%）では、イーストの量が増加するほど、アルコール発酵による炭酸ガスの発生量が多くなり、生地は大きく膨らんだ。ただし、配合量が3倍、5倍になれば、単純に膨張力も3倍、5倍になるというわけではない。また、インスタントドライイーストに添加されているビタミンCが、グルテンのつながりを強化するため、配合量が増えるほど生地は締まって硬くなる。

丸パンテスト

*黄色の地は評価基準

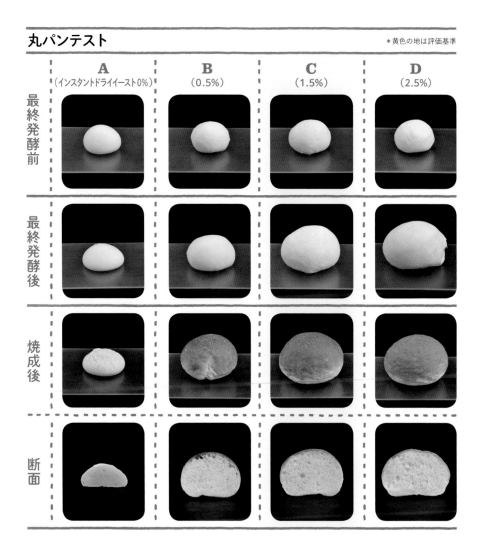

	A （インスタントドライイースト0%）	**B** （0.5%）	**C** （1.5%）	**D** （2.5%）
最終発酵前				
最終発酵後				
焼成後				
断面				

◎ 結果（焼成後）

Aは生焼けで膨らんでいない。焼き色はつかず、クラストはできていない。Bは膨らみが悪く、クラストの焼き色はやや濃い。クラムは気泡が詰まり気味で、歯切れが悪い。割れやひびも見られる。Cは膨らみもクラストの焼き色も良好。クラムは気泡が縦によくのびて、歯切れがよい。Dは膨らみはよいが、クラストの色がやや薄め。クラムの気泡が粗く、歯切れはよいが、乾燥している。割れやひびが見られる。

◎ 考察

配合量1.5%（C）は発酵状態がよく、最も良好に焼き上がった。インスタントドライイーストに添加されているビタミンCが、グルテンのつながりを強化するため、発酵不足で生地がべたつくはずの0.5%（B）や発酵過剰で生地がだれるはずの2.5%（D）でも生地が締まり、焼き上がりには割れやひびが見られた。また、2.5%では、過剰なアルコール発酵で生地内の糖分が多く使われたため、焼き色がつきにくくなる。

イーストの耐糖性

{ イーストの種類および砂糖の配合量が、
生地の膨張に与える影響を検証する }

使用イースト(パン酵母) 生イースト(レギュラータイプ) 2.5%
インスタントドライイースト(低糖用) 1%
インスタントドライイースト(高糖用) 1%
※発酵力が同等になるように生イーストとインスタントドライイーストの配合比率を調整

基本の配合・工程(p.289)のうち、生イーストを上記のものに変更し、それぞれ砂糖の配合量もかえた計12種類の生地で比較検証を行う。**B**(砂糖5%)を評価基準とする。

ビーカーテスト：生イースト(レギュラータイプ)

＊黄色の地は評価基準

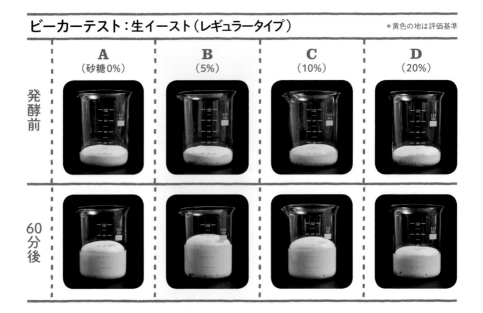

| | **A**
(砂糖0%) | **B**
(5%) | **C**
(10%) | **D**
(20%) |

発酵前 / 60分後

◎ **結果(60分後)**
Bが最も膨張し、**C**、**A**、**D**の順に膨らみが小さくなっている。

◎ **考察**
今回のテストの配合では、生イーストの発酵力は砂糖の配合量が5%(**B**)をピークとし、砂糖の配合量が増えるにつれて衰えている。また、配合量0%(**A**)でも発酵することがわかる。ほかには、砂糖の配合量が増えるほど、グルテンが若干できにくくなり、生地がやわらかくなったことも、膨らみに少なからず影響を与え、配合量20%の**D**が0%の**A**よりも膨らみが小さくなったと考えられる。

ビーカーテスト：インスタントドライイースト（低糖用）

＊黄色の地は評価基準

	A （砂糖0%）	**B** （5%）	**C** （10%）	**D** （20%）
発酵前				
60分後				

ビーカーテスト：インスタントドライイースト（高糖用）

＊黄色の地は評価基準

	A （砂糖0%）	**B** （5%）	**C** （10%）	**D** （20%）
発酵前				
60分後				

◎ 結果（60分後）

低糖用では、**B**が最も膨張し、**A**は**B**ほどではないがよく膨張している。**C**、**D**は砂糖の配合量が増えるにつれて膨らみが小さい。高糖用でも**B**は最も膨張し、**C**は**B**ほどではないがよく膨張しており、残りは**D**、**A**の順に膨らみが小さくなっている。

◎ 考察

低糖用では砂糖の配合量0〜5%（**A**、**B**）、高糖用では5〜10%（**B**、**C**）で発酵が活発になった。一般的に低糖用は0〜10%、高糖用は5%以上で使用できるが、両方が使用可能な5〜10%の範囲内では、今回の配合の場合は高糖用を使うほうが膨らみやすい。

水のpH

{ 水のpHが、生地の膨張や
製品に与える影響を検証する }

使用水　　水**A**（pH6.5）
　　　　　　　水**B**（〃7.0）
　　　　　　　水**C**（〃8.6）

ビーカーテスト　　基本の配合・工程（p.289）の通りに作製し、用いる水のpHが異なる3種類
　　　　　　　　　　　の生地で比較検証を行う。**B**（pH7.0）を評価基準とする。

丸パンテスト　　上記の3種類の生地で作った丸パンで比較検証を行う。

ビーカーテスト

＊黄色の地は評価基準

	A （pH6.5）	**B** （7.0）	**C** （8.6）
発酵前			
60分後			

◎ 結果（60分後）
ほとんど差は見られなかったが、**B**（pH7.0）の膨らみが若干大きい。

◎ 考察
水のpHによる違いは、発酵の段階では目に見える形ではほぼあらわれない。

丸パンテスト

*黄色の地は評価基準

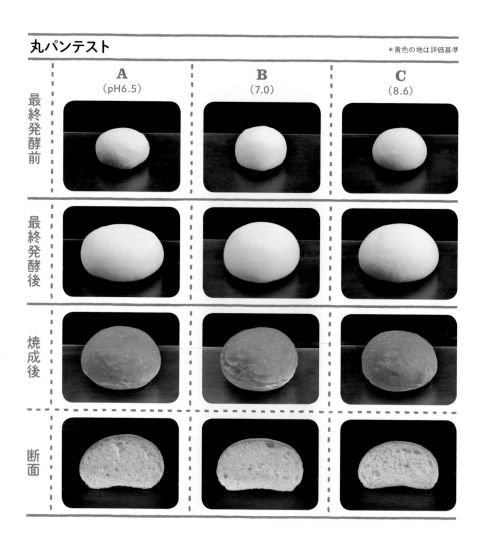

	A（pH6.5）	**B**（7.0）	**C**（8.6）
最終発酵前			
最終発酵後			
焼成後			
断面			

◎ 結果（焼成後）

Aと**B**はよく膨らみ、特に差は見られなかった。**C**はやや扁平でボリュームが小さく、断面を見るとクラムの気泡が粗く、大きな気泡ができている。

◎ 考察

水のpH6.5（**A**）やpH7.0（**B**）の生地がよく膨らんだのは、パン生地はpH5.0〜6.5の弱酸性に保たれているとイースト（パン酵母）が活発に働き、かつグルテンが適度に軟化してのびよくなるからである。一方、pH8.6（**C**）では、パン生地のpHがアルカリ性に傾き、イーストの発酵力が弱まると同時に、必要以上にグルテンが強化されて生地ののびが悪くなる。そのため、焼き上がりのボリュームが小さくなった。

水の硬度

{ 水の硬度が、生地の膨張や
製品に与える影響を検証する }

使用水　水**A**（硬度 0mg/ℓ）
　　　　水**B**（ 〃 50mg/ℓ）
　　　　水**C**（ 〃 300mg/ℓ）
　　　　水**D**（ 〃 1500mg/ℓ）

ビーカーテスト　基本の配合・工程（p.289）の通りに作製し、用いる水の硬度が異なる4種類の生地で比較検証を行う。**B**（硬度50mg/ℓ）を評価基準とする。

丸パンテスト　上記の4種類の生地で作った丸パンで比較検証を行う。

ビーカーテスト

＊黄色の地は評価基準

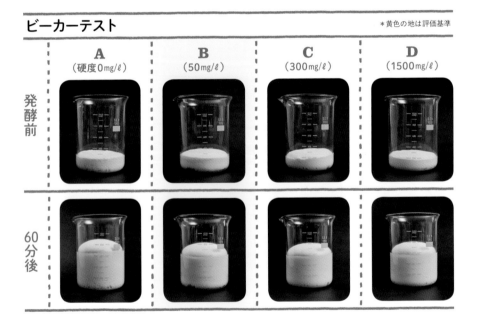

| | **A**（硬度0mg/ℓ） | **B**（50mg/ℓ） | **C**（300mg/ℓ） | **D**（1500mg/ℓ） |

発酵前 ／ 60分後

◎ **結果（60分後）**
Aが最も膨張し、**B**、**C**、**D**は特に差が見られなかった。

◎ **考察**
ミキシングでは、水の硬度が高くなるほど生地が引き締まった。硬度0mg/ℓの水を使った**A**は、グルテンのつながりが弱く、生地がべたついて、膨らんだとしてもだれてしまう。ここでは、ビーカーに生地が支えられているため、だれているのがわかりにくいと考えられる。

丸パンテスト

*黄色の地は評価基準

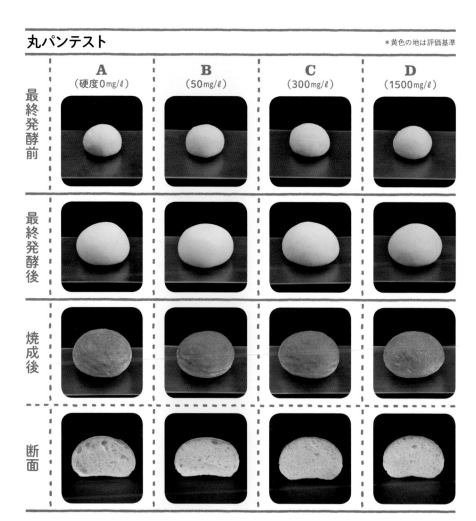

	A （硬度0mg/ℓ）	**B** （50mg/ℓ）	**C** （300mg/ℓ）	**D** （1500mg/ℓ）
最終発酵前				
最終発酵後				
焼成後				
断面				

◎ **結果（焼成後）**

Aは断面を見ると、ややだれ気味に焼き上がっているのがわかる。また、気泡膜が破れてつながった大きな気泡がいくつも見られる。歯切れは悪く、ねちっとした食感。Bはクラムの気泡の状態は良好で、歯切れもよい。Cはやや腰高で気泡はやや小さいが、歯切れがよい。Dは腰高で、ボリュームはやや小さめ。気泡は小さく、クラムの弾力は強くて歯切れが悪い。

◎ **考察**

硬度50mg/ℓのBは、焼き上がりの状態が良好。それよりも硬度が低いAはグルテンのつながりが弱くなり、生地はべたつき、だれ気味に焼き上がっている。逆に、硬度が高いC、Dはグルテンが引き締まって生地が硬くなり、クラムの気泡は小さい。しかし、今回テストした硬度の範囲では、いずれも食用としては大きな問題はなかった。

塩の配合量

{ 塩の配合量が、生地の膨張や
製品に与える影響を検証する }

使用塩 塩（塩化ナトリウム含有量99.0%）

ビーカーテスト 基本の配合・工程（p.289）のうち、塩の配合量を変更した4種類の生地で比較検証を行う。**C**（配合量2%）を評価基準とするが、**B**（1%）も適正の範囲内である。

丸パンテスト 上記の4種類の生地で作った丸パンで比較検証を行う。

ビーカーテスト

＊黄色の地は評価基準

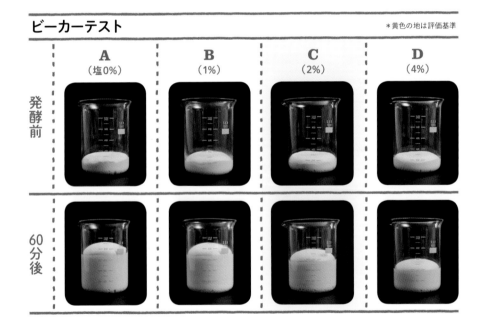

	A（塩0%）	B（1%）	C（2%）	D（4%）
発酵前				
60分後				

◎ **結果（60分後）**
塩の配合量が増えるにつれて、膨らみは小さくなった。

◎ **考察**
塩の配合量が増えるほど、イースト（パン酵母）のアルコール発酵が抑制され、炭酸ガスの発生量が少なくなる。また、塩によってグルテンが強化され、生地が引き締まって弾力が増す。なお、配合量0%の**A**は、グルテンのつながりが弱く、べたついた生地になり、本来ならば膨らんだ生地がだれるところだが、ここではビーカーに支えられて膨らみを保っている。

丸パンテスト

*黄色の地は評価基準

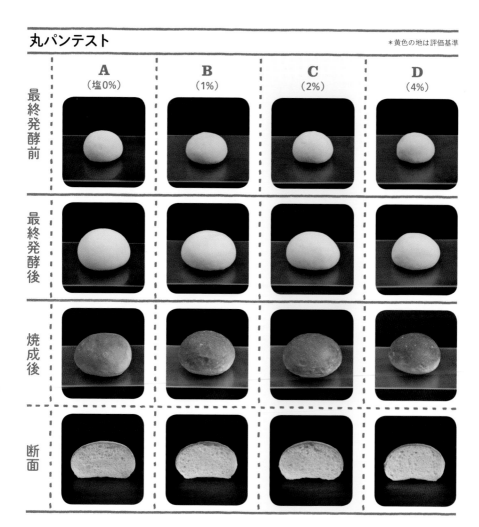

	A（塩0%）	B（1%）	C（2%）	D（4%）
最終発酵前				
最終発酵後				
焼成後				
断面				

◎ 結果（焼成後）

Aは焼き色は薄めで、だれ気味。歯切れはよいがパサついており、塩味がなく、風味は悪い。Bは大きな問題はない。歯切れはよいが、ややパサついている。塩味は若干薄いが、風味はよい。Cはクラムの状態、弾力、塩味、風味ともによい。Dはボリュームが小さく、焼き色はやや濃い。クラムの気泡は詰まり、弾力が強くて歯切れが悪い。塩味がかなり強く、風味が悪い。

◎ 考察

配合量2%のCが最も状態がよく、1%のBも適正の範囲内。塩はグルテンの構造を密にしたり、アルコール発酵を適度に抑える働きがある。そのため、塩を配合しないAはグルテンができにくい上に、アルコール発酵過剰となり、発生したアルコールによって生地が軟化してだれる。逆に適正量を上回ったDは、生地の弾力が過度に強くなっている。また、塩によってアルコール発酵が抑制され、膨らみが悪くなっただけでなく、生地中に糖類が残って焼き色が濃くなっている。

塩の塩化ナトリウム含有量

塩の塩化ナトリウム含有量が、生地の
膨張や製品に与える影響を検証する

使用塩 ｜ 塩**A**（塩化ナトリウム含有量71.6%）
塩**B**（　　〃　　　99.0%）

ビーカーテスト 基本の配合・工程（p.289）のうち、塩化ナトリウム含有量が異なる塩2種類
で作った生地で比較検証を行う。

丸パンテスト 上記の2種類の生地で作った丸パンで比較検証を行う。

ビーカーテスト

	A （塩化ナトリウム71.6%）	**B** （99.0%）
発酵前		
60分後		

◎**結果（60分後）**
Aの方が**B**よりも若干膨らんでいるが、その差は小さい。

◎**考察**
含有量71.6%（**A**）の方が若干膨らんでいるが、これは塩の塩化ナトリウム含有量が少ないために生地のつながりが弱く、イースト（パン酵母）が発生させる炭酸ガスによって生地が押し広げられやすいからである。

丸パンテスト

	A （塩化ナトリウム71.6%）	**B** （99.0%）
最終発酵前		
最終発酵後		
焼成後		
断面		

◎ 結果（焼成後）

断面を見ると、**A**はやや扁平で、クラムの気泡はやや大きい。**B**は腰高で上にのびており、クラムの気泡の状態は良好。

◎ 考察

用いる塩の塩化ナトリウム含有量が多い方が生地がよく膨らむのは、塩化ナトリウムによってグルテンが強化され、炭酸ガスを保持しながら膨らむことができるようになるからである。

砂糖の配合量

{ 砂糖の配合量が、生地の膨張や
製品に与える影響を検証する }

使用甘味料 グラニュー糖

ビーカーテスト 基本の配合・工程（p.289）のうち、砂糖の配合量を変更した4種類の生地で比較検証を行う。**B**（配合量5%）を評価基準とする。

丸パンテスト 上記の4種類の生地で作った丸パンで比較検証を行う。

ビーカーテスト

＊黄色の地は評価基準

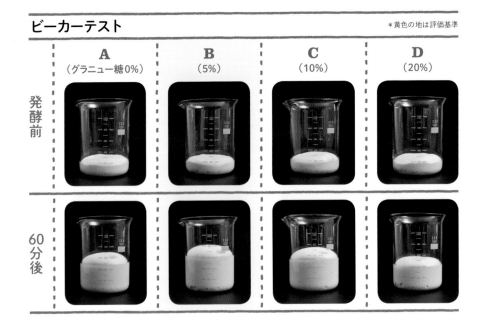

	A （グラニュー糖0%）	**B** （5%）	**C** （10%）	**D** （20%）
発酵前				
60分後				

◎ 結果（60分後）
Bが最も膨張し、**C**、**A**、**D**の順に膨らみが小さかった。

◎ 考察
今回テストした配合では、生イーストの発酵力は、砂糖の配合量が5%の**B**をピークとし、砂糖の配合量が増えるにつれて衰えている。また、砂糖の配合量が0%の**A**でも発酵することがわかる。

丸パンテスト

＊黄色の地は評価基準

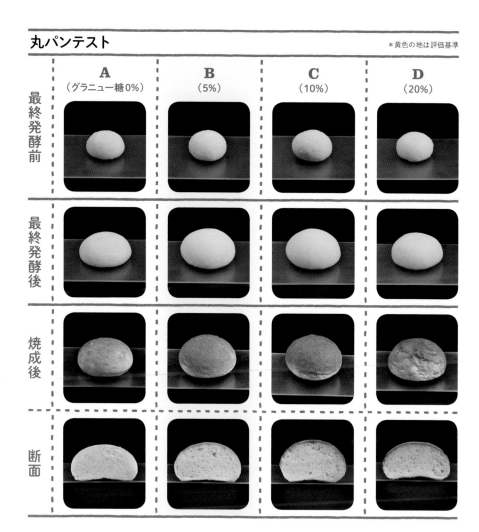

| | **A**（グラニュー糖0%） | **B**（5%） | **C**（10%） | **D**（20%） |

最終発酵前 ／ 最終発酵後 ／ 焼成後 ／ 断面

◎ 結果（焼成後）

Aはボリュームが小さく、だれて扁平。クラムの気泡は詰まって、歯切れは悪い。**B**はよく膨らみ、クラストの色づきもよい。クラムの気泡は良好。歯切れはよく、甘味は少なめ。**C**はよく膨らんでおり、腰高だが問題はない。色はやや濃い。クラムのきめも歯切れもよく、ほどよい甘味。**D**は扁平で、火通りが悪く、表面にしわがよっている。クラムの気泡は詰まって歯切れが悪く、甘味は強い。

◎ 考察

今回テストした配合では、砂糖の配合量が5%（**B**）が最も良好な焼き上がりで、10%（**C**）も適正の範囲内。20%（**D**）では、生地中の浸透圧が高くなりすぎ、イースト（パン酵母）の細胞内の水分が奪われて発酵力が衰える。また、砂糖の配合量が多いほど、アミノ‐カルボニル（メイラード）反応やカラメル化反応が促進され、焼き色がつきやすくなる。

甘味料の種類

{ 甘味料の違いが、生地の膨張や
製品に与える影響を検証する }

| 使用甘味料 | グラニュー糖
上白糖
きび砂糖
黒糖
はちみつ | ビーカーテスト | 基本の配合・工程（p.289）のうち、甘味料を左記のものにし、配合量を10％にかえた5種類の生地で比較検証を行う。**A**（グラニュー糖）を評価基準とする。 |
| | | 丸パンテスト | 上記の5種類の生地で作った丸パンで比較検証を行う。 |

ビーカーテスト

＊黄色の地は評価基準

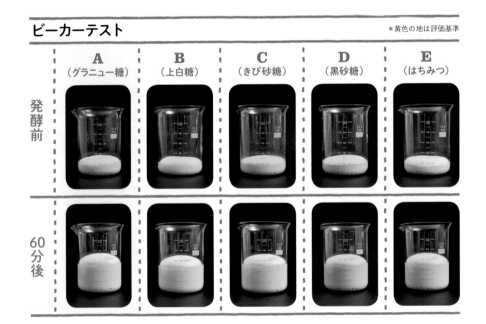

	A （グラニュー糖）	B （上白糖）	C （きび砂糖）	D （黒砂糖）	E （はちみつ）
発酵前					
60分後					

◎ 結果（60分後）
それほど大きな違いは見られないが、**A**が最も膨張し、次に**C**と**E**が、その次に**B**と**D**が続く。

◎ 考察
甘味料の種類による特徴的な違いは、発酵の段階では感じられない。

丸パンテスト

*黄色の地は評価基準

	A （グラニュー糖）	**B** （上白糖）	**C** （きび砂糖）	**D** （黒砂糖）	**E** （はちみつ）
最終発酵前					
最終発酵後					
焼成後					
断面					

◎ 結果（焼成後）

甘味については、グラニュー糖（**A**）はあっさりしてくせがない。上白糖（**B**）はコクがあり、甘さをしっかり感じる。きび砂糖（**C**）、黒砂糖（**D**）、はちみつ（**E**）はそれぞれの甘味料の風味が感じられる。外観、食感については、**A**は膨らみ具合、クラストの色づき、クラムの状態、歯切れ、すべてよい。**B**はやや扁平だが、クラストやクラムも問題はない。しっとりして、歯切れはやや悪い。**C**は**A**とほぼ同様。**D**はクラストが若干黒っぽく、クラムはやや詰まって歯切れもやや悪い。**E**は色づきは良好だが、気泡は詰まり気味で歯切れが悪い。

◎ 考察

甘味料によって、甘みの感じ方、コクや風味が異なり、それぞれに特徴がある。**B**〜**E**は成分でみると、いずれもグラニュー糖よりも転化糖が多い。転化糖は吸湿性や保水性があることから、特に**B**、**D**、**E**では生地がべたつき、少し広がって扁平に焼き上がったり、クラムがしっとりしたり、歯切れが悪くなったりしたと考えられる。

TEST BAKING 14

油脂の種類

{ 油脂の違いが、生地の膨張や
製品に与える影響を検証する }

使用油脂 バター
ショートニング
サラダ油

ビーカーテスト 基本の配合・工程（p.289）のうち、油脂を左記のものにし、配合量を10%にかえた3種類の生地で比較検証を行う。

丸パンテスト 上記の3種類の生地で作った丸パンで比較検証を行う。

ビーカーテスト

	A（バター）	**B**（ショートニング）	**C**（サラダ油）
発酵前			
60分後			

◎ 結果（60分後）

Bが最もよく膨らみ、次いで**C**、**A**の順となった。

◎ 考察

ショートニングは、パンを膨らませ、ソフトで歯切れのよいものにする性質があるため、ショートニングを使った生地（**B**）はよく膨らんだ。ショートニングとサラダ油の成分は脂質100%だが、バターは脂質が83%で残りはほぼ水分である。バター配合の生地（**A**）が、ショートニングや、サラダ油の生地（**C**）ほど膨らまなかったのは、油脂自体の配合量は同じであっても、含まれる脂質の量が少なかったという理由もある。

丸パンテスト

	A （バター）	**B** （ショートニング）	**C** （サラダ油）
最終発酵前			
最終発酵後			
焼成後			
断面			

◎ **結果（焼成後）**

Aはクラスト、クラムともに良好の焼き上がりで、しっとりしてやわらかく、バター特有の風味がある。**B**もクラストの色づき、クラムの状態ともによく、やわらかさを感じる。歯切れがとてもよく、あっさりとして、味には特徴がない。**C**は**A**や**B**に比べて膨張が早く終わり、ボリュームは出ず、扁平。焼き色はやや薄く、気泡は不揃いで詰まっている。歯切れが悪く、油っぽさがある。

◎ **考察**

バター（**A**）とショートニング（**B**）の生地の状態はいずれも良好。味や風味の面では、バターは芳醇な香りとコクがあり、ショートニングは無味無臭、サラダ油（**C**）は油っぽさが感じられる。食感においては、バターはソフトさ、ショートニングはソフトさと歯切れのよさを与えることがわかる。サラダ油は液状油脂で可塑性を持たないため、膨らみが悪く、ボリュームのない焼き上がりとなる。

バターの配合量

{ バターの配合量が、生地の膨張や
製品に与える影響を検証する }

使用油脂 ▶ バター

ビーカーテスト 基本の配合・工程（p.289）のうち、バターの配合量を変更した4種類の生地で比較検証を行う。**B**（配合量5%）を評価基準とする。

丸パンテスト 上記の4種類の生地で作った丸パンで比較検証を行う。

ビーカーテスト

＊黄色の地は評価基準

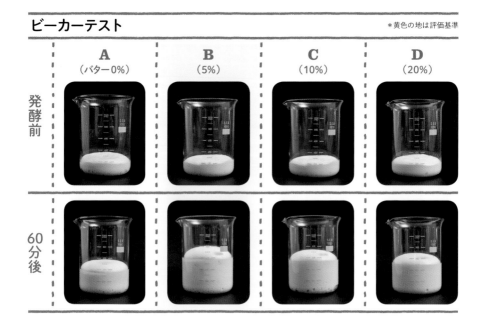

	A （バター0%）	**B** （5%）	**C** （10%）	**D** （20%）
発酵前				
60分後				

◎ 結果（60分後）
Bが最も膨張し、**C**、**D**、**A**の順に膨張量が減少した。

◎ 考察
生地にバターを加えるとグルテンの膜に沿って広が

り、生地がのびやすくなって、膨張しやすくなる。今回テストした配合では、配合量5%（**B**）のボリュームが最も大きい。配合量がそれ以上増えると、生地がだれ気味でボリュームは小さくなる。

丸パンテスト

*黄色の地は評価基準

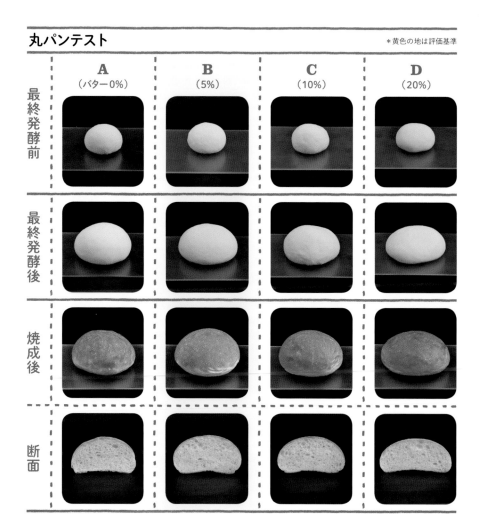

	A （バター0%）	**B** （5%）	**C** （10%）	**D** （20%）
最終発酵前				
最終発酵後				
焼成後				
断面				

◎ 結果（焼成後）

Aはやや扁平で、焼き色にむらがある。クラムの気泡
は詰まっていて、歯切れが悪い。Bは最もよく膨ら
み、クラストの色づきは良好。気泡はやや粗めだが、
歯切れがよく、風味がよい。CはBと比べて膨らみ
がやや劣り、色づきは少し濃いが良好。クラムはしっ
とりしてやわらかく、バターの風味をしっかり感じる。
Dはだれて扁平。色づきは最も濃い。クラムの気泡
は詰まって、弾力も歯切れも悪く、バターの風味が
最も強い。

◎ 考察

バターを配合するのはバター特有の風味を与えるこ
とが第一の目的である。また、バターを加えると膨ら
みが増してソフトになる。しかし、バターの配合量が
5%（**B**）を大きく超えると、生地がだれて膨らみが悪
くなり、食感が損なわれる。そのほか、バターの配合
量が増えると、アミノ‐カルボニル（メイラード）反応や
カラメル化反応が促進され、焼き色がつきやすくな
る。

卵の配合量①（全卵）

{ 全卵の配合量が、生地の膨張や
製品に与える影響を検証する }

使用卵 全卵 ※生地の硬さを揃えるため、卵の配合量の違いを水の配合量で調整

ビーカーテスト 基本の配合（p.289）に全卵を追加。さらにその配合量を変更して基本の工程通りに作製した3種類の生地で比較検証を行う。**A**（添加量0%）を評価基準とする。

丸パンテスト 上記の3種類の生地で作った丸パンで比較検証を行う。

ビーカーテスト

＊黄色の地は評価基準

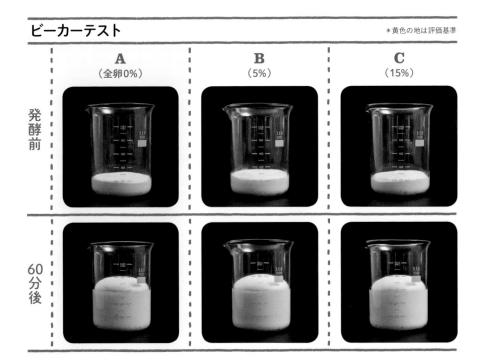

	A（全卵0%）	**B**（5%）	**C**（15%）
発酵前			
60分後			

◎ **結果（60分後）**
大きな差は感じられない。

◎ **考察**
全卵を加えた生地は伸展性（のび広がりやすさ）がよくなり、イースト（パン酵母）が発生させるガスの保持力も高まるが、配合量が多いほど効果が出るというわけではない。

丸パンテスト

*黄色の地は評価基準

	A （全卵0%）	**B** （5%）	**C** （15%）
最終発酵前			
最終発酵後			
焼成後			
断面			

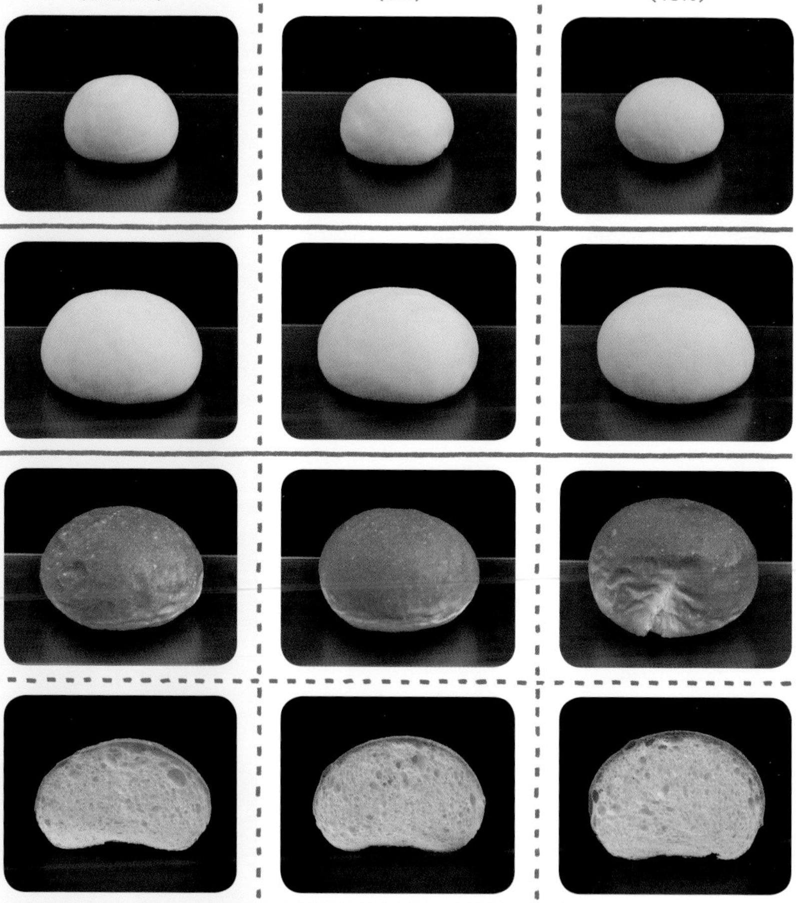

◎ 結果（焼成後）

Aはクラストの色づきは良好で、クラムは若干パサついているが歯切れはよい。**B**もクラストは**A**と同様。クラムは若干黄色みを帯びる。歯切れがよく、少し卵の風味を感じる。**C**はボリュームが大きく、下部がひび割れて焼き上がった。焼き色はやや濃く、クラムの色は黄色い。気泡はやや詰まり気味。弾力が強く、歯切れも悪い。卵の風味を感じる。

◎ 考察

卵の配合量が増えるにつれて、ボリュームは大きくなっている。これは、卵黄の乳化性によって生地ののびがよくなり、膨張しやすくなるためと、生地が加熱によって膨張する際に、卵白が熱凝固して組織を固定するためである。しかし、全卵の配合量が増えれば卵白の量も増えるので、その結果パンがかたくなり、**C**のようにひび割れてしまったと考えられる。

卵の配合量②（卵黄・卵白）

{ 卵黄または卵白の添加量が、生地の
膨張や製品に与える影響を検証する }

使用卵 卵黄
卵白
※生地の硬さを揃えるため、卵の配合量の違いを水の配合量で調整

ビーカーテスト 基本の配合（p.289）に卵黄または卵白を追加。さらにその配合量を変更して
基本の工程通りに作製した4種類の生地で比較検証を行う。

丸パンテスト 上記の4種類の生地で作った丸パンで比較検証を行う。

ビーカーテスト

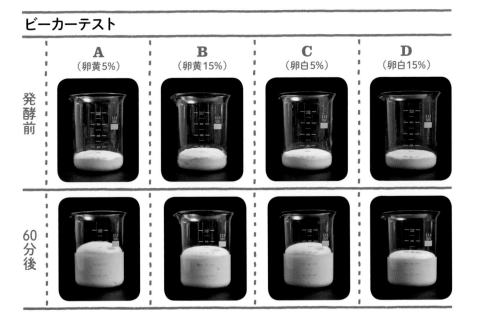

	A（卵黄5%）	B（卵黄15%）	C（卵白5%）	D（卵白15%）
発酵前				
60分後				

◎ 結果（60分後）
AとCはよく膨らんだ。次に膨らんだのはBだが盛り上がりがやや少ない。Dは膨らみが悪く、盛り上がりも少ない。

◎ 考察
卵黄、卵白は生地のつながりやのびのよさに影響を与える。配合量が多いと生地がべたつくが、ミキシングで生地のつながりができていれば、イースト（パン酵母）が発生させるガスを保持できることがわかる。

丸パンテスト

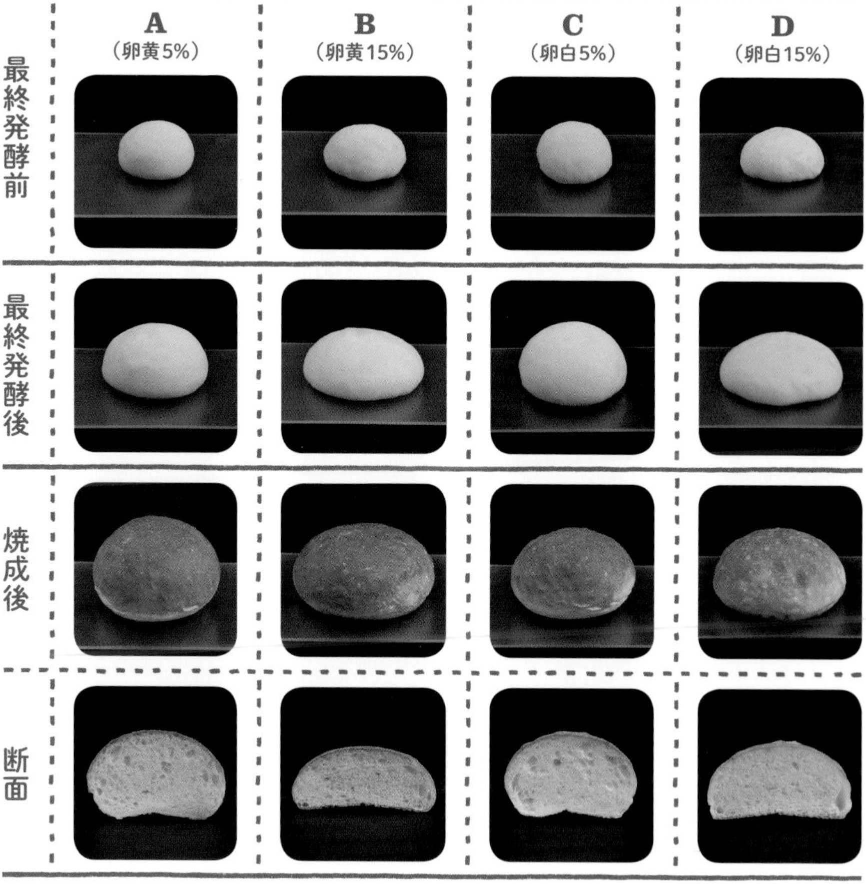

	A （卵黄5%）	**B** （卵黄15%）	**C** （卵白5%）	**D** （卵白15%）
最終発酵前				
最終発酵後				
焼成後				
断面				

◎ **結果（焼成後）**

Aはよく膨らんで、クラストの色づきも良好。クラムはやや黄色みを帯びている。若干パサつくが歯切れはよく、卵の風味を感じる。**B**は扁平。クラムの色は黄色く、パサつくが歯切れはよい。卵の風味を強く感じる。**C**は腰高な焼き上がり。クラストの焼き色は少し薄い。クラムは白っぽく、気泡が詰まって弾力があり、歯切れは悪い。卵の風味は感じない。**D**はだれて扁平で、クラストの色づきが悪い。クラムは白く、気泡が詰まっている。歯切れが大変悪いが、柔らかい。風味が卵くさい。

◎ **考察**

パンに卵を配合する主な目的は、卵の風味の添加、卵黄の色の付与、栄養の強化である。卵黄の配合量が5%の**A**で膨らみがよかったのは、卵黄を配合すると乳化作用によって生地ののびがよくなったり、きめが細かくなるなどの作用があるため。また、卵白は加熱するとゼリー状に固まるため、焼成で膨らんだ生地の骨組みを補強する。しかし、卵黄も卵白も、**B**や**D**のように配合量が多すぎると、生地がだれて膨らみが悪くなる。

脱脂粉乳の配合量

{ 脱脂粉乳の配合量が、生地の膨張や
製品に与える影響を検証する }

使用乳製品 脱脂粉乳

ビーカーテスト 基本の配合・工程（p.289）のうち、脱脂粉乳の配合量を変更した3種類の生地で比較検証を行う。**B**（配合量2%）を評価基準とする。

丸パンテスト 上記の3種類の生地で作った丸パンで比較検証を行う。

ビーカーテスト

＊黄色の地は評価基準

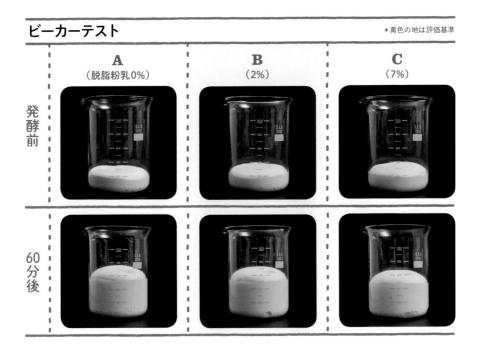

	A（脱脂粉乳0%）	**B**（2%）	**C**（7%）
発酵前			
60分後			

◎ 結果（60分後）
脱脂粉乳の配合量が多いほど、生地の膨張は小さくなる。

◎ 考察
パン生地は発酵が進むほどpHが低下して酸性になり、イースト（パン酵母）がより活発に活動できるpHに近づく。しかし、パンに脱脂粉乳を配合すると、緩衝作用によってpHが下がりにくくなり、イーストの発酵力が落ちる。また、グルテンが軟化しにくくなって生地がかたくなることも、膨らみにくくなる要因である。

丸パンテスト

*黄色の地は評価基準

	A （脱脂粉乳0%）	**B** （2%）	**C** （7%）
最終発酵前			
最終発酵後			
焼成後			
断面			

◎ 結果（焼成後）

Aは扁平。焼き色はやや薄く、パサつく食感。**B**は良い状態に焼き上がっている。**C**は腰高で、クラストの色は濃い。クラムの気泡は詰まって弾力が強く、ミルクの風味を強く感じる。

◎ 考察

脱脂粉乳の配合量が増すほど、イースト（パン酵母）の発酵力は低下し、生地は締まって腰高になる。また、焼き色は濃くなるが、これは脱脂粉乳に含まれる乳糖がイーストのアルコール発酵では使われず、焼成まで生地に残って、アミノ‐カルボニル（メイラード）反応やカラメル化反応を促進するためである。脱脂粉乳は、主に、風味を増す、栄養を強化するといった目的で配合されるが、焼き色を濃くするという利点もある。しかし、配合量が多くなると、緩衝作用によって製パン性を損なうことを理解して使いたい。

乳製品の種類

{ 乳製品の種類の違いが、生地の膨張や
製品に与える影響を検証する }

使用乳製品 脱脂粉乳　※脱脂粉乳と牛乳に含まれる水分以外の成分が同等になるよう
　　　　　　　牛乳　　に換算し、牛乳に含まれる水分は配合する水の量を減らして調整

ビーカーテスト　基本の配合・工程（p.289）のうち、乳製品を上記のものにして水分量を調整した2種類の生地で比較検証を行う。

丸パンテスト　上記の2種類の生地で作った丸パンで比較検証を行う。

ビーカーテスト

	A （脱脂粉乳7%）	**B** （牛乳70%）
発酵前		
60分後		

◎ **結果（60分後）**
Aの方がやや膨張している。

◎ **考察**
脱脂粉乳は牛乳から脂肪分と水分をほとんど取り除いたものである。そのため、脱脂粉乳と牛乳の水分量の差を調整した今回のテストでは、膨らみ具合にはそれほど差が出なかったと考えられる。

丸パンテスト

	A （脱脂粉乳7%）	**B** （牛乳70%）
最終発酵前		
最終発酵後		
焼成後		
断面		

◎ 結果（焼成後）

Aはよく膨らんで、腰高。焼き色はやや濃い。クラムの気泡は詰まって弾力が強く、ミルクの風味を感じる。**B**は**A**と同様に膨らむが、クラムの気泡は若干粗く、歯切れはよい。**A**よりもミルクの風味を強く感じる。

◎ 考察

乳製品をパンに使用する主な目的は、風味を増す、栄養を付与することである。また、焼成時にアミノ-カルボニル（メイラード）反応やカラメル化反応が促進されて、パンに焼き色がつきやすくなることも、乳製品を配合したパンの特徴である。ここでは脱脂粉乳と牛乳を比較したが、ミルクの風味の強さ以外には、でき上がったパンには大きな差がないことがわかる。

索引

本書で用いた表現と用語

パンのおいしさは、味そのもの（味覚）だけでなく、香り（嗅覚）、口当たりや歯ざわり（触覚）、噛んだときの音（聴覚）、色や見た目（視覚）など、五感を総動員して感じるものです。ここでは、本書で用いているおいしさを表現する言葉や、生地の状態をよりわかりやすく表すために使っている技術的、化学的な用語の意味合いをご説明します。

パンに関する表現

食感：食べたときの、味や口あたり、歯ごたえなどの感覚。

風味：舌で感じる味だけでなく、口から鼻に抜ける香りとともに感じる味わい。

しっとり：水分を適度に含んでいて湿っている様子。

ソフト：やわらかな状態。

ボリューム：パンの膨らみや、大きさ。

ふっくら：やわらかく膨らんでいる様子。外観だけでなく、食感にも用いている。

ふんわり：軽くやわらかく膨らんでいる様子。空気を含んだような軽くてやわらかい口当たり。

もっちり、もちもち：しっとりしたやわらかさの中に、餅を思わせるような心地よい粘りと弾力が感じられ、適度な歯ごたえがある状態。

さっくり：あまり力を入れなくても、たやす

くかみ切れる状態。

サクサク、サクッ：砕けやすく脆いものを噛む時の、軽快で小気味の良い音がする様子。

歯切れがよい：歯でものを噛んだときに、噛み切りやすい様子。

引きが強い：弾力があって、引きちぎりにくい。噛み切りにくい。歯切れが悪いと同義。

口溶けのよい：口の中でなめらかにすばやく溶ける状態。

クチャつく：（クラムがつぶれたような状態になって）口溶けが悪く、なかなか口の中からなくならない様子。やわらかめのグミやチューイングガムを噛んでいるような感じ。

濃厚な：味、香りが強いこと。または脂肪分が高い場合にも使用する。

淡泊な：味、香りがあっさりしていること。さっぱりしていること。

生地の状態を表す用語

製パン性：パンの作りやすさ。

生地がだれる：生地の緊張がゆるんで、締まりがなくなってくる状態。

吸湿性：水分を吸収、吸着する性質。

保水性：水分を保つ性質。

流動性：固定しないで流れ動く性質。

粘弾性：粘りと弾力がある性質。

伸展性：のびのよい性質。のびのよさ。

抗張力（こうちょう）：引っ張り強さ。

可塑性（か そ）**（油脂における）**：固形油脂に外力を加えて変形させて、力を取り去っても変形したまま元に戻らない性質。

ショートニング性（油脂における）：油脂が小麦粉生地のグルテンの組織形成を阻害したり、デンプンの結着を防ぐことによって、焼き上がった生地にもろくて砕けやすい食感を与える性質。

〈引用文献〉

◎顕微鏡写真（36、275ページ）…長尾精一：小麦の機能と科学／朝倉書店／2014／101ページ

◎顕微鏡写真（39ページ）…長尾精一：調理科学22／1989／261ページ

◎表（23、112、123ページ）…文部科学省科学技術・学術審議会資源調査分科会：日本食品標準成分表（八訂）／2020（一部抜粋）

◎表（30ページ）…一般財団法人製粉振興会（編）：小麦・小麦粉の科学と商品知識／2007／48ページ（一部抜粋）

◎表（97ページ）…高田明和、橋本仁、伊藤汎（監修）、公益社団法人糖業協会、精糖工業会：砂糖百科／2003／132、136ページ（一部抜粋）

◎図表（133ページ）…全国飲用牛乳公正取引協議会 資料（一部抜粋）

※顕微鏡写真および図表(本書収録ページ)…編著者：引用文献／版元／発行年／引用該当ページの順

〈参考文献〉

◎竹谷光司（著）：新しい製パン基礎知識／パンニュース社／1981

◎日清製粉株式会社、オリエンタル酵母工業株式会社、宝酒造株式会社（編）：パンの原点・発酵と種／日清製粉株式会社／1985

◎田中康夫、松本博（編）：製パンプロセスの科学／光琳／1991

◎田中康夫、松本博（編）：製パン材料の科学／光琳／1992

◎レイモン・カルベル（著）、安部薫（訳）：パンの風味・伝承と再発見／パンニュース社／1992

◎高田明和、橋本仁、伊藤汎（監修）、公益社団法人糖業協会、精糖工業会：砂糖百科／2003

◎松本博（著）：製パンの科学・先人の研究、足跡をたどる・こんなにも興味ある研究が…／2004

◎財団法人製粉振興会（編）：小麦・小麦粉の科学と商品知識／2007

◎長尾精一（著）：小麦の機能と科学／朝倉書店／2014

◎井上直人（著）：おいしい穀物の科学・コメ、ムギ、トウモロコシからソバ、雑穀まで／講談社／2014

※編著者：参考文献, 版元, 発行年の順

〈資料提供・協力（順不同）〉

◎オリエンタル酵母工業株式会社
顕微鏡写真（64ページ）、図（60、61、217ページ）

◎雪印メグミルク株式会社
図表（137ページ）

◎日本ニーダー株式会社
写真（16、216ページ）

◎株式会社J-オイルミルズ

◎ケベック・メープル製品生産者協会

著者紹介

梶原慶春（かじはら・よしはる）

辻調理師専門学校 製パン教授。1984年、辻調理師専門学校卒業。ドイツ、オッフェンブルクのカフェ・コッハスで研修。著書に『パンづくりテキスト』（小社）、共著に『パンづくりに困ったら読む本』（池田書店）がある。「1回より10回、10回よりも100回やってみる。そこからわかることが必ずある！そして、なぜそうなるのか？をしっかり考えることが大切。」と、学生に日々伝えている。

木村万紀子（きむら・まきこ）

奈良女子大学家政学部食物学科を1997年に卒業後、辻調理師専門学校を卒業。辻静雄料理教育研究所での勤務を経て、独立。現在は同校で講師を務めるかたわら、調理科学分野における執筆などを行う。共著に『科学でわかるお菓子の「なぜ？」』（小社）、『西洋料理のコツ』（角川ソフィア文庫）がある。調理現場において経験で学んだ技術・知識を、より深めるために調理科学の考察を役立ててほしいという思いから、両者の架け橋となるような活動をしている。

パン製作スタッフ

浅田紀子（あさだ・のりこ）

尾岡久美子（おおか・くみこ）

中村紘尉（なかむら・ひろやす）

柴田倫美（しばた・ともみ）

桼村遼（くわむら・りょう）

桼村綾（くわむら・あや）

撮影　エレファント・タカ
デザイン・イラスト　山本 陽（エムティ クリエイティブ）
校正　萬歳公重
編集　佐藤順子、井上美希

科学でわかる
パンの「なぜ?」
Q&Aで理解するパンづくりのコツと技術

初版発行　2022年2月10日
2版発行　2024年3月10日
監　修　辻調理師専門学校
著　者　梶原慶春（©辻料理教育研究所）
木村万紀子©
発行者　丸山兼一
発行所　株式会社柴田書店
東京都文京区湯島3-26-9　イヤサカビル　〒113-8477
営業部　03-5816-8282（注文・問合せ）
書籍編集部　03-5816-8260
URL　https://www.shibatashoten.co.jp
印刷・製本　TOPPAN株式会社

ISBN 978-4-388-25124-7
Printed in Japan